鹿児島・宮崎
熊本・屋久島・高千穂

MAP

おとな旅
プレミアム
PREMIUM

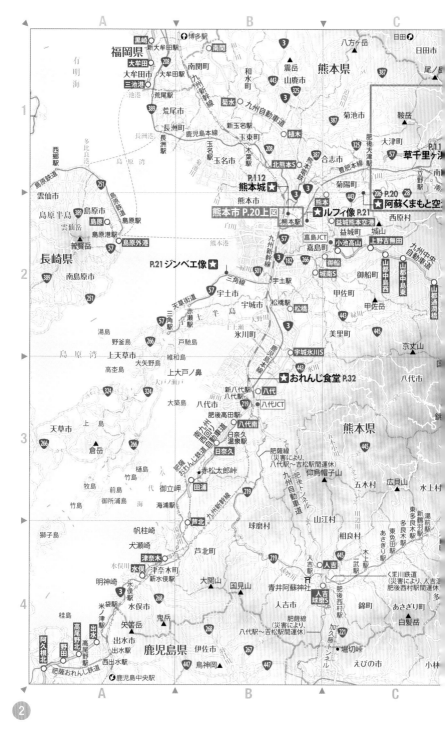

有明海

福岡県
黒崎
新大牟田駅
博多駅
南関
208
大牟田市
大牟田駅
南関町
九州新幹線
三池港
和水町
443
325
八方ヶ岳
日田市
日田
尾ノ岳
三池港
池港
荒尾駅
菊水
九州自動車道
震岳
山鹿市
熊本県
387
鞍岳

1

荒尾市
長洲町
389
新玉名駅
鹿児島本線
387
菊池市
肥後大津駅
大津町
草千里ヶ浜
57
P.11

西郷駅
多良岳
長洲港
玉名町
玉名市
北熊本S
208
合志市
豊肥本線
菊陽町
206 P.20
28

島原鉄道
雲仙市
島原半島
島原鉄道
島原市
島原
島原駅
P.112
熊本城 ★
熊本市
熊本城
熊本市 P.20上図
3
熊本
★ルフィ像 P.21
嘉島JCT
益城熊本空港
益城町
★ 阿蘇くまもと空
西原村

雲仙岳
普賢岳
島原港駅
島原外港
57
長崎県
南島原市
389
251
熊本港
九州新幹線
57
嘉島町
小池高山
御船
城南S
266
182
御船町
城山
上野吉無田
山都中島西
山都中島東
九州中央
自動車道
山都通洞橋

2

P.21ジンベエ像 ★
三角線
宇土市
宇城市
501
宇土駅
松橋駅
松橋
3
甲佐町
美里町
443
甲佐岳
445
京丈山

湯島
野釜島
266
赤瀬駅
天草街道
上半島
大野川
氷川町
宇城氷川S
八代市

島原湾
上天草市
大矢野島
維和島
443
★おれんじ食堂 P.32
八代市
八代

3

高杢島
324
324
上大戸ノ鼻
新八代駅
八代駅
八代
219
八代JCT

天草市
上島
266
大築島
肥後高田駅
日奈久
温泉駅
八代南
仰烏帽子山
熊本県
445
広見山
水上村

倉岳
樋島
竹島
肥薩
おれんじ鉄道
赤松太郎峠
御立岬
肥薩線
(災害により、
八代駅～吉松駅間運休)
九州
自動車道
五木村
東多良木駅
東免田駅
あさぎり駅
湯前
新鶴羽駅
多良木駅

牧島
前島
御所浦島
竹島
海浦駅
田浦
219
球磨村
山江村
相良村
人吉駅
くま川鉄道
(災害により、人吉温泉
肥後西村駅間運休)

4

芦北
九州新幹線
帆柱崎
犬瀬崎
芦北町
219
人吉
人吉
球磨S
武末
人吉温泉駅
肥後西村駅
錦町
あさぎり町
白髪岳

獅子島
津奈木
水俣
津奈木町
新水俣駅
大関山
国見山
青井阿蘇神社
人吉市
肥薩線
(災害により、
八代駅～吉松駅間運休)
加久藤トンネル
221
堀切峠

明神崎
水俣駅
水俣市
鬼岳
268
267
伊佐市
鳥神岡
447
えびの市
小林

桂島
米ノ津駅
高尾野北
高尾野駅
出水
矢筈岳
出水市
出水駅
西出水駅
鹿児島県
268
447

阿久根北
野田
肥薩おれんし鉄道
鹿児島中央駅

A　　　B　　　C

阿久根駅 阿久根 尾尾野 出水市 伊佐市 鶴丸駅 吉松駅 えび
阿久根市 北屋敷 268 自動車道 湧水町
佐潟鼻 北薩横断鉄道 さつま泊野 栗野駅 栗野 P.76
牛ノ浜駅 中屋敷 さつま観音滝 永野 鹿児島
薩摩大川駅 九州新幹線 さつま町 267 さつま広橋 504 国見岳 アートの
西方駅 きらら 504 北薩 霧島温泉郷 霧島神
薩摩高城駅 1 鹿児島県 328 横断道路 横川 P.74/P
3 烏帽子岳 504 霧島神宮
薩摩川内水引 可愛山陵 P.102 久 溝辺鹿児島空港 鹿児島空港
薩摩川内高江 新田神社 川内駅 加治木JCT 鹿児島
南九州西回り 川内 飯盛山 始良市 隼人駅 P.103
自動車道 薩摩川内市 328 住吉池 国分駅
薩摩川内都 薩摩川内市 八重山 入来峠 加治木 隼人西 隼人東 国分
天狗鼻 いちき串木野市 始良 桜島S 加治木 P.102 隼人塚
3 10 鹿児島 坂元のくろず「壺畑」
串木野駅 P.40 薩摩吉田 日本 情報館&レストラン
串木野 仙巌園 松元 鹿児島北 鹿児島 P.77
市来 伊集院線 松元 鹿児島中央駅 御岳(北岳)
東シナ海 美山 本書P.73 伊集院 鹿児島西 224
美山 鹿児島 P.25/P.46桜島 佐多街道
270 日置市 谷山 郡元港 垂水市
鹿児島市広域図 P.6-7 郡元・垂水フェリー 高峰高原
鹿児島市 観音崎 江之島
金峰山 鍋山 谷山港 垂水港 高隈
南九州川辺ダム 薩摩 指宿スカイライン 五位野駅 高速船ハッピー P.21
桂瀬鼻 万之瀬川 225 川辺 ロケット・屋久2 フェアフィー
高崎島 野間川 226 川辺 鹿児島湾 バイ・マリオ
高崎山 野間岳 南薩縦貫道 知覧 (錦江湾) 鹿児島
野間岳 長屋山 南九州知覧 喜入駅 たるみず桜
南さつま市 特攻観音入口 前之浜駅 菅原神社(荒平天神)
沖秋目島 唐仁 南九州市 P.87 南九州市観光協会 P.26/P.90
(枇榔島) 今藤 今藤崎 立目鼻 P.88 知覧特攻平和会館 68
笠狭宮跡 久志湾 草野岳 南九州市 宮ヶ浜駅 269
(宮ノ山遺跡) 225 枕崎市 指宿市 田良町 神川大滝公園
P.102 坊浦 枕崎駅 池田湖 指宿駅 根占港
坊岬 226 頴娃駅 西大山駅 フェリー
薩摩酒造 花渡川蒸溜所 山川駅 269 なんきゅう
P.65明治蔵 開聞岳 山川港 566
指宿 P.14-15 開聞崎 大山駅 長崎鼻 P.83
道の駅 根占 戸
P.90雄川の滝
南大隅町
立目崎 68 赤瀬崎
早崎
種子島、屋久島 P.90 佐多岬 566

P.2-3

小林駅

小林市
小林駅
広原駅
吉都線
高原町
高原駅
高原
皇子原公園
高原町

霧島東神社 P.102

都城市

綾町
純北川
国富町

天ヶ城公園
宮崎西

生目古墳群

清武
清武JCT
清武駅

西都市

国富S
石崎川
10
219

住吉
有料道路

シーガイア

★フェニックス・
シーガイア・リゾート P.134

宮崎市 P.23
宮崎神宮駅
宮崎駅
宮崎市 南宮崎駅

宮崎ブーゲンビリア空港
220
清武川

青島神社
P.27/P.103/P.126

P.12-13

財部駅
横市
平塚

末吉財部
曽於市

五郎

三穂峰 P.102

都城市

乙房
日向庄内駅
西都城駅
梅北
金御岳
鼻切峠
末吉
松山

霧島自動車道
221
都城
269
山之口S
都城IC
鰐塚山

10
宮崎自動車道
田野駅
田野

三股町
牛の峠

222

清武南

子供の国駅
青島駅

内海駅

日南北線
伊比井駅

北郷駅
自東九
日南市 州道
日南東郷駅
日南駅
駒宮神社

油津駅
広渡川

戸崎鼻

日南線

瀬平崎
220

鵜戸神宮
P.26/P.103/P.127

日南
日南海岸 P.22

日
向
灘

日南市観光協会 P.124

吾平津神社

有明北
有明東
伊崎田
志布志市

都城志布志道路

志布志
志布志有明

野方

串良JCT・IC

大崎町
220
東串良町

鹿児島県

串間市

日南線
串間駅

高畑山
448

都城志布志道路
安楽川

南郷駅
大島
観音崎
道の駅なんごう
築島

志布志湾

小崎
荒崎

都井岬
★都井岬
P.127

国見山
448

吾平山上陵
P.102
甫与志岳
肝付町

火出崎
内之涌湾
火崎

久保田川

戸崎

鹿児島・宮崎
かごしま・みやざき
周辺図 本書P.2-3
0   8   16km N
1:680,000

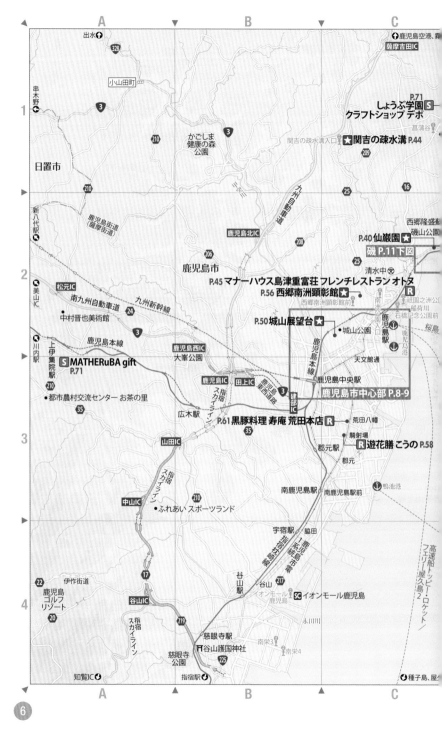

出水 🛫

328

串木野 🚉

小山田町 ⚑

3

1

かごしま
健康の森
公園

3

210

関吉の疎水溝入口 ★関吉の疎水溝 P.44

菖蒲谷

⭐鹿児島空港、霧
薩摩吉田IC

P.71
しょうぶ学園 S
クラフトショップ デポ

209

日置市

210

25

16

新八代駅 🚉

鹿児島街道
(薩摩街道)

鹿児島北IC

206

208

鹿児島市

25

西郷隆盛蚕
磯山公園

P.40 仙巌園 ★

磯 P.11下図

清水中 ⊗

美山IC

松元IC

南九州自動車道

九州新幹線

24

3

中村晋也美術館

P.45 マナーハウス島津重富荘 フレンチレストラン オトヌ
P.56 西郷南洲顕彰館 ★
西郷南洲顕彰館前

祇園之洲公園
稲荷川
石橋記念公園前 R

川内駅 🚉

上伊集院駅 🚉

S MATHERuBA gift
P.71

鹿児島本線

鹿児島西IC

大峯公園

鹿児島IC
田上IC
指宿
スカイライン

P.50 城山展望台 ★

● 城山公園

城山入口

天文館通

南
州

鹿児島中央駅

園

鹿児島
水族館

鹿児島駅

桜島

鹿児島市中心部 P.8-9

210

35

● 都市農村交流センター お茶の里

広木駅 🚉

建部
IC

3

P.61 黒豚料理 寿庵 荒田本店 R

荒田八幡

山田IC

指宿
スカイライン

35

駒射場

郡元駅

郡元

R 遊花膳 こうの P.58

210

南鹿児島駅

南鹿児島駅前

🚢 鴨池港

中山IC

● ふれあい スポーツランド

宇宿駅

脇田

鹿
児
島
本
線

22
鹿児島
ゴルフ
リゾート

20

伊作街道

17

谷山駅

谷山

217

SC イオンモール 鹿児島

高速船トッピー・ロケット／
フェリー屋久島2

イオンモール
鹿児島

永田川

谷山IC

219

指宿
スカイライン

慈眼寺駅

南栄3
南栄4

慈眼寺
公園

知覧IC 🚉

⛩谷山護国神社

225

指宿駅 🚉

⭐ 種子島、屋久

A

B

C

6

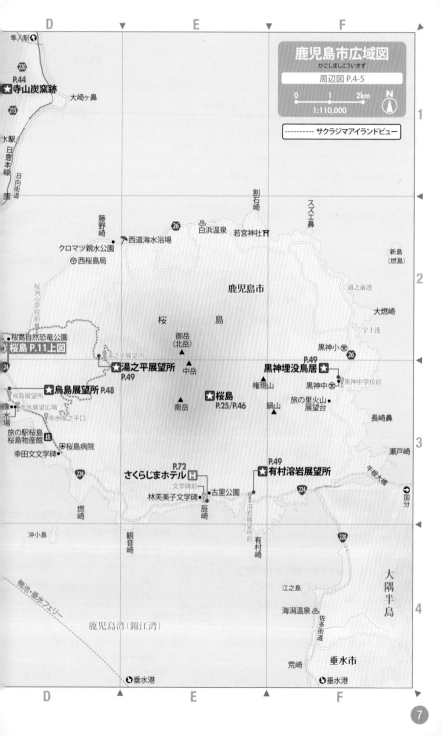

隼入駅 ◐
⑳⑳
P.44
★寺山炭窯跡
⑳⑤
水駅
日豊本線
日向街道
園

大崎ヶ鼻

鹿児島市広域図
かごしましこういきず
周辺図 P.4-5
0 ─── 1 ─── 2km
1:110,000
N

---------- サクラジマアイランドビュー

1

藤野崎
⑳
▲西道海水浴場
クロマツ親水公園
白浜温泉
⊕西桜島局
若宮神社 ⛩

割石崎
スズエ鼻

新島
(燃島)

鹿児島市

浦之前港

大燃崎

宇土港

2

桜洲小学校前

桜 島

●桜島自然恐竜公園
桜島 P.11上図

御岳
(北岳)
▲
中岳
▲

黒神小 ⊗

⑳
黒神埋没鳥居 P.49 ★

⑭
湯之平展望所
★湯之平展望所
P.49

★烏島展望所 P.48

⑳
烏島展望所
像
水
場
赤水展望広場
赤水湯之平口

▲
南岳

★桜島
P.25/P.46

権現山
▲

黒神中 ⊗ 黒神中学校前

旅の里火山・
展望台

鍋山
▲

長崎鼻

瀬戸崎

3

旅の駅桜島
桜島物産館
⊕桜島病院
幸田文文学碑●

⑳⑳

P.72
さくらじまホテル 🅷
文学碑前
林芙美子文学碑●
古里公園
辰崎

P.49
★有村溶岩展望所

溶岩展望所前

⑳

牛根大橋

● 国分

⑭

燃崎

沖小島

観音崎

有村崎

有村崎

⑳⑳

大
隅
半
島

4

⑳池・垂水フェリー

鹿児島湾(錦江湾)

江之島

海潟温泉 ♨

佐多街道

垂水市

荒崎

◉垂水港

◐垂水港

A B C

鹿児島北IC
西原商会アリーナ
(鹿児島アリーナ)
中草牟田
鶴尾橋
中草牟田
草牟田橋
鹿児島アリーナ
卍光明禅寺
五代友厚
夏蔭公園

P.51 西郷隆盛洞窟 ★
西郷洞窟前

1

草牟田
草牟田墓地
S ヤマダ電機
テックランド
原良橋
中洲川
③
城山公園
城山公園
⑫

原良小 ⊗
原良小前
原良小学校前
かごしま環境未来館
城山
★ **城山展**
P.50
島津久光像

鹿児島西署 ⊗
⊗ 城西中
昭和橋
新照院
新照院
御前トンネル
P.72 SHIROYAMA HOTEL
kagoshima **H**

P.54 照國神社 ⛩

S TSTAYA
花岡通
薬師町
城西公園
城西公園前
鹿児島本線
新上橋
新上橋
鹿児島三育小 ⊗
吹上封

2

鹿児島高
鹿児島高校前
新上橋西口
平田公園
平之町
ザビエル公園前
③

西田小 ⊗
鶴丸高前
⊗ 鶴丸高
鷹師町
平田橋
平田橋
山下小
山下
小学校前
ドーミーイ

3

常盤町入口
西田町
西田町
西田中
西田橋
西田橋
日高病院
高見馬場
電停
鹿児島市電2系統
電高見馬場

常盤町
常盤トンネル
西田小学校前
大久保利通像
高見橋
電停
②①
電加治屋町
停加治屋町
加治屋町
鹿児島市
加治屋町
みなと大通り
⊗ 鹿児島
⊗ 中央高校前

常盤トンネル
中央駅西口
H アパ
P.69
アミュプラザ
鹿児島 ★
高見橋電停 **H** 東急REI
若き薩摩の群像
P.37
★ 鹿児島市維新ふるさと
維新ふるさと館前 ⊗

4

九州新幹線
新八代駅
黒豚料理 寿庵 中央駅西口店
グッドイン **H**
H アービック
JR九州
鹿児島
中央駅西口
鹿児島
中央駅
鹿児島中央
ターミナルビル
共研公園
観光交流センター **i**
甲突川
歴史ロード
維新ふるさとの
鹿児島中央駅前

P.69 さつまち 鹿児島中央駅 ★
鹿児島
中央駅前
電停
H ソラリア西鉄
維新ふるさと館前
R 地鶏の鶏膳 天文館店
P.37 日本銀行
鹿児島
女子

P.28 36ぷらす3 ★
P.30 指宿のたまて箱 ★
R 黒豚料理 寿庵
中央駅バスチカ店
P.63
P.60
②④
R とんかつ川久
H シルクイン鹿児島
S アトリエユニ
P.70

鹿児島IC
③
③
鹿児島
東西道路
建部神社
建部神社前
鹿児島
東西道路
建部
IC
宮田通
武町
都通
電停
都通
電停
C すすむ屋 茶店 **P.66**

P.37 鹿児島中央駅総合観光案内所 **i**
柳田通
指宿駅前
武町
中洲通
電停
中洲小
甲南高 ⊗
甲南中 ⊗

A B C

⑧

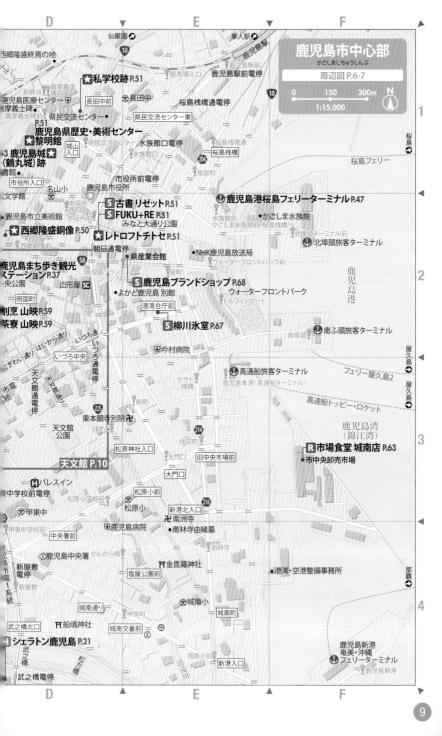

西郷隆盛終焉の地 ●

仙巌園 ☕
10
隼人駅 ☕
鹿児島駅

竪馬場前
鹿児島駅前電停

★私学校跡 P.51

岩崎谷
薩摩義士碑
鹿児島医療センター ✚
薩摩義士碑 P.51
長田中前 ●
長田中
10

桜島桟橋通電停

県民交流センター ●
県民交流センター東

鹿児島県歴史・美術センター
★黎明館

県民交流センター入口
城山入口
水族館口電停
水族館口
204
桜島桟橋通

桜島桟橋

桜島フェリー

3 鹿児島城 ★
(鶴丸城) 跡

書館 ●
市役所入口
文学館
名山小
市役所前電停
鹿児島市役所
易居町

鹿児島市中心部

鹿児島港桜島フェリーターミナル P.47

● 鹿児島市立美術館
市役所前
市役所
西郷
水族館前
かごしま水族館前・桜島桟橋
● かごしま水族館

★西郷隆盛銅像 P.50
S 古書 リゼット P.51
S FUKU+RE P.51
みなと大通り公園
S レトロフトチトセ P.51
西郷銅像前
朝日通電停
北埠頭ターミナル前
● 北埠頭旅客ターミナル

鹿児島まち歩き観光
ステーション P.37
58
県産業会館
鹿児島ブランド
ショップ別館
● NHK鹿児島放送局
ウォーターフロントパーク前

央公園
山形屋 SC
S 鹿児島ブランドショップ P.68
● よかど鹿児島 別館
照国町
港湾合同庁舎
ウォーターフロントパーク
ドルフィンポート

割烹 山映 P.59
茶寮 山映 P.59
S 柳川氷室 P.67
南埠頭
● 南ふ頭旅客ターミナル

にぎわい通り はいから通り
いづろ通
いづろ通電停
いづろ中央
✚ 今村病院

屋久島 ☕
フェリー屋久島2

ボサド
桟橋
● 高速船旅客ターミナル
鹿児島本港 (高速船ターミナル)

225
● 新町
高速船トッピー・ロケット
屋久島 ☕

市電
天文館
通電停
天文館

東本願寺別院 卍
ほさど

214
住吉町
鹿児島湾
(錦江湾)

天文館
公園

R 市場食堂 城南店 P.63
● 市中央卸売市場

天文館 P.10
松原神社入口
大門口
旧中央市場前

H パレスイン
松原小前
新港北入口 216

中学校前電停
松原小学校前
松原小
卍 南洲寺

✚ 甲東中
✚ 鹿児島病院
● 南林寺由緒墓

甲東中学校前
中央署前
南林寺

✕ 鹿児島市中央署
かんから橋
⛩ 金毘羅神社
● 港湾・空港整備事務所

那覇 ☕

新屋敷
電停
新屋敷
塩屋公園前
市電
市1系統

城南通り
⛩ 船魂神社
市突町
✕ 城南小
城南町

武之橋北口
城南交番前
✕
城南小前
新港入口

D シェラトン鹿児島 P.21
武之橋
鹿児島新港
奄美・沖縄
フェリーターミナル
鹿児島新港

武之橋電停

天文館
てんもんかん
周辺図 P.8-9

0　50　100m　N
1:5,000

桜島
さくらじま

周辺図 P.6-7

0 — 100m
1:8,000
N

- - - - サクラジマアイランドビュー

鹿児島港
(錦江湾)

鹿児島港🅖 ············· 白浜温泉🅖

桜島港

桜島港フェリーターミナル🄵 P.47
桜島港

26

●桜島海づり公園

🛫桜島レインボービーチ

🅃厳島神社

月読神社

溶岩なぎさ公園
♨足湯

P.49
🄷♨国民宿舎
レインボー桜島

ローソン
🆂

桜島溶岩★
なぎさ遊歩道
P.48

レインボー桜島

★桜島ビジターセンター
P.48

ビジターセンター

袴腰

224

🆂A・コープ

ファミリーマート
🆂

道の駅「桜島」
🈂火の島めぐみ館
P.49

桜島溶岩グラウンド

火の島めぐみ館

烏島展望所🄵

●総合体育館

P.45 土産処 島津のれん 🆂
P.45 御膳所 桜華亭 🅁
P.66 仙巌園茶寮 🄲

御殿

鹿児島空港、霧島🄰

磯川

🅃鶴嶺神社

🅁松風軒
レストラン

★仙巌園 P.40

●正門

10

竜ケ水駅🄰

●反射炉跡

日豊本線

P.44/P.54 尚古集成館 ★

●入口

P.44 薩摩ガラス工芸 ★
スターバックスコーヒー🄲
島津薩摩切子ギャラリーショップ🆂
磯工芸館
P.45/P.70

仙巌園前 🚌 仙巌園(磯庭園)前
🚌仙巌園前
🚌磯交番前

異人館前 🅁
●異人館前
ジョイフル

★旧鹿児島紡績所技師館(異人館)
P.43/P.54

🆂セブンイレブン
●鹿児島紡績所跡

鹿児島市街

10

●磯ビーチハウス

鹿児島駅🄰

菅原神社🅃
異人館(磯海水浴場)前

🛫磯海水浴場

鹿児島港
(錦江湾)

P.45 中川家 🄲
平田ちゃんぽ餅屋 🄲

🄰祇園之洲公園

磯
いそ

周辺図 P.6-7

0 — 100m
1:8,000
N

霧島市

吉松駅❍　大隅横川駅❍
❍えびのJCT
横川中⊗
横川IC
🅼50
かごしま空港36CC
九州自動車道
二年礼岡▲
⊗佐々木小
🅼445
溝辺PA
🅼481
溝辺小⊗
溝辺中⊗
🅼504
上床山▲
★P.102 高屋山上陵
🅼56
霧島市
陵南中⊗
空港入口
陵南小⊗
溝辺麓
溝辺鹿児島空港IC
🅼56
姶良市
🅼473
加治木JCT❍

鹿児島県霧島アートの森❍
万膳小⊗
万膳川
🅼50 横川温泉
植村駅
肥薩線
三体小⊗
霧島高原まほろば
飯富神社⛩
霧島温泉駅　霧島高
🅼50
牧園中⊗
牧園小⊗
牧園麓
堂之下
S P.76 きりん商店
岩堂観音卍
H 天空の森
牧園みやまの森運動公園
牧園アリーナ
🅼223
聖神社

塩浸温泉
霧島ジオパーク●　塩浸温泉龍馬公園
ラムネ温泉　塩浸温泉
P.76 ★嘉例川駅
嘉例川駅　新川温泉
新川渓谷温泉　🅼223
新川渓谷温泉　安楽温泉
和気神社⛩
妙見・安楽温泉郷
中福良小⊗　中福良駅
熊襲穴●
雅叙苑前
妙見温泉
肥薩線
鷹屋神社⛩
H 忘れの里 雅叙苑 P.79
H 妙見石原荘 P.79
伊邪那岐神社⛩
霧島市
中津⊗
犬飼滝
石原荘前
妙見

鹿児島空港✈
表木山駅
かれい川の湯
妙見トンネル
🅼223
小鹿野温泉
上小鹿野
芦江神社⛩
日当山温泉公園
西光寺卍
🅼504
日当山橋
日当山駅❍
若鮎橋
止上神社
🅼2
P.78 H 数寄の宿 野鶴亭
Aコープ姫城店前
熊野神社⛩
日当山温泉郷　隼人駅❍

霧島
きりしま

周辺図 P.4-5

0　　1　　2km
1:90,000

関平温泉 ♨

霧島温泉ソサエティ H

えびの高原 ➊

新湯温泉 ♨

霧島いわさき
ホテル

H 霧島ホテル

明碧温泉

硫黄谷温泉

新湯温泉

104

右下図

丸尾温泉 ♨

殿湯温泉 ♨

霧島温泉郷

湯之野温泉 ♨

湯之野温泉 ♨

高千穂河原ビジターセンター

霧島市

高千穂河原
P.77

花房の滝

烏帽子岳

千里ヶ滝

烏帽子岳

殿湯川

霧島高原
国民休養地
教育の森

H きりしま 悠久の宿
一心 P.79

223

霧島バードライン

神話の里公園

界 霧島 H

霧島 ♨

神話の里入口

都城市

石峯 ▲

霧島GC

谷門川

蓮泉館

新楼北

卍 霧島神宮 P.74/P.77

霧島神宮

霧島民芸村

i 霧島市観光案内所 P.74

霧島神宮温泉郷

霧島神宮前

223

野上神社卍
霧島杉安病院 ✚

霧島小 ⊗

60

アクティブ
リゾーツ霧島 H

高千穂CC

高千穂牧場

31

高原町

荒襲川

猿田彦神社
龍泉寺 卍

田口

虎ヶ尾岡 ▲

宮崎県

470

霧島中 ⊗

大田小 ⊗

475

霧島神宮駅前

霧島神宮駅
霧島神宮駅

鹿児島県

向田七社神社 卍

卍飯富神社

R
黒豚の館

豊後迫

都城駅 ⊗

0　　300m
1:30,000

丸尾温泉 ♨

霧島国際 H

霧島リハビリテーション
センター

丸尾滝

60

2

旅行人山荘 H
P.79

霧島温泉市場 S

霧島 H
キャッスル

塩浸温泉

摘み草の宿
こまつ P.79

H 霧島観光

殿湯温泉

223

栗川温泉 ♨

湯之谷温泉 ♨

H 天テラス

湯之谷温泉入口

日枝神社 卍

台明寺
渓谷公園

霧島高原
乗馬クラブ

高千穂小前

北署 ⊗

霧島高原国民休養地 教育の森

霧島自然ふれあいセンター

高千穂小 ⊗

殿湯川

霧島バード
ライン

太瀬戸

指宿
いぶすき

周辺図 P.4-5

0 1 2km
1:110,000

N

地図上の地名・施設

颖娃IC
颖娃IC
尾巡山
牧神岳
夢・風の里アグリランドえい
熊ケ谷放牧場

知覧
折尾
薩摩半島
青戸
青戸
27
牧渕別府
234
飯伏
245
飯山 飯山
南九州市
29
大野岳
枕崎駅
颖娃大川駅
水成川駅
石垣駅
烏帽子
西大川
番所花公園前
指宿枕崎線
馬渡
池田湖パラダ
加治佐川
水成川
226
御領駅
236
釜蓋神社
(射楯兵主神社)
P.83
石垣
矢越
南薩摩路
小浜
番所鼻自然公園
南薩広域農道
赤崎

0 350m
1:35,000

P.84
指宿白水館
指宿こころの湯
ふれあいプラザ
なのはな館
なのはな館
湯山
潟山
薩摩
伝承館
西頴娃
牧ノ内
西頴娃駅
潟山倶楽部
颖娃小前
P.82 長寿庵 開聞店
238
颖娃駅
潟口
シーサイド
矢筈岳
反田川
瀬平公園
長崎
指宿税務署前
税務署
指宿港
枚聞
開聞駅前
226
入野
開聞駅
湯之里
黒豚と郷土料理 青葉 P.82
入野駅
平和通り
指宿港
かいもん山麓
ふれあい公園
湊3
太平次公園
花瀬崎
指宿枕崎線
セントラル
パーク
指宿市観光協会 P.80
花瀬望比公園
240
二月田駅
駅前入口
迫北
指宿駅
開聞岳
指宿市総合観光案内所 P.80
迫
コーラルビーチ
田ノ崎
丹波小
P.81
時遊館ココ
はしむれ
市営温泉前
砂むし会館
砂楽
九州自然歩道
226
若宮神社
橋牟礼川遺跡
砂むし会館前
開聞
崎
いぶすき秀水園 P.85

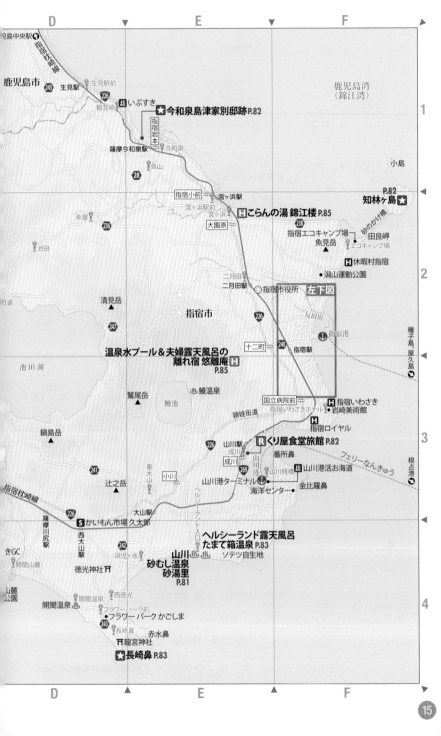

D　　　　　▼　　　　　E　　　　　▼　　　　　F

鹿児島中央駅

指宿枕崎線

鹿児島市

生見駅　生見駅前
観音崎
いぶすき

★今和泉島津家別邸跡 P.82

指宿岩本

薩摩今和泉駅　今和泉

鳥山

鹿児島湾
（錦江湾）

小島

指宿小前　宮ヶ浜駅
宮ヶ浜前
宮ヶ浜

P.82
知林ヶ島 ★

砂のかけ橋

Hこらんの湯 錦江楼 P.85

田良岬

幸屋

大園原

指宿エコキャンプ場
魚見岳　エコキャンプ場

池田

H休暇村指宿

清見岳

潟山運動公園

二月田
二月田駅

◎指宿市役所

左下図

指宿市

田湖

226

種子島、屋久島

指宿港

温泉水プール＆夫婦露天風呂の
離れ宿 悠離庵 H
P.85

十二町

240

指宿駅

池田湖

鷲尾岳

鰻温泉

鰻池

国立病院前

H指宿いわさき
指宿いわさきホテル 岩崎美術館

根占港

鍋島岳

頴娃街道

指宿ロイヤル H

R くり屋食堂旅館 P.82

フェリーなんきゅう

241

辻之岳

226

山川駅
成川

番所鼻

東大山

小川

269

山川港

山川桟橋 ● 山川港活お海道

金比羅鼻

指宿枕崎線

薩摩川尻駅

226

S かいもん市場 久太郎

大山駅
西大山駅

山川港ターミナル
海洋センター

ヘルシーランド入口

ヘルシーランド露天風呂
たまて箱温泉 P.83

きGC

242

浜児ヶ水

ソテツ自生地

開聞山麓

徳光神社

山川
砂むし温泉
砂湯里
P.81

山麓
公園

開聞温泉
開聞温泉前　西徳光

フラワーパーク前
● フラワーパーク かごしま

243

長崎鼻駅

龍宮神社

赤水鼻

★ 長崎鼻 P.83

D　　　　　▲　　　　　E　　　　　▲　　　　　F

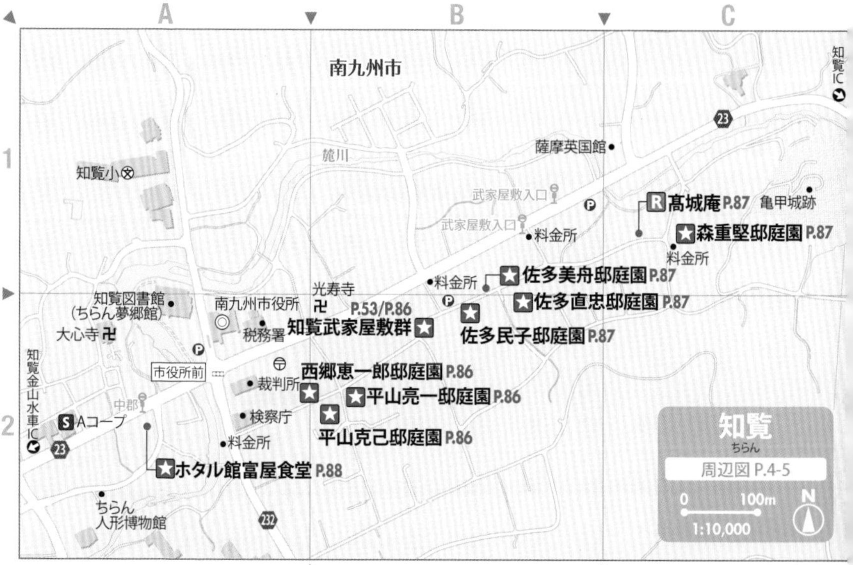
知覧
ちらん
周辺図 P.4-5
0
100m
N
1:10,000
南九州市
麓川
知覧小
薩摩英国館
武家屋敷入口
武家屋敷入口
料金所
高城庵 P.87
亀甲城跡
森重堅邸庭園 P.87
料金所
料金所
佐多美舟邸庭園 P.87
佐多直忠邸庭園 P.87
佐多民子邸庭園 P.87
光寿寺
知覧図書館
(ちらん夢郷館)
南九州市役所
大心寺
税務署
P.53/P.86
知覧武家屋敷群
市役所前
西郷恵一郎邸庭園 P.86
裁判所
平山亮一邸庭園 P.86
検察庁
平山克己邸庭園 P.86
料金所
中郡
Aコープ
知覧金山水車IC
知覧IC
ホタル館富屋食堂 P.88
ちらん人形博物館
23
232

高千穂中心部
たかちほちゅうしんぶ
周辺図 P.17上図
0
150
300m
N
1:17,000
325
駅通り
尾迫原
高千穂町総合公園
歴史民俗資料館
旧高千穂駅
五ヶ瀬川
総合公園前
総合公園前
武道館
P.106
高千穂あまてらす鉄道 グランド・スーパーカート
237
警察署前
高千穂署
役場前
P.99 焼肉 初栄
城山通
国見ヶ丘病院
P.107
欧風宿ぶどうの樹
218
高千穂高
城山
国見ヶ丘荘
押方簡易局
押方
押方
中の原
P.95
道の駅 高千穂
観光案内所
P.95
高千穂町観光協会観光案内所
下押方
道の駅 高千穂
P.95 高千穂レンタカー
神都押方橋
神都高千穂大橋
がまだせ市場
神殿
P.107 旅館 神仙
五ヶ瀬川峡谷(高千穂峡谷)
第3大橋駐車場
P.99
高千穂神社
P.93 高千穂町観光協会
宮交タクシー高千穂営業所
高千穂大橋
高千穂神社前
203
ホテル高千穂前
高千穂大橋
神橋
第2あららぎ駐車場
国民宿舎ホテル高千穂
50
槍飛橋
遊歩道
P.22/P.94 高千穂峡
真名井の滝
淡水魚水族館
P.97
千穂の家 元祖流しそうめん
第1御塩井駐車場

高千穂
たかちほ
周辺図 P.2-3
0　　　1km
1:70,000
N

D

阿蘇
雲井都
折原
325
五ヶ瀬川

烏岳▲

P.27 ★国見ヶ丘
芦洗乾水池

218
⊗押方小

卍獄宮神社

高千穂町総合公園

卍高千穂神社 P.99

P.22/P.94
高千穂峡 ★

❷熊本
218

E

焼山寺山▲
P.27/P.98 天安河原 ⛩
P.98 天岩戸神社 ⛩
岩戸小⊗
泉福寺 卍
天岩戸温泉 ♨ 天岩戸温泉入口

高千穂町

天香山▲
天岩戸温泉♨

卍徳玄寺
高千穂温泉 ♨
⛩菊宮神社　高千穂温泉
218

西の新地
325

高千穂町役場 ○
⊗高千穂高
237
雲海橋

高千穂中心部 P.16-17下図

青葉大橋

日之影町
❷延岡

F

7
➡大分
207

岩戸

R 野菜料理 田の花 P.99

大野原
•亀山城跡 ◀
尾谷
7

⛩石神社

九州中央自動車道

日之影深角IC ❷

1

2

D

国民健康保険病院 ✚
町立病院前
218
一本木

⊗高千穂小

★天真名井 P.96

⛩穂觸神社 P.99

❶四季見

★四皇子峰 P.103

237

E

高千穂トンネル

高千穂町

高千穂鉄道跡

⛩荒立神社 P.99

馬門 **R ジョイフル**
長崎
戸ノ鼻

雲海橋

218

日之影町

F

•中川集落センター
川登

歳大明神 ⛩
7

栃又

旧天岩戸駅 ◀

H 高千穂ユースホステル
•高千穂橋梁

237

九州中央自動車道

日之影深角IC ❷

3

4

D　　**E**　　**F**

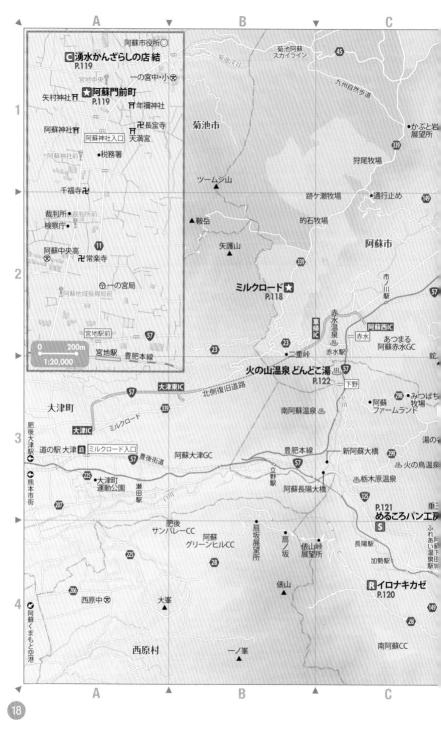

C 湧水かんざらしの店 結
P.119

★阿蘇門前町
P.119

ミルクロード★
P.118

火の山温泉 どんどこ湯
P.122

めるころパン工房
P.121

R イロナキカゼ
P.120

阿蘇市役所◎

宮地中央
一の宮中・小⊗

矢村神社⊼
年禰神社⊼

阿蘇神社⊼
卍長宝寺
⊼天満宮

阿蘇神社入口
阿蘇神社前
●税務署

千福寺卍

裁判所 ●裁判所前
検察庁

阿蘇中央高
⊗
卍常楽寺

11

一の宮局

阿蘇地域振興局前

宮地駅前

57

0　　200m
1:20,000

宮地駅
豊肥本線

菊池渓谷

菊池阿蘇
スカイライン
45

九州自然歩道

菊池市

かぶと岩
展望所

339

狩尾牧場

ツームシ山▲

跡ケ瀬牧場
●通行止め
149

▲鞍岳
的石牧場

矢護山
▲

阿蘇市

339

市ノ川駅
57

赤水温泉
東蘇IC
阿蘇西IC
赤水

23
23
二重峠

あつまる
阿蘇赤水GC

赤水駅
蛇

下野
大津東IC
57
北側復旧道路
298
みつばち
牧場

大津町
ミルクロード
339

南阿蘇温泉
●阿蘇
ファームランド

湯の

大津IC
ミルクロード

道の駅 大津
ミルクロード入口
57
豊後街道

阿蘇大津GC

豊肥本線
新阿蘇大橋
299
火の鳥温泉

肥後
大津駅

熊本市街

225
●大津町
運動公園

瀬田駅

207

立野駅
阿蘇長陽大橋
栃木原温泉
375
P.121
垂

肥後
サンバレーCC
阿蘇
グリーンヒルCC

扇坂展望所
扇ノ坂
俵山峠
展望所
長陽駅
ふれあい
温泉下田城駅
阿蘇下田城駅

28
俵山▲
加勢駅

206
西原中⊗
大峯●

149
28

阿蘇
くまもと空港

西原村
一ノ峯
▲

南阿蘇CC

18

ミルクロード
(阿蘇スカイライン)
🚗日田
犬観峰入口
212 45
木落牧場
産山村
★大観峰 P.28/P.118
大蘇ダム●
ヒゴタイロード
うぶやま牧場
国造神社卍
城山展望所
阿蘇市観光協会 P.110
象ヶ鼻
213
蘇内牧
阿蘇やまなみGCリゾート●
泉
黒川
1
ミルクロード
阿蘇市
いまきん食堂 P.121
212
クラウン校前
阿蘇市
11
清峰校前
いこいの村前
ヒバリカフェ P.121
左上図
阿蘇神社卍
57
阿蘇駅
宮地駅
乙姫
阿蘇駅前
坂梨
豊肥本線
波野駅
🚗大分駅
ナショナルパーク
インフォメーションセンター
蘇乙姫温泉
「湯ら癒ら」
22
カフェ もちとこ
P.121
265
2
阿蘇パノラマライン★
P.118
野営場前
高塚
仙酔峡道路
妻子ヶ鼻
箱石峠
111
阿蘇くじゅう国立公園
仙酔峡
杵島岳
楢尾岳
阿蘇山
阿蘇山ロープウェー跡
135 🚗竹田
物館●
草千里
阿蘇火山博物館前
★草千里ヶ浜
P.119
烏帽子岳
阿蘇市
中岳
高岳
日ノ尾峠
根子岳
大戸ノ口
3
阿蘇山
公園道路
烏帽子岳
展望所
阿蘇山上ターミナル
御竈門山
温泉
山
南阿蘇村
南郷谷
218
阿蘇吉田線
蘇水の生まれる里
竜原駅
南阿蘇ルナ天文台●
🏨休暇村南阿蘇
※阿蘇山噴火により、
通行止めになる場合あり
中松駅
吉田
阿蘇
白川
水源駅
南阿蘇
白川水源
325
高森
白川水源
見晴台駅
高森町
清栄山▲
村山
そ望の郷くぎの
南阿蘇鉄道
高森駅
265
四季の森温泉
高千穂🚗

阿蘇
あそ

周辺図 P.2-3

0   1.5   3km
1:130,000   N

熊本市

くまもとし

周辺図 P.2-3

0　400m
1:40,000
N

▲ 博多駅、新鳥栖駅 ▲ 上熊本電停

九州新幹線
杉塘電停
夏目漱石内坪井旧居
• 旧細川刑部邸(休館中)
• 市立熊本博物館
熊本縣護国神社 ⊞ • 県立美術館
⊞ 加藤神社
P.113/P.115

段山八幡宮 ⊞ 段山町電停
熊本城公園

★ 熊本城
P.112
中央区役所
熊本市役所

駒山電停
こども文化会館

鹿児島本線
長國寺 卍
禅定寺 卍
妙永寺 卍
第一高 ⊗

安国禅寺 卍
北岡自然公園

洗馬橋電停
慶徳校前電停
新町電停

熊本市電

河原町電停

泰平橋
祇園橋
電停
熊本駅前電停
白川橋

中央区
3

熊本駅

二本木口電停

新八代駅
田崎橋電停
新世安橋
世安
⊞ 世安

▲ 北熊本駅
藤崎線電鉄崎本

熊本市

藤崎宮前駅
⊗ 熊本信愛女学院高・中

明午橋
• 白川公園

⊞ 大江神社

熊本学園大附属高
⊗ 熊本学園大

ゆめタウン SC
• 県立劇場

九品寺交差点電停
SC イオン
⊗ 慶誠高
開新高
⊗ 熊本高

天明橋

交通局前電停
鎮西高・中 ⊗

熊本市電

味噌天神前電停

熊本大学病院
⊗ 熊本大医学部

新水前寺駅

新水前寺駅前電停
出水神社
28
国府電停
P.114
水前寺成趣園 ★
水前寺公園電停
市立体育館前電停

肥後大津方面

中央区
水前寺駅

熊本国府高 ⊗

健軍町電停
103

九品寺6
266
豊肥本線
266
南熊本駅

i 熊本駅総合観光案内所 P.110
★ A列車で行こう P.31
★ かわせみ やませみ P.31
R 天國 本店 P.117

熊本市中心部

くまもとししちゅうしんぶ

周辺図 P.20上図

0　100m
1:10,000
N

⊞ 熊本城ミュージアム
わくわく座
熊本医療センター

★ 桜の馬場 城彩苑
P.114

市民会館 •
シアーズホーム夢ホール

桜町

SAKURA MACHI Kumamoto SC
熊本桜町バスターミナル
熊本城ホール •

洗馬橋
西辛島町電停

P.112
★ 熊本城

熊本城稲荷神社 ⊞
市役所前

P.20 HAB@熊本 ★
P.21 OMO5熊本by 星野リゾート H

• 飯田丸五階櫓
備前堀
平御櫓
城見櫓
熊本城・市役所前電停
長塀
桜の小路
行幸坂
坪井川
• 加藤清正公像
国際交流会館
⊗ みずほ

市役所前

中央区役所
⊖

通町筋電停

熊本市役所
★ 熊本市役所
14階展望ロビー
P.113

H キャッスル
P.116
R 焼肉すどう

上通アーケード

★ 熊本市
現代美術館
P.114
手取天満宮
水道町電停

H 日航

熊本市電

通町筋

上通局

鶴屋百貨店 SC

シアーズホーム夢ホール
花畑町電停
酒場通り
NHK熊本放送局 •
⊗
花畑公園

H 熊本城前

⊗ 十八親和

クラブ通
安政局
H

★ 小泉八雲
熊本旧居
P.114

くまモン S
スクエア

安政町

グリーン
グリーン通り
三菱UFJ

辛島公園前
辛島公園
辛島町電停

リッチモンド
H
サンロード新市街アーケード
東急REI

R 菅乃屋 銀座通り店 P.117
H ダイワ
ロイネットホテル
下通り
S ドン・キホーテ
R 天國 西銀座通り店

H 東横INN
下通アーケード
新市街局
R&B H

銀座通り

H シャトル

H ジーアール

銀座橋

H ジーアール

中央区
3

⊖ 新市街局

H ワシントンホテルプラザ

20

高千穂 🏔
速日の峰
人吉
人吉
大内原ダム
美郷町
北方IC
九州中央自動車道
(北方延岡道路)
舞野IC
延岡JCT
延岡IC
神話街道
八峰街道
フォレストピア
北方GC
日向街道
東九州自動車道
延岡南道路
門川IC
門川南スマートIC
門川町
門川駅
門川湾
乙島
五十鈴川
遠見山
馬ヶ背の断崖絶壁
宮ノ上
細島港
細島
日向岬

P.93 延岡観光協会 ℹ️
延岡今山大師像 卍
大分駅
延岡駅
延岡ハイパス
延岡城跡
南方古墳群
西階公園
大瀬川
愛宕山展望台 P.108
延岡市
南延岡駅
沖田川
延岡南IC 卍
旭ケ丘駅
土々呂駅
門川海浜総合公園

ℹ️ 日向市観光協会 P.93
日向市駅
都町駅
米ノ山展望台
伊勢ヶ浜
大御神社 P.108
願いが叶う
クルスの海 P.25/P.108
日向市
日向IC
日豊本線
赤岩川
お倉ヶ浜

とうごう 🏔
冠岳
東郷
若山牧水生家
牧水公園
牧水生家
★ 若山牧水記念文学館 P.108
高森山
南日向駅
日向
日向サンパーク温泉 お舟出の湯
★ 美々津 P.93
美々津CC
美々津駅
日向街道
日向灘

都農町
矢研の滝
名貫川
東都農駅
P.93
★ 都農ワイナリー
都農神社 ⛩️
都農IC 🅿️
🏔 宮崎駅
つの 🏔
都農川

日向・延岡
ひゅうが・のべおか
周辺図 P.2-3
0   2   4km
1:220,000   N

高千穂 🏔
大内原ダム
奥日向路
財光寺駅
御鉾ヶ浦公園

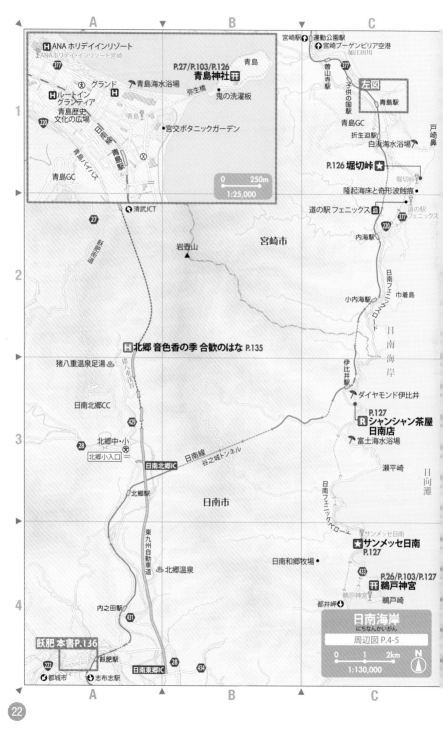

H ANA ホリデイインリゾート
ANAホリデイ・インリゾート宮崎
377
グランド
H ルートイン
グランティア
青島歴史
文化の広場
220
青島バイパス
青島GC

⛩ 青島海水浴場
弥生橋

H
日向灘
青島

P.27/P.103/P.126
青島神社 ⛩

• 鬼の洗濯板

• 宮交ボタニックガーデン

0   250m
1:25,000

宮崎駅 ◑   運動公園駅
◑ 宮崎ブーゲンビリア空港
加江田川

377
曽山寺駅

子供の国駅

左図

青島駅

青島GC
折生迫駅
白浜海水浴場

戸崎鼻

P.126 堀切峠 ★

• 隆起海床と奇形波蝕痕

道の駅 フェニックス 🅿
道の駅
フェニックス

220
377

内海駅

⌂ 清武JCT

27
鰐塚街道

岩壺山 ▲

宮崎市

日南フェニックスロード

小内海駅

巾着島

日
南
海
岸

H 北郷 音色香の季 合歓のはな P.135

猪八重温泉足湯
猪八重渓谷

日南北郷CC

429

北郷中・小
28
北郷小入口

日南北郷IC

日南線 谷之城トンネル

北郷駅

日南市

伊比井駅

↗ ダイヤモンド伊比井

P.127
R シャンシャン茶屋
日南店

↗ 富土海水浴場

瀬平崎

日
向
灘

東
九
州
自
動
車
道

♨ 北郷温泉

日南フェニックスロード

⛩ サンメッセ日南
★ サンメッセ日南
P.127

• 日南和郷牧場

438

P.26/P.103/P.127
⛩ 鵜戸神宮

内之田駅

431

都井岬 ◑   鵜戸神宮 ⛩   鵜戸崎

飫肥 本書 P.136

222
◑ 都城市   ◑ 志布志駅

飫肥駅

28
日南東郷IC

434

日南海岸
にちなんかいがん

周辺図 P.4-5

0   1   2km
1:130,000

N

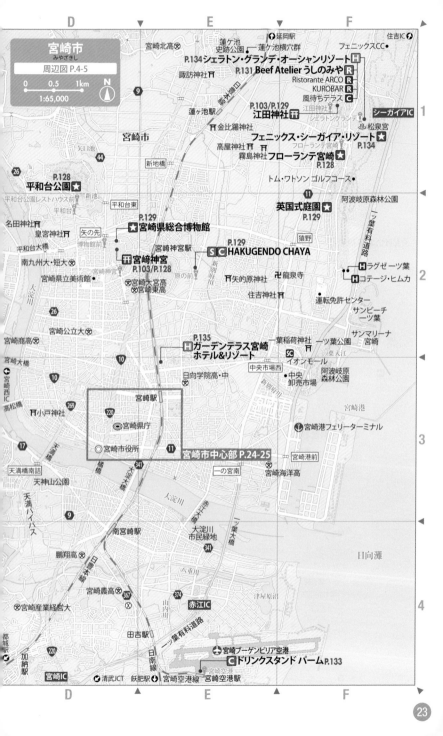

宮崎市
みやざきし

周辺図 P.4-5

0 0.5 1km
1:65,000

N

宮崎北高

蓮ケ池
史跡公園
蓮ケ池横穴群
延岡駅
フェニックスCC
住吉IC

諏訪神社
P.134 シェラトン・グランデ・オーシャンリゾート
P.131 Beef Atelier うしのみや
Ristorante ARCO
KUROBAR
風待ちテラス
シーガイアIC

蓮ヶ池駅
P.103/P.129
江田神社
江田神社
シェラトングランデ
松泉宮

金比羅神社

宮崎市

矢口池

高屋神社
霧島神社 フローランテ宮崎
フェニックス・シーガイア・リゾート P.134
フローランテ宮崎 P.128

新地橋

トム・ワトソン ゴルフコース

平和台公園 P.128

平和台公園レストハウス前
平和台前
新池
平和台東

英国式庭園 P.129

阿波岐原森林公園

名田神社
皇宮神社
平和台大橋

矢の先
博物館前
宮崎県総合博物館 P.129

猿野

一ツ葉有料道路

ラグゼーツ葉
コテージ・ヒムカ

南九州大・短大

宮崎神宮 P.103/P.128
宮崎神宮駅

P.129
HAKUGENDO CHAYA

新別府川

矢の原神社
龍泉寺

宮崎県立美術館

宮崎大宮
宮崎東高

原の前

住吉神社

運転免許センター

サンビーチ
一ツ葉

大淀川

宮崎公立大

宮崎商高

宮崎大橋

宮崎公立大

一葉稲荷神社
一ツ葉公園

サンマリーナ
宮崎

宮崎西IC

高松橋

ガーデンテラス宮崎
ホテル&リゾート P.135

日向学院高・中

中央市場西

イオンモール
中央
卸売市場

阿波岐原
森林公園

小戸神社

宮崎駅

宮崎県庁

宮崎市役所

宮崎市中心部 P.24-25

宮崎港フェリーターミナル

宮崎港

天満橋南詰

橘橋

一の宮南

宮崎海洋高

宮崎港前

天神山公園

天満バイパス

大淀川

大淀川
市民緑地

日向灘

鵬翔高

南宮崎駅

宮崎農高

八重川

津屋原沼

宮崎産業経営大

赤江IC

山内川

日向灘

田吉駅

加納駅

宮崎IC

清武JCT

日南線

飫肥駅

一ツ葉有料道路

宮崎空港線

宮崎ブーゲンビリア空港
ドリンクスタンド パーム P.133
宮崎空港駅

宮崎西IC

H 東横INN ⑩ MRT前 ⊗

エリアワン H

西日本シティ 橘通3 カリーノ宮崎前 •カリーノ

マルショク S 山形屋前 ⊖ 宮崎中央局

H エアライン 郵便局前

宮崎ナナイロ SC SC 山形屋 中央局前 郵便局前

宮崎ナナイロ前 R おぐら 本店 本町通り ㉕

中央通り

P.132

GRILL 爛漫 R H アパ

一番街 橘通東3

みやざき
アートセンター•

丸万焼鳥 本店 R 橘通3 橘通3

P.133

別府
街区公園 南広島通り

P.131 らんぷ亭 R H メリージュ •宮崎合同庁舎
労働局

ぐんけい本店 隠蔵 R

P.133 宮崎税務署 •

⊗ H アリストン

橘通2

お菓子の日高本店 S 文化の森通り

P.129

若草病院 ⊞

P.133 フルーツ大野 ANNEX C

H 橘通2 220 橘通2 クラーク通り

OYO H

♀ 宮崎都城信金本店

エリアワン H 橘通り

H スーパー 宮崎県庁 本町通り Ħ 宮崎八幡宮

P.130

ふるさと料理 杉の子 R S みやざき物産館 KONNE

末広り 県庁前 宮崎県庁 県庁楠並木通

H H ユースホステル
ケイズストリート サンフラワー 県警本部♀

橘通1 H クレイン橘 •県企業局庁舎

プラザ前 卍安楽寺 ⊗宮崎小

松橋通り 橘通1 ♀ 宮崎

•市民プラザ 市役所前

橘公園 H グリーンリッチ 旭通り 旭通り

◎ 宮崎市役所 川原町 瀬頭西

松山1

橘公園 橘公園通り

P.132

大淀川 R 釜あげうどん 重乃井

宮崎IC

宮崎神宮駅

P.124
宮崎市観光協会 ℹ️
KITEN **SC**

H スカイタワー
Ω 肥後

高千穂通り

宮崎駅

★ **海幸山幸** P.32
宮崎駅東口

宮崎駅 Ω 宮崎駅東口
・ひむかきらめき市場

ℹ️ **宮崎市観光案内所**
P.124/P.125

Ω 宮崎

昭和通り

鹿児島 Ω

アミュプラザみやざき
やま館・

アミュプラザみやざき
うみ館
東横INN **H**

科学技術館前

H ニューウェルシティ
・科学技術館
・総合体育館

宮崎 Ω

科学技術館前

・中央公民館

保健所・

宮崎太陽 Ω

老松通り

農政局宮崎支局・

保健所前通り

宮崎中央公園
文化の森

文化の森

文化の森

宮崎太陽銀行

日豊本線

文化の森通り

センチュリー **H**

栄町街区公園

児童公園前

児童公園前

宮崎学園高・中 ⊗

宮崎学園

裁判所前

大坪記念ホール・

宮崎学園

判所前

瀬頭2

瀬頭2

H ロイヤル

ながの屋 **S**

ひまわり荘 **H**

判所

⊕ 昭和局

瀬頭

P.132
おぐら瀬頭店
R

瀬頭

東瀬頭

後田川緑道

昭和町

昭和町

東瀬頭

宮中前

旭東通り

宮崎中入口

⑪

昭和町

養白寺

東瀬頭

宮中前

⊗ 宮崎中

㊶

◆ 宮崎IC

◆ 宮崎空港駅

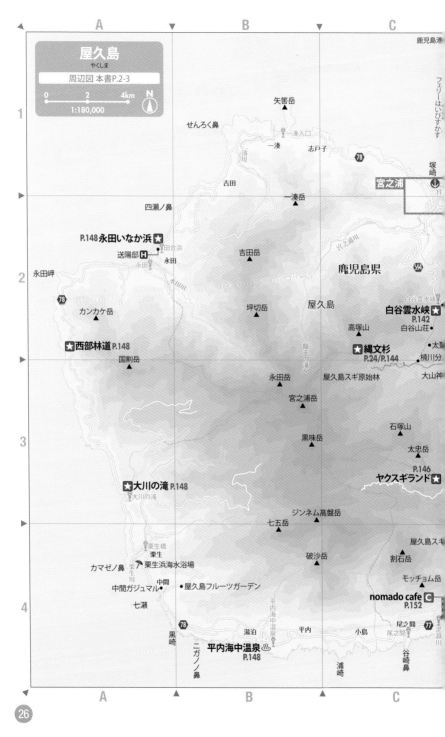

屋久島
やくしま

周辺図 本書P.2-3

0　2　4km
1:180,000
N

矢筈岳

鹿児島港

フェリーはいびすかす

せんろく鼻

湊入口

一湊

志戸子

78

塚崎

宮之浦

一湊岳

吉田

四瀬ノ鼻

P.148 永田いなか浜 ★

永田舎浜

送陽邸 H

永田

吉田岳

鹿児島県

永田岬

永田

坪切岳

屋久島

白谷雲水峡

カンカケ岳

高塚山

白谷山荘

白谷雲水峡 ★
P.142

78

西部林道 P.148 ★

国割岳

龍王の滝

永田岳

★ 縄文杉
P.24/P.144

太

楠川分

屋久島スギ原始林

大山神

宮之浦岳

黒味岳

石塚山

太忠岳

大川の滝 P.148 ★

大川の滝

ジンネム高盤岳

P.146
ヤクスギランド ★

七五岳

破沙岳

屋久島スギ

栗生橋

栗生

割石岳

カマゼノ鼻

栗生浜海水浴場

中間
中間ガジュマル

屋久島フルーツガーデン

モッチョム岳

nomado cafe C
P.152

七瀬

平内海中温泉

湯泊

平内

小島

尾之間

77

黒崎

78

ニガノ鼻

平内海中温泉
P.148

浦崎

谷崎鼻

26

空港周辺
くうこうしゅうへん

400m
40,000

🅘 長峰北

🛫 屋久島空港

🅒 喫茶樹林 P.152

🅡 イルマーレ P.150

P.139
🅘 屋久島観光協会
空港前案内所

空港

長峰

縄文の宿 まんてん 🅗
P.153

P.149 ぶかり堂 🅢

宮之浦
みやのうら

0   400m
1:40,000

🚢 78 高速船 🅘 宮之浦港フェリー
ターミナル   ターミナル

屋久島観光
センター   宮之浦港入口

★ 屋久島環境
文化村センター P.148

🅘 屋久島
観光協会
宮之浦
案内所
P.139

🅡 レストラン パノラマ P.151

⊗ 宮浦小

屋久島高 ⊗
P.152 Restaurant & Wine Bar「ヒトメクリ.」🅡

🅘 77

桜川

小瀬田 西小瀬田

★ 屋久島ガイド協会 P.141

空港周辺

町営牧場   🛫 屋久島空港

屋久島町

岳

登山口

▲明星岳

船行

安房

🅗 41 YNAClassic ★

屋久杉自然館 ★
P.149

屋久杉自然館

⚓ 安房港

🏊 春田浜海水浴場
コウモリノ鼻

平野   平野

安房
あんぼう

0   400m
1:40,000

船行川

すぎのこ 🅗 🅘 磯辺

寿しいその香り 🅡
P.150

⊗ 中央

🅗 グリーン

77 🅗 まんまる

熊毛支庁屋久島庁舎 ⊗ 合庁前

⊗ 安房小   オーベルジュ
P.139
屋久島観光協会 🅘   🅗
事務局・案内所

⚓ 安房港
高速船
ターミナル
安房港

P.151 散歩亭 🅡

⊗ 安房中   安房橋 593

盛久神社
P.65 本坊酒造   🅗 屋久島山荘
屋久島伝承蔵   ⛩ 盛久神社
592   ⊗ 春田

屋久杉
自然館

77   養殖所

麦生

ピヤセ

sankara hotel & spa 🅗   P.153
屋久島

★ 千尋の滝 P.149

Cottage Davis Yakushima 🅗

HANA MANA 🅗

ボタニカルリサーチパーク   77

麦生
むぎお

0   400m
1:40,000

とりはずして使える

MAP

おとな旅
プレミアム
PREMIUM

付録 街歩き地図

鹿児島・宮崎
熊本・屋久島・高千穂

JW015254

切り取り線

TAC出版
TAC PUBLISHING

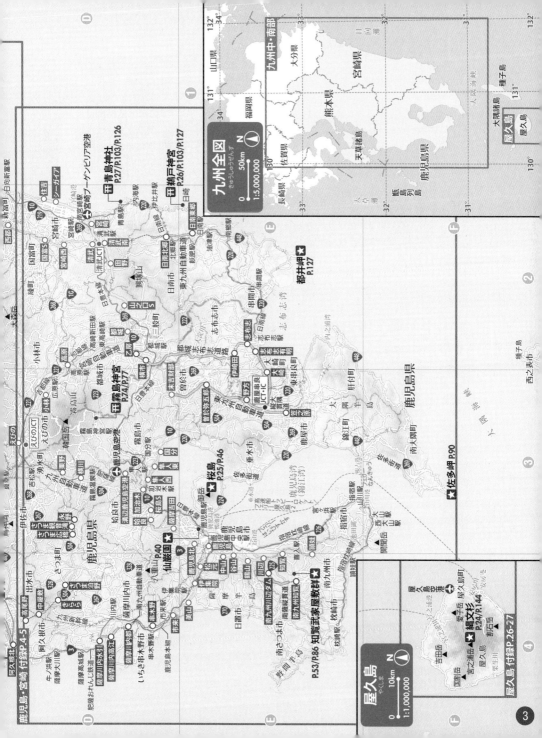

あなただけの
プレミアムな
おとな旅へ！
ようこそ！

SIGHTSEEING

日本神話の
ふるさと・高千穂。
絶景とパワスポ
巡りに出発

高千穂峡 ➡ P.22/P.94

KAGOSHIMA MIYAZAKI
KUMAMOTO YAKUSHIMA TAKACHIHO

鹿児島・宮崎 熊本・屋久島・高千穂への旅

山の音海の音に神々の気配
明るい陽光に心が洗われる

車と鉄道をうまく使いこなせば、
このエリア全体を一度に周遊で
きなくはないが、それはきっと非
常に長く難しい旅になる。
中・南九州というエリアがただ広
いという理由ではない。旅の目
的地が、それぞれに屹立し、素通
りを許さないからだ。
多くの歴史ある街がそうだし、
高千穂、阿蘇、霧島、指宿、日南、
屋久島…。絶景と陽光を求めて
沿岸を行くのもいいが、一帯の
山麓に語り継がれる神話の世界
は深い魅力を秘め、旅人を誘惑
してやまない。

原始の神々、歴史の英雄豪傑と
ダイナミックな自然が紡ぐ物語

錦江湾に浮かぶ桜島。日の出や
日の入りの時間は幻想的な姿に

SIGHTSEEING

天守閣の
見学もできる
街のシンボルは
見逃せない

熊本城 ➡ P.112

SIGHTSEEING

建国神話の
主人公を祀った
古社は、朱塗りの
社殿が印象的

霧島神宮 ➡ P.74/P.77

5

南九州3県が誇る山海の幸と
伝統の技が生む逸品を求めて

食材、技人の思いが
結集された郷土料理

GOURMET

黒豚料理 寿庵 荒田本店 → P.61

鹿児島が誇る
高級食材・黒豚、
好みの食べ方で、
堪能したい

繊細で優美な薩摩切子は
鹿児島ならではの工芸品

GOURMET

お酒好きなら
かごしま焼酎を
飲み比べながら
夜を過ごす

BAR S.A.O → P.64

眩いばかりの海、さわやかな草原、
雄々しい大樹に心が洗われる

宮崎の日南海岸は
南国の雰囲気が漂う

SIGHTSEEING

表情豊かな
阿蘇を歩いて、
大地のパワーを
肌で感じる

大観峰 ➡P.26/P.118

島カフェの
懐かしい空間と
やさしい料理に
ほっこりする

CAFE

喫茶樹林 ➡P.152

屋久島で悠然と立つ
木々の姿に感動する

CONTENTS

鹿児島

❖

高千穂

❖

熊本・阿蘇

宮崎・日南

屋久島

旅のきほん

1

エリアと観光のポイント

鹿児島・宮崎・熊本は こんなところです

鹿児島、熊本、宮崎の3県は九州の中・南部に位置する。
見どころや交通手段を把握して旅の計画を立てよう。

長崎県

城下町は南九州一の大都市

鹿児島市街 →P.38　鹿児島県
かごしましがい

薩摩藩のお膝元として栄えた九州南部の中心都市。市街対岸にそびえる桜島がシンボルだ。街には仙巌園や城山といった歴史を感じる見どころが残っている。

↑城山展望台から望む桜島

観光のポイント 磯エリアの尚古集成館、旧鹿児島紡績所技師館(異人館)は世界遺産。城山エリアには西郷隆盛ゆかりの史跡が点在する

熊本城の城下に繁栄した都市

熊本市街 →P.112　熊本県
くまもとしがい

加藤清正、細川氏の統治する肥後藩として歴史を築いた熊本移動の拠点都市。水前寺成趣園などの見どころや、名物の馬肉料理をぜひ。

↑2021年から熊本城天守閣の内部が公開された

観光のポイント 熊本城天守閣では築城から現在までの歴史を学べる。城の東側には繁華街が広がる

山奥に点在する温泉郷

霧島 →P.74　鹿児島県
きりしま

霧島山の麓に静かな温泉宿がたたずむ。神話ゆかりの霧島神宮への参詣も人気だ。

↑好みのお風呂や宿を選びたい

観光のポイント 山麓のアートスポットや歴史建築が見どころ

砂むし温泉の湯治場

指宿 →P.80　鹿児島県
いぶすき

全国でも珍しい砂むし温泉を体験できる。南部には薩摩富士と称される開聞岳がそびえる。

↑波の音を聞きながらリラックス

観光のポイント 温泉と自然が織りなす美景に癒やされたい

広大なカルデラ地形に目を見張る

阿蘇 →P.118　熊本県
あそ

巨大な外輪山と、その中心にそびえる阿蘇五岳がスケールの大きな絶景を生み出す。牛の放牧も盛んで、貴重な「あか牛」をランチに。

↑一面の緑に覆われる草原の季節なら、すがすがしい気分になれる

観光のポイント 阿蘇パノラマラインなどをドライブで巡り、草千里ヶ浜や大観峰で雄大な眺望を満喫

優美な建築と庭園に注目

知覧 →P.86　鹿児島県
ちらん

江戸時代の武家屋敷群と名勝庭園で有名。かつては沖縄戦の特攻基地だった。

↑石垣と緑に囲まれ、静かにたたずむ屋敷

観光のポイント 風雅な庭園を鑑賞し、平和を見つめ直す

県東部に延びる半島

大隅半島 →P.90　鹿児島県
おおすみはんとう

本土最南端の佐多岬といった南国らしい景観や、豪快に流れる滝など豊かな自然が魅力。

↑白糸のように流れる雄川の滝

巨大な屋久杉が茂る世界遺産の島

屋久島 →P.140　鹿児島県
やくしま

佐多岬より南南西に約60kmの位置に浮かぶ自然豊かな島。巨木の杉や苔むした風景を求めて毎年多くの人々が来島する。縄文杉は島のシンボル。

↑特殊な環境で大木に育つ屋久杉

観光のポイント 縄文杉、白谷雲水峡、ヤクスギランドなど自然のなかを歩くコースが人気

佐賀県
福岡県
大分県
熊本県
宮崎県
鹿児島県

神秘の薫り漂うのどかな山里

高千穂 →P.94　宮崎県
たかちほ

熊本と宮崎の県境にほど近い山奥にある小さな里。霊水流れ落ちる高千穂峡や数々の神話が残る神社、里に伝わる夜神楽など、昔ながらの日本を感じることができる。

↑ 高千穂には神社が多く、それぞれゆかりある神様を祀っている

観光のポイント 高千穂峡はじめ神社や鉄道跡のカートツアーも人気

高千穂への拠点都市

延岡 →P.108　宮崎県
のべおか

パワースポットの愛宕山など、移動のついでに立ち寄りたい。

↑ 愛宕山展望台からは延岡の街並みを一望できる

日向灘を望むエリア

日向 →P.108　宮崎県
ひゅうが

自然の驚異を感じる断崖や古い街並みが残る美々津などがある。

↑ 大御神社は奇岩による断崖のそばに建つ

宮崎県の移動拠点となる

宮崎市街 →P.128　宮崎県
みやざきしがい

空港や宮崎駅が集まる交通の要衝。市街には市民の信仰が篤い宮崎神宮や、大規模リゾートがある。名物のチキン南蛮や完熟マンゴーも忘れずに。

↑ フェニックス・シーガイア・リゾートは、国内でも有数のリゾート施設として名高い

観光のポイント 主な観光名所は市街中心部から少し離れたところに位置する

太陽が輝く明るい海岸線

日南 →P.126　宮崎県
にちなん

日南海岸を中心としたエリアで、紺碧の海を背景に神話の伝わる神社やきれいなビーチが海沿いに連なる。亜熱帯性植物も茂り南国の雰囲気が楽しい。

↑ 街路樹のフェニックスが南国気分を盛り上げる

観光のポイント ドライブを楽しみつつ、青島神社や鵜戸神宮などに寄りたい

13

伝統行事や旬の食材を知って、彩り豊かな旅へ
トラベルカレンダー

温暖な気候で過ごしやすく、一年を通して観光に適する。四季折々の風景とともに、
太平洋で獲れる海の幸や、名産の果物など、旬の味覚も旅の楽しみのひとつ。

1月

最も寒い時期。温暖な気候だが、阿蘇では氷点下になることもある。

2月

宮崎ではプロ野球の春季キャンプがスタート。冬の旬食材は食べ納め。

3月

下旬頃に桜が開花。春の訪れを告げる。気温は低く肌寒い日も多い。

4月

花々が見頃を迎え、伝統行事などイベントも多く開催される。

5月

新緑が美しい季節。屋久島は晴れる日も多く、観光のベストシーズン。

6月

屋久島をはじめ、梅は非常に雨量が多い雨具の準備は万全に

● 鹿児島市・月平均気温 (℃)
● 屋久島・月平均気温 (℃)
● 宮崎市・月平均気温 (℃)
● 阿蘇・月平均気温 (℃)
■ 月平均降水量 (mm)

都市部は晴れる日が多いが、高地では雪が降ることもあるので注意 ▼

日中は暖かいが、朝晩は冷える日も。薄手の上着を持っていると安心

気温 (℃):
- 11.6, 8.5, 7.5, 1.8 (1月)
- 12.1, 9.8, 8.6, 3.1 (2月)
- 14.3, 12.5, 11.9, 6.5 (3月)
- 17.7, 16.9, 16.1, 11.7 (4月)
- 20.8, 20.8, 19.9, 16.3 (5月)
- 24.0, 23.6, 23.1, 20.0 (6月)

降水量 (mm):
- 鹿児島市 77.5, 屋久島 272.9, 宮崎市 63.8, 阿蘇 89.5 (1月)
- 鹿児島市 112.1, 屋久島 286.7, 宮崎市 90.8, 阿蘇 124.5 (2月)
- 鹿児島市 179.7, 屋久島 428.1, 宮崎市 182.1, 阿蘇 210.1 (3月)
- 鹿児島市 204.6, 屋久島 421.7, 宮崎市 212.5, 阿蘇 213.3 (4月)
- 鹿児島市 221.2, 屋久島 441.0, 宮崎市 239.3, 阿蘇 282.1 (5月)
- 鹿児島市 452.3, 屋久島 773.6, 宮崎市 429.2, 阿蘇 579 (6月)

第2日曜 鹿児島
いぶすき菜の花マラソン
毎年全国で最初に開催されるフルマラソン公認大会。コース沿いに広がる菜の花畑の絶景を楽しみながら走ることができる。

1月 宮崎
青島神社裸参り
宮崎市にある青島神社の冬の行事。男女約500人が参加し、神社の前の海に入って禊を行う。前夜祭では神楽が奉納される。

上旬~下旬 宮崎
プロ野球 宮崎春季キャンプ
温暖な気候を利用して、宮崎市や日南市などでプロ野球の春季キャンプが行われる。全国から熱心なファンが訪れる。

中旬~4月下旬 鹿児島
春のイベント
鹿児島市の仙巌園で開催。島津家伝来のひな人形の展示や、曲水の宴など、人々を魅了する春らしい催しが行われる。

中旬~4月上旬 宮崎
天ヶ城開門さくらまつり
宮崎市内にある天ヶ城公園の桜の開花に合わせ、夜間のライトアップや、ステージショーなどのイベントが開催される。

中旬 熊本
火振り神事
阿蘇神社で行われる田作祭のなかの神事。神々の結婚を祝い五穀豊穣を祈る。火のついた萱の束が振られ、幻想的な光景となる。

3日 宮崎
宮崎神宮 神事流鏑馬
五穀豊穣を願って行われる。鎌倉武士の装束に身を包んだ射手の姿が、勇壮華麗な神事。

中旬 宮崎
(金曜~第3日曜)
延岡今山大師祭
家内安全や息災延命などを祈願して行われる弘法大師の法要。多くの人々が訪れ、物産展や市中パレードなどを楽しむ。

5日 宮崎
宮崎みなとまつり
ゴールデンウィークの宮崎港で行われるイベント。大型船舶の寄港など家族連れで楽しむことができる。

5~6月 屋久島
岳参り
集落ごとに信仰の対象となる山へ登り、豊漁豊作や安全を祈願し、山への感謝を伝える。春と秋2回開催されることもある。

第1日曜 鹿児島
せっぺとべ
鹿児島県日置市で行われる御田植祭。地域民が田んぼの中で、だらけになりながら、作を願って飛び跳ねる

- 菜の花 1~2月
- 桜島大根 (鹿児島) 12~2月
- メヒカリ (宮崎) 12~1月
- キビナゴ (鹿児島) 12~2月
- ブリ 12~2月
- キンカン (宮崎) 1~3月
- 晩白柚 (熊本) 1~3月
- 日向夏 (宮崎) 1~5月
- トビウオ (屋久島) 3~5月
- ヤクシマシャクナゲ (屋久島) 5~6月
- ミヤマキリシマ 5~6月
- キビナゴ (鹿児島) 5~6月
- マンゴー (宮崎) 5~7月

↑ヤクシマシャクナゲ
↑ミヤマキリシマ
↑トビウオ
↑キンカン

↑火振り神事

↑日向ひょっとこ夏祭り

↑おはら祭 ©鹿児島市

↑菜の花

7月

鹿児島は熱帯夜が多い。宮崎は海風もあり、さほど気温は上がらない。

8月

阿蘇は涼しく過ごしやすい。各地で賑やかな夏祭りが開催される。

9月

台風の到来で、天気は荒れ模様。天候によっては計画変更も検討。

10月

比較的暖かいが、肌寒い日も増える。薄手の上着の携行がおすすめ。

11月

乾燥した晴れの日が続く。寒暖差に対応できる服装で出かけよう。

12月

冬が旬の海の幸が続々。防寒対策が万全ならおすすめの観光シーズン。

日差しが強いので紫外線対策や水分補給を忘れずに。夜も暑い日が続く

気温がぐっと下がる頃。下旬には冬物の服装を用意しておくほうがよい ▼

7月（気温）
28.1 / 27.3 / 26.9 / 23.6

8月（気温）
28.5 / 27.2 / 27.2 / 23.9

9月（気温）
26.1 / 25.5 / 24.4 / 20.5

10月（気温）
21.9 / 21.2 / 19.4 / 14.6

11月（気温）
17.9 / 15.9 / 14.3 / 8.9

12月（気温）
13.6 / 10.6 / 9.6 / 3.7

7月（降水量）
鹿児島市 18.9 / 屋久島 311.9 / 宮崎市 309.4 / 阿蘇 570.1

8月（降水量）
鹿児島市 223.0 / 屋久島 269.0 / 宮崎市 290.2 / 阿蘇 252.7

9月（降水量）
鹿児島市 210.8 / 屋久島 406.1 / 宮崎市 354.6 / 阿蘇 234.0

10月（降水量）
鹿児島市 101.9 / 屋久島 299.6 / 宮崎市 181.8 / 阿蘇 106.5

11月（降水量）
鹿児島市 92.4 / 屋久島 303.9 / 宮崎市 95.0 / 阿蘇 98.1

12月（降水量）
鹿児島市 71.3 / 屋久島 262.7 / 宮崎市 60.0 / 阿蘇 71.0

上旬～8月上旬 鹿児島 六月灯

旧暦の6月に、鹿児島県内の寺社がそれぞれ日程を決めて開催する夏祭り。和紙に絵や文字をかいた灯籠が奉納される。

第1土・日曜 屋久島 屋久島ご神山祭り

島でいちばん賑わう夏祭りで、山の神々に祈りを捧げ、火おこしなどの神事や花火大会、ご神山太鼓の奉納が行われる。

第1土曜 宮崎 日向ひょっとこ夏祭り

豊作や商売繁盛を祈願し、ひょっとこ、おかめ、キツネの面をつけた踊り手たちが街を軽快に練り歩く。前日には前夜祭も行う。

旧暦8月15日 屋久島 十五夜綱引き

鹿児島県内各地に残る風習で、十五夜に綱引きをして無病息災を願う。綱引きのあとは、綱を土俵にして相撲をとる。

19日 鹿児島 霧島神宮例祭

霧島神宮で最も重要な大祭で、祭神ゆかりの舞の奉納などがあり、多くの人が訪れる。

第3土・日曜 宮崎 飫肥城下まつり

日南市の秋の風物詩。郷土芸能のほか、武者行列、市中パレードなど盛りだくさんの内容で城下町が賑わう。

26日と次の土・日曜 宮崎 宮﨑神宮大祭

神武天皇を祀る宮崎神宮の例祭と御神幸祭。御神幸祭では市内を御鳳輦や稚児行列が練り歩き、15万人以上の観光客が訪れる。

2・3日 鹿児島 おはら祭

大勢の踊り連が参加し、鹿児島市中心部をおはら節やハンヤ節にのって踊りながら練り歩く。総踊りのほか、さまざまな催しが行われる。

中旬～2月上旬 宮崎 夜神楽

高千穂を中心とした宮崎県北部の各地でそれぞれの例祭日に、神楽を一晩かけて奉納する神事。日程は毎年変更になる。

第2日曜 宮崎 青島太平洋マラソン

太平洋を眺めながらのびのびと走ることができる、宮崎市ならではのマラソン大会。全国からランナーが訪れるほど人気。

31日 屋久島 益救神太鼓年越祭

人々の厄を払い、新年を迎えるために屋久島で行われる神事。神幸祭のあと、年をまたいで屋久島太鼓の奉納をする。

メヒカリ（宮崎）7～8月

↑メヒカリ

↑マンゴー

↑日向夏

コスモス 9～10月

↑コスモス

↑桜島大根

首折れサバ（屋久島）9～11月

↑安納芋

安納芋（鹿児島）10～12月

桜島大根（鹿児島）12～2月
メヒカリ（宮崎）12～1月
キビナゴ（鹿児島）12～2月

ブリ 12～2月

↑ブリ

プレミアム滞在モデルプラン
鹿児島・宮崎・熊本
おとなの1泊2日

自然も信仰も歴史も懐が深い南九州3県。ダイナミックな水と緑の景観に心を奪われ、大地の力強さを感じる。昔日の活気が今に残る場所を訪ねながら、各地の歴史と文化を紐解いていく。

⬆島津氏の別邸として利用されていた仙巌園から遠くに桜島の威容を望む

1日目

| 9:00 | 鹿児島中央駅 |

約50分
カゴシマシティビューで49分、仙巌園（磯庭園）前下車。仙巌園、尚古集成館まで徒歩1分

| 9:50 | 仙巌園／尚古集成館／旧鹿児島紡績所技師館（異人館） |

約1時間
仙巌園（磯庭園）前バス停からカゴシマシティビュー（鹿児島中央駅方面行き）で23分、天文館下車。カゴシマシティビュー（城山方面行き）で15分、城山下車、城山展望台まで徒歩3分。西郷隆盛銅像へは城山展望台から徒歩15分

| 14:00 | 城山展望台／西郷隆盛銅像 |

約20分
西郷隆盛銅像から徒歩5分の朝日通電停から市電で15分

| 17:00 | 鹿児島中央駅 |

約1時間
鹿児島中央駅周辺でレンタカーを借りる。国道3号、九州自動車道、国道504号、県道2・60号経由で霧島の温泉宿へ

| 18:00 | 霧島の温泉宿 |

効能豊かな霧島の温泉でくつろぐ

世界遺産が残る鹿児島の街と霧島温泉郷

明治維新の舞台となった場所を巡り、神聖な霧島を探訪する。

島津斉彬が進めた
集成館事業 の遺構を訪れる

しまづ なりあきら

尚古集成館 ➡P.44
しょうこしゅうせいかん

慶応元年（1865）に竣工した機械工場。現在は島津家に関する資料を展示する博物館となっている。

仙巌園 ➡P.40
せんがんえん

大砲を製造するために築かれた反射炉の跡

島津家の別邸で、広大な大名庭園には近代日本の発展につながる史跡が残る。桜島を望むビューポイントがあり、美しい眺めも楽しめる。

旧鹿児島紡績所技師館（異人館）
きゅうかごしまぼうせきじょぎしかん（いじんかん）
➡P.43

洋式の紡績工場で操業指導のために来日したイギリス人たちが生活していた洋館。当時の様子がわかる資料も展示している。

16

2日目

9:00 霧島神宮駅

↓ 約40分
県道60号、国道223号、県道103号経由で、鹿児島県霧島アートの森まで車で約40分

9:40 鹿児島県
霧島アートの森／
嘉例川駅／
霧島神宮

↓ 約10分
霧島神宮から霧島神宮駅まで県道60号経由で、約10分

16:00 霧島神宮駅

↓ 約1時間
県道60・2号、国道504号、九州自動車道、国道3号経由で、鹿児島中央駅まで約1時間。レンタカーを返却

17:00 鹿児島中央駅

霧島は坂本龍馬と妻の思い出の地としても有名

プランニングのアドバイス

集成館事業に関する史跡は磯エリアに、西郷隆盛にまつわる史跡は城山エリアに集まっているので、それぞれ歩いてまわることができる。霧島は観光スポットがあちこちに点在しており、バスも利用できるが、レンタカーを借りて車でまわるのがおすすめ。昼食は磯エリアなら仙巌園内のレストラン・御膳所 桜華亭（P45）か、重富島津家の邸宅・マナーハウス島津重富荘 フレンチレストラン オトヌ（P45）で、鹿児島市中心部に戻って名物の黒豚料理を食べるのもおすすめ。起点となる鹿児島中央駅周辺には「かごしま茶」のカフェもあり、休憩にぴったりだ。

西郷隆盛 ゆかりの地で、桜島と鹿児島市街を一望する

城山展望台 →P.50
しろやまてんぼうだい

城山は西南戦争の激戦地。遊歩道も整備されている展望台からは、桜島を正面に鹿児島市街、錦江湾などが見渡せる。

森林浴を満喫しつつ 霧島 観光を楽しむ

鹿児島県霧島アートの森 →P.76
かごしまけんきりしまアートのもり

豊かな自然に囲まれた野外美術館。広い園内を散策しながら美術鑑賞が楽しめる。野外展示のほか、アートホールでは企画展も開催。

《あなたこそアート》（チェ・ジョンファ）

西郷隆盛銅像 →P.50
さいごうたかもりどうぞう

西郷隆盛が自刃した城山を背景に立つ銅像。約8mもの高さがあり、堂々とした軍服姿の西郷さんが見られる。

嘉例川駅 →P.76
かれいがわえき

JR肥薩線の無人駅で、駅舎は国の登録有形文化財に登録されている。駅舎内では懐かしい椅子や看板も見られる。

霧島神宮 →P.74
きりしまじんぐう

神話の主人公を祀った神社。朱塗りの鳥居を抜けると社殿が現れる。朱塗りの社殿は豪華絢爛。御神木など見どころも多い。

17

宮崎&熊本で大自然がつくる光景に感動

道沿いに続く海&山の大パノラマと高千穂の神秘の世界を堪能する。

1日目

9:00 宮崎駅

約1時間20分
国道10号、東九州自動車道、県道15号経由で、大御神社まで約1時間20分

10:20 大御神社／願いが叶うクルスの海

約1時間10分
日向ICから東九州自動車道、九州中央自動車道、国道218号経由で高千穂峡まで約1時間10分

13:30 天安河原／高千穂峡

約5分
高千穂峡から高千穂中心部の宿まで車で約5分

18:00 高千穂の宿

2日目

8:00 高千穂峡

約1時間30分
国道325・265号、県道111号経由で草千里ヶ浜まで約1時間30分

9:30 草千里ヶ浜／大観峰

約1時間30分
大観峰から県道339号、国道57号、県道337号経由

15:30 熊本城

約10分
県道28号経由

18:00 熊本駅

プランニングのアドバイス

車移動なので、都合に合わせて立ち寄るポイントを増やすなど自由に行動できる。高千穂峡では散策路を歩くほか、貸しボートもおすすめ。阿蘇での旅は震災や火山活動の影響があるので、事前に調べておこう。夜は高千穂の宿(P.107)に泊まりたい。1日目の昼は、高千穂峡周辺にある、千穂の家 元祖流しそうめん(P.97)や、ご当地グルメが味わえる店へ。2日目は阿蘇の絶景が見える店(P.120)でランチしたい。

日向 から 延岡 へ
絶景巡りとシーサイドドライブ

大御神社 ➡P.108
おおみじんじゃ

海岸の柱状岩に建つ神社。国内最大規模のさざれ石は必見だ。

願いが叶うクルスの海 ➡P.25
ねがいがかなうクルスのうみ

波の浸食によって切り裂かれた岩が、「叶」の文字に見えることからこう呼ばれる。

高千穂 の峡谷や神社を訪ね、
鮮やかな緑の空間に癒やされる

天安河原 ➡P.98
あまのやすかわら

八百万の神々が集まったとされる洞窟。願掛けの積み石が広がる。

高千穂峡 ➡P.94
たかちほきょう

美しい柱状節理 が見られる峡谷で、80mの高さの絶壁が7kmも続く。貸しボートに乗れば、真名井の滝が間近に感じられる。

爽快なドライブルートを通り
阿蘇 の眺望スポットへ

草千里ヶ浜 ➡P.119
くさせんりがはま

烏帽子岳中腹に広がる大草原。馬が放牧されており、のどかな風景が広がる。中央には雨水でできた大きな池が2つある。

大観峰 ➡P.118
だいかんぼう

阿蘇外輪山の最高峰。展望台からは阿蘇五岳やカルデラが見渡せる。条件が合えば雲海が見られることもある。

震災からの復興が進む
熊本城 の今を見に行く

熊本城 ➡P.112
くまもとじょう

平成28年(2016)の地震で被災した熊本のシンボル。特別見学通路から各建物を見学できる。2021年からは天守閣内部の公開が再開された。

地球の息吹を感じる鹿児島の島巡り

心地よい風に吹かれて船旅を満喫しつつ、2つの島でトレッキング。

1日目

[7:40] 鹿児島中央駅

約50分
鹿児島市電2系統で15分、水族館口電停下車、乗船場まで徒歩5分。桜島フェリーで約15分。桜島港フェリーターミナルから桜島溶岩なぎさ遊歩道まで徒歩11分

[8:30] 桜島／桜島溶岩なぎさ遊歩道

約15分
桜島港フェリーターミナルから桜島フェリーで約15分

[10:00] 鹿児島港

約4時間
高速船で安房港まで約2時間40分、安房港でレンタカーを借りて永田いなか浜まで1時間、大川の滝までは約1時間30分

[14:00] 永田いなか浜／大川の滝

約1時間15分～
大川の滝から宮之浦港まで車で約1時間15分

[18:00] 屋久島内の宿

2日目

[4:45] 宮之浦港

約1時間30分
宮之浦港入口から屋久島交通バスで45分、屋久杉自然館で荒川登山バスに乗り換え35分、荒川登山口下車、縄文杉トレッキングコースまですぐ

[6:20] ウィルソン株／縄文杉

約1時間30分
荒川登山口バス停から荒川登山バスで35分、屋久杉自然館で屋久島交通バスに乗り換え宮之浦港入口まで45分

[18:00] 屋久島内の宿

3日目

[10:00] 宮之浦港

約3時間
高速船で2時間45分

[12:45] 鹿児島港

桜島 の噴火の跡を間近で眺め、湧き出るお湯でほっとひと息

桜島 ➡P.46
さくらじま

今も噴火を続ける鹿児島のシンボル。桜島へのフェリーは24時間運航しており、便数も多い。

屋久島 へ渡り、島をぐるり一周し見どころを見学

永田いなか浜 ➡P.148
ながたいなかはま

島の北西部にある透明度の高いビーチ。美しい白浜が続く海岸で、春～夏にたくさんのウミガメが産卵のためにやってくる。

大川の滝 ➡P.148
おおこのたき

巨大な花崗岩を豪快に流れ落ちる様子に圧倒される。滝壺の近くまで歩いてマイナスイオンをたっぷり浴びよう。

プランニングのアドバイス

桜島では日帰り入浴できる施設や展望所などに立ち寄るのもいい。縄文杉トレッキングは、起点となる荒川登山口までマイカー規制が行われているので、バスかタクシーを利用しよう。宿は宮之浦港や安房港周辺に多く、民宿からリゾートホテルまで多彩。1日目の昼食は桜島か屋久島の食事処で。縄文杉トレッキングコースの途中には食堂などはなく、事前に弁当の購入が必要となる。

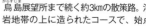

桜島溶岩なぎさ遊歩道 ➡P.48
さくらじまようがんなぎさゆうほどう

烏島展望所まで続く約3kmの散策路。溶岩地帯の上に造られたコースで、始点となる溶岩なぎさ公園には足湯もある。

縄文杉トレッキング で、自然のパワーを体感する

ウィルソン株 ➡P.145
ウィルソンかぶ

約400年前に伐採されたといわれている屋久杉の切り株で、中は空洞になっている。

縄文杉 ➡P.146
じょうもんすぎ

日本最古の巨木とされ、圧倒的な存在感を放つ。近くに展望デッキも設置されているので、じっくりと眺められる。うねるように伸びる幹は迫力満点。その姿に強いエネルギーを感じる。

19

ニュース＆トピックス

南九州の最旬情報をお届け。麦わらの一味に会いに行ったり、大型施設でグルメやショピングを満喫したり…。観光を楽しんだあとは、個性豊かなホテルにステイ。魅力あふれる最新旅を楽しんで。

観光の拠点としても大活躍!!
NEWオープンの 大型施設 に注目

旅の玄関口となる空港が魅力的に大変身！さらに、観光の拠点としても便利な複合施設も誕生し、バージョンアップした鹿児島・熊本の大型施設が熱い！

搭乗待合エリアでは、搭乗間際までショッピングやグルメが楽しめる

4階には、より近くで飛行機が見られる開放的な展望デッキが

熊本 阿蘇くまもと空港
あそくまもとくうこう

2023年3月リニューアル

国内線・国際線一体型の旅客ターミナルビルがオープン。保安検査場を通った先には、フードコートやみやげ店、アパレルにビール専門店など、多彩なお店が勢揃い！2024年秋頃には広場や商業ゾーンもオープン予定。

益城町 MAP 付録 P.2 C-1
☎096-232-2311　🏠熊本県益城町小谷1802-2　🕐6:30〜 21:30(運航状況などにより変更あり)　❌無休　🚌熊本駅から空港リムジンバスで1時間　🅿あり

地域の魅力を感じる飲食店もあり、観光の拠点としてもピッタリ

鹿児島 センテラス天文館
センテラスてんもんかん

2022年4月オープン

鹿児島一の繁華街に誕生した複合施設。飲食店やショップなど約70店のほか、上層階にはホテルも入居する。1階には観光案内所もあり、観光拠点となる新スポットだ。

天文館 MAP 付録 P.10 B-3
☎099-221-1001　🏠鹿児島県鹿児島市千日町1-1　🕐10:00〜20:00、レストラン11:00〜23:00　❌無休　🚌市電・天文館通電停からすぐ　🅿あり

1〜4階が商業エリアになっており、4〜5階の図書館にはカフェも併設

天文館アーケードに隣接。最上階15階には鹿児島市街を一望する展望スペースが

3階にある凸凹(でこぼこ)テラスは、宿泊者だけでなく、誰でも利用できる

熊本の素材を使ったこだわりのレストランやショップが勢揃い

熊本 HAB＠熊本
ハブアットくまもと

2023年4月オープン

熊本市街中心部、下通りの入口に誕生した複合商業施設。1〜2階には飲食店やショップなど20店舗が、3〜11階には「OMO5熊本 by 星野リゾート(→P21)」が入る。街の賑わいのハブとなる、新たなランドマークとして注目。

熊本市街 MAP 付録 P.20 C-3
☎なし　🏠熊本県熊本市中央区手取本町5-1　🕐10:00〜20:00、2階11:00〜23:00(店舗により異なる)　❌無休　🚌市電・A・B系統、通町筋電停から徒歩2分　🅿提携駐車場(バスート24銀座プレス)利用

『ONE PIECE』麦わらの一味像 に ジンベエが仲間入り

2022年7月登場

人気漫画『ONE PIECE』の作者で、熊本県出身の尾田栄一郎氏と熊本県が連携した復興プロジェクトによって設置された麦わらの一味像。その10体目となるジンベエ像が仲間入り! 県内各地に散らばった仲間の像を巡って、コンプリートを目指そう。

住吉海岸公園内、海を背に立つ。長部田海床路も併せて楽しんで

熊本 **ルフィ像**
ルフィぞう

水前寺周辺
MAP 付録 P.2 B-2
所熊本県熊本市中央区水前寺6-18-1
営休料見学自由
交市電・A・B系統、市立体育館前電停から徒歩10分 Pあり

©尾田栄一郎／集英社

熊本県庁プロムナードにあるのが、1体目として登場したルフィ像

熊本 **ジンベエ像**
ジンベエぞう

宇土市 **MAP** 付録 P.2 B-2
所熊本県宇土市住吉町3162-1 営休料見学自由
交桜町バスターミナルから快速あまくさ号で51分、長部田下車徒歩3分 Pあり

地元の魅力が詰まった 個性あふれる 最新ホテル に泊まろう♪

新規オープンの3ホテルをチェック! 景色や天然温泉、アクティビティなど、魅力たっぷりのホテルで充実ステイを満喫。

鹿児島 **シェラトン鹿児島**
シェラトンかごしま

2023年5月オープン

鹿児島モチーフのデザインが随所に施されたシティホテル。館内では源泉かけ流しの天然温泉も楽しめる。

鹿児島市街 **MAP** 付録 P.9 D-4
☎099-821-1111 所鹿児島県鹿児島市高麗町43-15 交市電・武之橋電停から徒歩1分
Pあり（有料）
in15:00 out12:00 予約1室2万5000円〜

5つのレストラン・バーも完備。鹿児島の郷土料理も味わえる

桜島や市街地を望むモダンな客室は、35㎡以上とゆとりある広さ

熊本 **OMO5熊本 by 星野リゾート**
オモファイブくまもと バイ ほしのリゾート

2023年4月オープン

おすすめのスポットが描かれたご近所マップやアクティビティなど、楽しい仕掛け満載の「街ナカ」ホテル。

熊本市街 **MAP** 付録 P.20 C-3
☎050-3134-8095（OMO予約センター） 所熊本県熊本市中央区手取本町5-1 交市電・A・B系統、通町筋電停からすぐ P提携駐車場利用 in15:00 out11:00
予約1室1万8000円〜

えんたくルームややぐらルームなど、個性的な全160室が揃う

鹿児島 **フェアフィールド・バイ・マリオット・鹿児島たるみず桜島**
フェアフィールド・バイ・マリオット・かごしまたるみずさくらじま

2023年4月オープン

道の駅に隣接した宿泊特化型ホテル。錦江湾に面し、客室からは海、上層階のテラスからは桜島を一望できる。

垂水市 **MAP** 付録 P.4 C-3
☎06-6743-4750 所鹿児島県垂水市浜平2057-3 交垂水港から車で5分 Pあり
in15:00 out11:00
料1室1万5730円〜

シンプルながらも快適な客室で、ゆっくりと過ごそう

薩摩・大隅・日向・肥後国、神秘の自然と信仰

太古の力湧き出づる
パワースポット

高千穂や、阿蘇山、桜島をはじめとするダイナミックな大自然に抱かれ、
いにしえより神話の舞台として語り継がれてきた聖なる場所。
先人たちの信仰が宿る地を訪れて、類いまれな絶景に出会う。

高千穂峡 ➡P.94
たかちほきょう

高千穂 **MAP** 付録P.16 B-4

火山活動が生んだ
神々しい峡谷美

阿蘇山の噴火で流れ出た火砕
流が川に浸食されてできた峡
谷。険しくそそり立つ断崖と澄
みきった水の流れが、美しい光
景を生み出している。「日本の
滝100選」に選ばれた真名井の
滝も見どころ。

切り立った峡谷が続き、春夏の
深緑のほか秋の紅葉も美しい

太古の力湧き出づるパワースポット

生命力に満ちた
屋久島のシンボル

縄文杉　➡P.144　世界遺産
じょうもんすぎ

屋久島　MAP　付録 P.26 C-2

太古から続く屋久島の森に、ひっそりと息づく杉の巨木。樹齢が長い屋久杉のなかでも最長老といわれ、どっしりと大地に根を張る姿は、まさに王者の風格。神秘性と威厳を漂わせ、見る者を圧倒する。

ゴツゴツとした木肌に長い歳月
を生きてきた貫禄が感じられる

巨大な十字に
願いを託す人、続々

願いが叶うクルスの海
ねがいがかなうクルスのうみ

日向 **MAP** 付録P.21 F-3

岩が波に浸食され南北220m、東西200m
の十字架が出現。すぐ横の岩を加えると
「叶」と読めるのも縁起が良いと評判。

☎0982-54-6177(馬ヶ背観光案内所)
🏠宮崎県日向市細島 🕐見学自由
🚃JR日向市駅から車で15分 🅿あり

願いを託す鐘のモニュメン
トも設置されている

噴煙たなびく活火山
雄大な山容が美しい

錦江湾にそびえ立つ桜島の雄姿。
見る角度により表情を変える

桜島 → P.46
さくらじま

鹿児島市街 **MAP** 付録P.7 E-3

約2万6000年前に噴火が始まってから、
何度も噴火を繰り返す活火山。噴煙を上
げる姿は、鹿児島のシンボルとして愛さ
れている。かつては錦江湾に浮かぶ島だ
ったが、大正時代の大噴火で陸続きとな
った。

ここから見る阿蘇五岳は、お釈迦様の寝姿にも例えられる

巨大カルデラを眺め
阿蘇山の迫力を実感

大観峰 ➡P.118
だいかんぼう

阿蘇 MAP 付録P.19 D-1

阿蘇の外輪山にある展望台から、広大なカルデラや阿蘇五岳、くじゅう連山を一望。運が良ければ、秋から春の早朝などに雲海が見られることも。

鵜戸神宮 ➡P.127
うどじんぐう

日南 MAP 付録P.22 C-4

日向灘に面した断崖の洞窟の中に朱塗りの本殿が建つ。周囲には奇岩や怪礁が連なり、紺碧の海や岩に砕け散る白波が絶景を織りなしている。

風光明媚な鵜戸崎にあり、階段を下りると洞窟の中に本殿が現れる

海沿いの洞窟内に朱塗りの社殿が鎮座

菅原神社（荒平天神）
すがわらじんじゃ（あらひらてんじん）

大隅半島 MAP 付録P.4 C-3

青い海に映える鳥居
小さな岩山に建つ社

砂州に立つ赤い鳥居が印象的。本殿は海に突き出た岩山にあり、学問の神様・菅原道真を祀る。大潮の満潮時は海に浮かぶ島のようになる。錦江湾を望む絶景スポットで、特に夕方の景色が素晴らしい。

☎0994-31-1121(鹿屋市ふるさとPR課)
🏠鹿児島県鹿屋市天神町4014
⏰休❋参拝自由
🚃垂水港から車で20分 🅿あり

真っ青な海と緑の岩山、赤い鳥居のコントラストが目に鮮やか

天上界を思わせる
幻想的な雲海の名所

雲海に山々が浮かぶ情景は、
幽玄な墨絵の世界のよう

国見ヶ丘
くにみがおか

高千穂 **MAP** 付録P.17 D-1

神武天皇の孫である健磐龍命が国見をしたという伝説の丘。標高513mから阿蘇五岳や祖母連山の大パノラマが見渡せる。9月中旬〜11月下旬頃の早朝、晴れた無風の日には雲海が高千穂盆地を覆う。

☎0982-73-1213(高千穂町観光協会)
所宮崎県高千穂町押方
休無休料見学自由 交高千穂バスセンターから車で13分 Pあり

天安河原 ➡P.98
あまのやすかわら

高千穂 **MAP** 付録P.17 F-1

天照大御神が岩戸に隠れた際、八百万の神が集まって相談したという神話の舞台。深い緑に覆われた巨大な洞窟の周囲には、人々が願いを込めて積み上げた無数の石があり、幻想的な雰囲気を漂わせる。

神々の気配を感じる
厳かな伝説の洞窟

人々の信仰を集めるパワースポット。神聖な空気に癒やされる

青島神社 ➡P.126
あおしまじんじゃ

日南 **MAP** 付録P.22 B-1

古くから聖なる島として信仰されてきた青島に鎮座。島内には亜熱帯性植物が茂り、真っ赤な社殿と独特の調和を見せる。周辺には「鬼の洗濯板」と呼ばれる波状岩が広がり、不思議な景観に心奪われる。

波状岩に囲まれた
南国の小島にたたずむ

波のような形をした奇岩が幾重にも連なる「鬼の洗濯板」

南九州、感動列車の旅

九州を走る観光列車は、ユニークな仕掛け満載の個性派揃い。
デザインとストーリー性を兼ね備えた「D&S列車」と呼ばれ、
洗練された内装や車窓に広がる絶景がファンを魅了している。
非日常の体験を求めて、列車ならではの贅沢な旅へ出発。

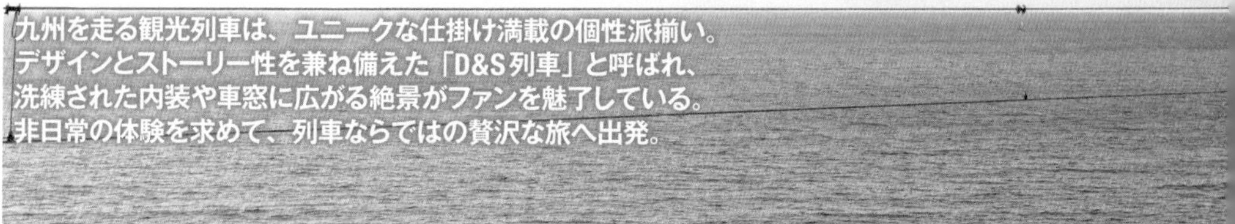

特集●鉄道でゆく新鮮旅

きっぷの予約	1カ月前の10時からJRの窓口、旅行会社などで販売
運行会社	JR九州 JR www.jrkyushu.co.jp

36ぷらす3
日曜日ルート

36ぷらす3
月曜日ルート

小倉
門司港
博多
佐賀
佐世保
武雄温泉
肥前浜
早岐
福岡県
佐賀県
有明海
長崎県
大分県
別府
大分
宮地
阿蘇
熊本
宇土
三角
八代
かわせみ やませみ
熊本県
宮崎県
A列車で行こう

36ぷらす3
木曜日ルート

東シナ海
八代海
川内
鹿児島中央
指宿のたまて箱
鹿児島県
指宿

36ぷらす3
土曜日ルート
宮崎
宮崎空港

36ぷらす3
金曜日ルート

※八代駅〜川内駅間は
肥薩おれんじ鉄道線利用

九州全域

九州を5つのルートでぐるっと巡り
魅力をとことん満喫

36ぷらす3
さんじゅうろくぷらすさん

MAP 付録P.8 B-4(鹿児島中央駅)

5日間かけて九州7県を巡る特急列車。個室車両と座席車両があり、座席はすべてグリーン席。ランチプランでは地元の名店がプロデュースする食事が楽しめる。乗降駅のほかにおもてなし駅が設けられ、沿線の特産品販売が行われる。

運行データ
運行日：木〜月曜 区間：博多駅〜鹿児島中央駅、鹿児島中央駅〜宮崎駅、宮崎空港駅〜別府駅など 全長：1160km 所要時間：博多駅〜鹿児島中央駅約6時間30分など 本数：1日1便 編成：6両 料金：HPで要確認
※詳細は36ぷらす3公式HPを参照(https://www.jrkyushu-36plus3.jp/)

沿線の35のエピソードが紹介される。自身で36番目のエピソードを見つけよう

南九州、感動列車の旅

↑4号車のマルチカーでは車内イベントや体験を実施

↑厳選された料理を九州の風景と併せて楽しめる

↑九州では初となる6名で利用できる個室も

JR最南端の西大山駅へ
ローカル路線の旅

JR指宿枕崎線は、鹿児島中央駅と枕崎駅を結ぶローカル線。途中にはJR日本最南端の駅として有名な西大山駅があり、ホームから優美な開聞岳が眺められる。

29

左右を白と黒に塗り分けた大胆なカラーリングが目を奪う指宿のたまて箱

運行データ

運行日：毎日　区間：鹿児島中央駅〜指宿駅　全長：45.7km　所要時間：鹿児島中央駅〜指宿駅約55分　本数：1日3往復　編成：2両（日によって3両運転の日あり）　料金：鹿児島中央駅〜指宿駅2800円〜（乗車券1020円＋指定席特急券1780円）

【鹿児島中央駅〜指宿駅】

竜宮伝説をモチーフにした遊び心あふれるユニークな列車

指宿のたまて箱
いぶすきのたまてばこ

MAP 付録P.8 B-4（鹿児島中央駅）

薩摩半島に伝わる竜宮伝説がテーマ。白黒の配色は、玉手箱を開ける前の浦島太郎の黒髪と開けたあとの白髪をイメージしている。木の質感を生かした内装はデザイン性が高く、錦江湾の眺めも抜群。列車到着時に玉手箱の煙に見立てた霧（ミスト）が出る仕掛けも。

↑上質なチーク材を贅沢に使った1号車客室

↑2号車にある本棚を備えたソファコーナー

黒とゴールドのツートンカラーの車体。車内はヨーロッパをイメージした装飾が施されている

熊本駅～三角駅

シックなインテリアの中
ジャズを聞きながら鉄道旅へ

A列車で行こう
エーれっしゃでいこう

MAP 付録P.20A-2 (熊本駅)

ジャズの名曲にちなんで名付けられた観光列車。16世紀に天草に伝わった南蛮文化がテーマで、バーカウンターを備えた落ち着いた空間でお酒を楽しめるのが魅力。

運行データ
運行日：土・日曜、祝日が中心。長期休みは運行する場合もある　区間：熊本駅～三角駅　全長：36.5km
所要時間、本数：HPで要確認　編成：2両
料金：熊本駅～三角駅2540円（乗車券760円＋指定席特急券1780円）

➪1号車にあるバーカウンターでは、名物のAハイボールのほか、ソフトドリンクやオリジナルスイーツを提供。列車とは思えないおしゃれな空間を満喫しよう

熊本駅～宮地駅

人吉球磨の魅力を体感できる
野鳥の名を冠したD&S列車

かわせみ やませみ

MAP 付録P.20A-2 (熊本駅)

JR九州11番目のD&S列車。当初は熊本駅から人吉駅間を走行していたが、2022年からこのルートになった。内装には地元産の檜や杉が用いられ、車窓からは阿蘇の景観が楽しめる。こだわりの車内販売が評判。

➪木の温かみに包まれた1号車のカウンター席

青色の1号車が「かわせみ」、緑色の2号車が「やませみ」

運行データ
運行日：土・日曜、祝日が中心。長期休みは運行する場合もある　区間：熊本駅～宮地駅　全長：53.4km
所要時間、本数：HPで要確認　編成：2両
料金：熊本駅～宮地駅2910円（乗車券1130円＋指定席特急券1780円）

南の海と並走する美景列車

入り組んだ海岸線や寄せる白波。
表情豊かな海景色を楽しみながら南九州のスローな旅を存分に満喫。

油津〜大堂津間の隈谷川橋梁を渡る列車。背後の海には七ツ八重と呼ばれる奇岩が連なる

宮崎駅〜南郷駅

飫肥杉の香りに包まれて
風光明媚な日南海岸を旅する

海幸山幸
うみさちやまさち

MAP 付録P.25 E-1（宮崎駅）

日南海岸沿いを走るリゾート列車。「鬼の洗濯板」と呼ばれる波状岩をはじめ、海岸や緑濃い山間など変化に富んだ景観が楽しめる。車両は内外装ともに地元の飫肥杉が使われ、美しい木目が特徴的。列車名は、南九州が舞台とされる日向神話にまつわる海幸彦と山幸彦にちなんでいる。

↑開放的なフリースペースのソファーシート

夕日の美しい「サンセットコース」も運行している

運行データ
運行日：土・日曜、祝日が中心。長期休みは運行する場合もある
区間：宮崎駅〜南郷駅　全長：55.6km　所要時間：宮崎駅〜南郷駅約1時間40分　本数：1日1〜2往復　編成：2両　料金：宮崎駅〜南郷駅2940円（乗車券1310円＋指定席特急券1630円）　予約：1カ月前の10時からJRの窓口、旅行会社などで販売　運行会社：JR九州
URL www.jrkyushu.co.jp

運行データ
運行日：金〜日曜、祝日
区間：新八代駅〜川内駅　全長：119.7km
所要時間：新八代駅〜川内駅約3時間50分
本数：1日2便　編成：2両　料金：食事付きパッケージプラン：1万8000円〜2万5000円
※便によって異なる　予約：おれんじ鉄道予約センター☎0996-63-6861（2カ月前の10時から）、そのほか旅行会社で販売　※食事付きプランは3日前までに要予約
運行会社：肥薩おれんじ鉄道
URL www.hs-orange.com

新八代駅〜川内駅

海沿いを走る列車に揺られ
優雅な食事と絶景を堪能

おれんじ食堂
おれんじしょくどう

MAP 付録P.2 B-3（新八代駅）

九州西海岸の風景を眺めながら、沿線の旬素材を使った贅沢なコース料理が味わえる。ホテルのカフェダイニングをイメージした1号車、半個室のようなソファ席を設けた2号車、それぞれにくつろげる雰囲気。停車駅で特産品を購入できる駅マルシェも楽しみ。

↑地元でとれた食材を使った彩り豊かな料理

写真提供：肥薩おれんじ鉄道株式会社

特集●鉄道でゆく新鮮旅

鹿児島

薩摩の血を
現代に受け継ぐ、
個性豊かな地の
魅力は無限に

島津斉彬、西郷隆盛、大久保利通…
幾多の幕末の偉人を生んだ地・鹿児島。
今も噴火を続ける桜島が見守る街で、
継承されてきた薩摩の文化を享受する。
さらに、『古事記』ゆかりの地で神に祈り、
薩摩半島を南下して、珍しい温泉を知る。
鹿児島の旅は実に多種多彩だ。

エリアと観光のポイント
鹿児島はこんなところです

鹿児島市街では世界遺産の史跡や、西郷隆盛ゆかりの地、桜島が主な名所だ。
開聞岳がそびえる半島の南には、砂むし温泉や武家屋敷群が人気の観光地がある。

鹿児島

歴史ある九州屈指の都市
鹿児島市街 ➡P.38
かごしましがい

JR鹿児島中央駅がある旅の玄関口。かつては薩摩72万石の城下町で、集成館事業関連の史跡など見どころが多い。桜島へのアクセスも便利。

観光の ポイント 仙巌園 P.40
桜島 P.46

↑城山周辺に西郷隆盛に関する史跡が点在する

↑仙巌園から錦江湾と桜島を望む

独特の砂むし温泉が名物
指宿 ➡P.80
いぶすき

薩摩半島の南端に位置し、美しい開聞岳がシンボル。温暖な気候で、12月には菜の花が咲き始めるほど。温かい砂で体全体を覆う砂むし温泉が有名。

観光の ポイント 砂むし温泉 P.81
開聞岳 P.82／池田湖 P.82

↑12月下旬から咲く菜の花と優美な開聞岳

優美な建築、戦争の跡地を巡る
知覧 ➡P.86
ちらん

武家屋敷が立ち並び「薩摩の小京都」と呼ばれる風情豊かな街。第二次世界大戦時に特攻基地であった歴史も残る。鹿児島を代表するお茶の産地。

観光の ポイント 知覧武家屋敷群 P.86
知覧特攻平和会館 P.88

↑繊細かつ優美な庭園をゆっくり鑑賞したい

窯元が集まる薩摩焼の里
美山 ➡P.73
みやま

小さな集落に10軒以上の薩摩焼の窯元がある。ほかにも、木工、ガラス、ギターなど多彩な職人工房が集まり、ものづくりの里として注目を集める。飲食店や体験施設も充実。

↑名門の窯元・沈壽官(ちんじゅかん)窯の登り窯

自然豊かな本土最南端の地
大隅半島 ➡P.90
おおすみはんとう

本土最南端の佐多岬を目指す海沿いのドライブルートが人気。錦江湾の絶景、滝や渓谷など自然の宝庫。

観光の ポイント 菅原神社(荒平天神)
P.26／雄川の滝 P.90

↑佐多岬から眼下に見渡すダイナミックな絶景

阿久根駅
阿久根北
薩摩大川駅
佐潟鼻
阿久根
阿久根市
肥薩おれんじ鉄道
③
薩摩高城駅
薩摩川内水引
薩摩川内高江
薩摩川内市
いちき串木野
串木野

野間岬
野間岳▲
226
野間半島
南さつま市
久志浦
坊津

神秘的な霧島神宮が鎮座

霧島 ➡P.74
きりしま

霧島山の雄大な自然に育まれた九州有数の温泉地。天孫降臨神話が語り継がれる場所でもあり、霧島神宮はパワースポットとして人気。

観光のポイント　霧島神宮 P.74
霧島温泉郷 P.78

⬆6世紀創建と伝えられる荘厳な霧島神宮

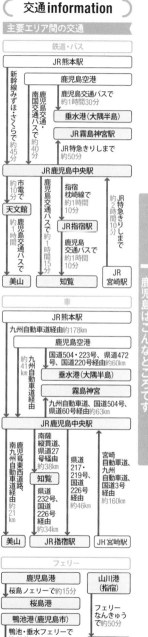

交通information

主要エリア間の交通

鉄道・バス

JR熊本駅
↓新幹線みずほ・さくらで約45分

鹿児島空港
- 鹿児島交通バスで約1時間30分 → 垂水(大隅半島)
- 鹿児島交通・南国交通バスで約40分 → JR霧島神宮駅
- ↓JR特急きりしままで約50分

JR鹿児島中央駅
- 市電で約10分 → 天文館
- 鹿児島交通バスで約1時間 → 美山
- 指宿枕崎線で約1時間10分 → JR指宿駅 → 鹿児島交通バスで約1時間15分 → 知覧
- ↓JR特急きりしままで約2時間10分 → JR宮崎駅

車

JR熊本駅
↓九州自動車道経由約178km

鹿児島空港
- 国道504・223号、県道472号、国道220号経由約60km → 垂水港(大隅半島)
- 九州自動車道経由約41km → 霧島神宮
- ↓九州自動車道、国道504号、県道60号経由約63km

JR鹿児島中央駅
- 南九州自動車道経由約21km → 美山
- 鹿児島東西道路、南九州自動車道経由約38km／県道217・219号、国道226号経由約46km／知覧 県道232号、国道226号経由約34km → JR指宿駅
- 宮崎自動車道、九州自動車道、国道3号経由約160km → JR宮崎駅

フェリー

鹿児島港
↓桜島フェリーで約15分
桜島港

鴨池港(鹿児島市)
↓鴨池・垂水フェリーで約40分
垂水港(大隅半島)

山川港(指宿)
↓フェリーなんきゅうで約50分
根占港(大隅半島)

鹿児島はこんなところです

35

市電とバスを使い分ける

鹿児島市街を移動する

鹿児島中央駅から天文館の一帯が街の中心。飲食店も多く、賑わうエリアだ。
主な観光名所は中心部より少し離れたところにあるので、交通機関を利用する。

鹿児島

鹿児島市街の主なエリア

鹿児島中央駅の北に城山、北東に磯、東に桜島と見どころが点在。

鹿児島中央駅周辺
かごしまちゅうおうえきしゅうへん

鹿児島市の玄関口。大型ショッピングビルが建ち、おみやげ探しに便利だ。

天文館
てんもんかん

アーケードがある賑やかな商店街。飲食店もショップも充実した街歩きにぴったりのエリア。

↑駅東口に建つ複合商業施設のアミュプラザ鹿児島(P.69)

↑鹿児島名物を提供している名店も軒を連ねる

磯
いそ

仙巌園や尚古集成館など「集成館事業」に関する遺跡が集まっている。

桜島
さくらじま

県を象徴する活火山。市内からも近く、展望台や遊歩道から景色を楽しめる。

城山
しろやま

市街を見渡せる小高い山のエリア。西南戦争の跡地や城跡などがあり散策によい。

↑仙巌園(P.40)は島津家の歴代当主の別邸

↑湯之平展望所(P.49)から桜島を間近に望む

↑西南戦争で西郷隆盛が没した地でもある

天文館 → 城山
バス●約15分
カゴシマシティビュー(天文館)、まち巡りバス(ザビエル公園前)を利用

鹿児島中央駅 → 天文館
市電●約10分
2系統を利用(天文館通電停)
バス●約10分
カゴシマシティビュー(天文館)、まち巡りバス(ザビエル公園前)を利用

鹿児島中央駅 → 城山
市電●約15分
2系統を利用(朝日通電停)
バス●約20~25分
カゴシマシティビュー(城山)、まち巡りバス(城山)を利用

⑫仙巌園(磯庭園)前 ★仙巌園
旧鹿児島紡績所技師館(異人館) ★
異人館前⑪ ⑫仙巌園前
⑬磯海水浴場前
⑬異人館前
(磯海水浴場)前
日豊本線
⑩西郷南洲顕彰館(南洲公園)前
⑩南洲公園入口
⑪今和泉島津家本邸跡
(篤姫誕生地前)
鹿児島駅
鹿児島駅前
鹿児島駅
(かんまち)前⑮
桜島桟橋通
⑭石橋記念公園前
⑭石橋記念公園前
☾水族館口
☾市役所前
♨鹿児島港
●鹿児島港フェリーターミナル
⑯かごしま水族館前(桜島桟橋)
⑮かごしま水族館前・桜島桟橋
⑰ウォーターフロントパーク前
⑯ドルフィンポート前
●朝日通
⑰鹿児島
ブランドショップ前
⑱金生町
いづろ通
南ふ頭旅客●
ターミナル
●高速船旅客
ターミナル

鹿児島中央駅 → 磯
バス●約40~50分
カゴシマシティビュー(仙巌園(磯庭園)前)、まち巡りバス(仙巌園前)を利用
車●約15分(6km)
国道10号を経由

天文館 → 磯
バス●約25~40分
カゴシマシティビュー(天文館~仙巌園(磯庭園)前)、まち巡りバス(ザビエル公園前~仙巌園前)を利用
車●約10分(4.2km)
国道10号を経由

城山 → 磯
バス●約15~25分
カゴシマシティビュー(仙巌園(磯庭園)前)、まち巡りバス(仙巌園前)を利用
車●約10分(4.3km)
国道10号を経由

鹿児島中央駅 → 鹿児島港
市電●約15分
2系統を利用(水族館口電停)
バス●約15分~1時間
鹿児島交通バス・水族館前(桜島桟橋)行き、カゴシマシティビュー(水族館前)・まち巡りバス(かごしま水族館前・桜島桟橋)を利用

桜島へは鹿児島港フェリーターミナルから桜島フェリーで桜島港まで約15分。
詳細は➡P.47

━0━ カゴシマシティビュー
━0━ まち巡りバス
━━ JR線
━0━ 市電1系統
━0━ 市電2系統

市電&観光バス 時刻と料金

市電
料1回170円
●2系統あり、鹿児島中央駅と天文館などを結ぶ

カゴシマシティビュー
料乗車1回230円
●1日19便(8時30分~17時30分まで約30分間隔で運行)。1周約1時間20分
夜景コース 毎土曜2便(1・8・12月は金曜も運行、12月は4便運行)

まち巡りバス
料乗車1回170円
1日乗車券500円
●土・日曜、祝日のみ1日8便(8~15時台で約60分間隔で運行)
●城山エリア、桜島フェリーターミナル前、磯エリアを通り観光に便利

(お役立ちinformation)

観光情報を得る
●**鹿児島中央駅総合観光案内所**
鹿児島中央駅周辺 **MAP** 付録P.8 B-4
☎099-253-2500
所鹿児島県鹿児島市中央町1-1 JR鹿児島中央駅構内 ●8:00~19:00
休無休 ❖JR鹿児島中央駅改札前
●**観光交流センター**
鹿児島中央駅周辺 **MAP** 付録P.8 C-4
☎099-298-5111
所鹿児島県鹿児島市上之園町1-1
●9:00~18:00 休無休
❖JR鹿児島中央駅から徒歩7分

観光ボランティアガイド
西南戦争の跡地で西郷隆盛を偲ぶなど、鹿児島市内の歴史・文化・自然について13のコースを設定。ボランティアガイドの案内とともに名所を歩く。
●**鹿児島まち歩き観光ステーション**
城山 **MAP** 付録P.9 D-2
☎099-208-4701
所鹿児島県鹿児島市城山町2-30 二之丸ビル1F
●集合時間はコースにより異なる
料1000円※電話・FAXは前日、Webは2日前までに要予約
URL www.kagoshima-yokanavi.jp/machiaruki

鹿児島市シェアサイクル「かごりん」
街なかをメインで巡るならシェアサイクルが便利。市内中心部に27カ所あるサイクルポートで、いつでもどこでも自転車を借りて、返すことができる。詳細はHPをチェック。
☎0570-783-677 所鹿児島中央駅、天文館など ●24時間 料1回165円(30分を超えることに165円追加)ほかにも1日乗り放題1650円などのプランもあり
URL https://docomo-cycle.jp/kagoshima/

お得なきっぷを利用して巡る
市電や市バスなどが乗り放題になるお得なきっぷ。どちらも観光施設の割引特典あり。「まち巡りバス」は利用できないので注意。
▶ **市電・市バス・シティビュー一日乗車券**
市電、市バス、カゴシマシティビューを一日何度でも利用できる。車内や鹿児島中央駅総合観光案内所などで購入できる。
料600円 ☎099-257-2102(鹿児島市交通局経営課 営業係)
▶ **共通利用券 CUTE(キュート)**
市電、市バス、カゴシマシティビュー、サクラジマアイランドビュー、桜島フェリーを何度でも利用できる。販売は鹿児島中央駅総合観光案内所、鹿児島市観光案内所(天文館)、桜島フェリーターミナルなど。
料1日券1200円、2日券1800円
☎099-298-5111(観光交流センター)

桜島が見守り、歴史が薫る鹿児島の中心部

鹿児島市街
かごしましがい

薩摩藩主・島津家や幕末の偉人ゆかりの地で、
激動の時代を生きた偉人の熱き思いにふれ、
黒豚、焼酎、白熊…独特の食文化に親しむ。

鹿児島市街 ● 歩く・観る

桜島と錦江湾を望む、幕末の工業コンビナート

世界遺産を生んだ
集成館事業をたどる

列強に対抗すべく、島津斉彬が進めた集成館事業。
西洋技術を積極的に取り入れて育成した産業は、日本の近代化を飛躍的に前進させる礎となった。

幕末の日本に技術革新をもたらした
斉彬の偉業を物語る史跡を見学

　列強諸国の脅威にさらされていた幕末。海防の重要性をいち早く認識した28代・島津斉彬は、薩摩藩主になるとすぐさま、西欧に対抗するための殖産興業、富国強兵政策を推進した。磯地区に反射炉や工場を次々と築き、日本初となる西洋式工場群「集成館」を形成。造船、造砲、紡績、ガラス製造など、あらゆる分野の産業育成に尽力した。これらの事業は「集成館事業」と呼ばれ、斉彬の死後は、29代・忠義とその実父・久光が継承。往時を伝える史跡が今も磯地区に残されており、世界遺産を構成する反射炉跡、尚古集成館、旧鹿児島紡績所技師館（異人館）は一見の価値がある。

↑尚古集成館では島津家ゆかりの家宝や資料を幅広く展示。重厚な洋風工場建築物を利用した博物館だ※2024年9月末まで休館中

38 　磯エリアへのアクセス➡P.37

島津家の別邸・仙巌園では端整な庭や御殿のほか、集成館事業の遺構を見学することができる

観光のポイント

日本初の工業地帯の歴史を知り、近代化のストーリーに思いを馳せる

中国文化も取り入れた大名庭園で桜島の絶景を眺める

洋風と和風が混在した世界遺産の建築物を見て歩く

世界遺産を生んだ集成館事業をたどる

世界遺産の基本を知る

●「明治日本の産業革命遺産」とは?

幕末以降、最先端の西洋技術を導入した日本は、わずか50年余りで急激な近代化を実現。その類まれな歴史を物語る産業遺産群が、「明治日本の産業革命遺産 製鉄・製鋼、造船、石炭産業」の名称で、平成27年(2015)7月、世界文化遺産に登録された。8県11市に23の構成資産が点在しており、鹿児島市には3つの資産がある。

●集成館事業とは?

島津斉彬が推進した近代化事業の総称。日本最初の工場群を建設し、造船、造砲、紡績などのほか、輸出向けの薩摩切子や薩摩焼の製造にも着手。近代日本の発展に大きな功績を残した。

集成館事業の詳細は ➡ P.54

●鹿児島の構成遺産は?

「明治日本の産業革命遺産」として世界文化遺産に登録された鹿児島市の構成資産は、旧集成館、寺山炭窯跡、関吉の疎水溝の3つ。なかでも中核資産となる旧集成館には、仙巌園にある反射炉跡、旧集成館機械工場(現・尚古集成館)、旧鹿児島紡績所技師館(異人館)などが含まれ、磯地区に見どころが集中している。

九州自動車道
寺山炭窯跡 ★
世界遺産
世界遺産
★関吉の疎水溝
竜ケ水駅
日豊本線
25
16
鹿児島市
世界遺産
旧集成館
旧集成館機械工場
(現・尚古集成館)
反射炉跡(仙巌園内)
旧鹿児島紡績所技師館
(異人館)
10

●集成館の生産品は何?

製鉄技術を生かした大砲、ライフル銃、火薬や、帆船など軍事関連のほか、陶器やガラス工芸品などの海外への輸出向け商品も製造。帆布製造のために建設された紡績所では、イギリスの機械を導入して綿織物を生産していた。

昇平丸の模型
〈尚古集成館蔵〉

大名庭園で日本の
近代化に思いを馳せる

仙巌園
せんがんえん

世界
遺産

©K.P.V.B

島津家歴代の当主が愛した別邸
一帯が世界遺産に登録

　万治元年(1658)、19代・島津光久が築いた別邸。以後、島津家歴代に受け継がれ、明治時代には29代・忠義が本邸として居住した。桜島を築山に、錦江湾を池に見立てた雄大な景色が見事。幕末以降は迎賓館のような役割も果たしたし、国内外の要人が数多く訪れた。島津斉彬が推進した集成館事業の跡地でもあり、大砲製造のために造られた反射炉跡やガス灯の実験をした鶴灯籠など、日本近代化にまつわる史跡が見られる。

磯 **MAP** 付録P.11 F-3

☎099-247-1551 所鹿児島県鹿児島市吉野町9700-1 開9:00～17:00 休3月第1日曜 料1000円(尚古集成館と共通) 交仙巌園前／仙巌園(磯庭園)前バス停からすぐ P100台(300円)

見学information

園内ガイドツアー

ガイドが園内の見どころや島津家の歴史をわかりやすく説明する。10～15時の毎正時に園内入口から開始し、所要約30分、1人500円(仙巌園の入場料は別途必要)。仙巌園入口を出発して御殿前庭まで案内してくれるツアーで、庭園の楽しみ方や見どころのほか、桜島と錦江湾の雄大な景色も楽しめる。

注目ポイント

和カフェ「仙巌園茶寮」
鹿児島特産の煎茶や上生菓子、かき氷「しろくま」などを提供するくつろぎの和カフェ。季節感のあるメニューが楽しめる。

➡P.66

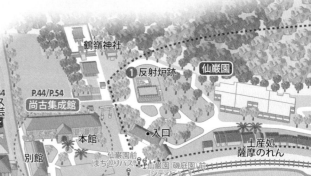

島津家歴代の暮らしを学ぶ

風趣に富んだ 名勝庭園を散策する

桜島と錦江湾(きんこう)が一望できる約1万5000坪の庭園。
県内随一のダイナミックな眺望を誇る園内には、
近代日本の発展を象徴する貴重な遺構が点在する。

1 反射炉跡
はんしゃろあと
【世界遺産】

薩摩の技術を反映

大砲製造のために造られた炉の跡。斉彬(なり)がオランダの書物をもとに建造させた。基礎部分には城の石垣、耐火レンガには薩摩焼の技術を応用。

○炉や煙突は薩英戦争後になくなり、現在は基礎部分が残る

> **反射炉とは?**
> 炉床で燃料を燃やし、その熱を壁に反射させて銑鉄を溶かす設備。主に鉄製の大砲を鋳造するために築かれた。

2 正門
せいもん

島津家の家紋入り

明治28年(1895)に忠義が建造した門。上部には、島津家の家紋である丸十紋と桐紋が彫られている。鹿児島県の県木クスノキを用いた趣ある造りが印象深い。

○NHK大河ドラマ『篤姫』では、江戸の薩摩藩邸として登場

3 錫門
すずもん

鮮やかな江戸時代の正門

鹿児島特産の錫で屋根を葺いた江戸時代の正門。当時は、当主と世継ぎのみが通ることを許された。

○錫葺きの屋根の重さは約1tにも及ぶ

4 桜島ビューポイント
さくらじまビューポイント

威厳ある山景は壮観

桜島と錦江湾が一望できる園内屈指の絶景ポイント。刻一刻と表情を変える雄大な桜島を正面に眺めることができる。

○手入れの行き届いた庭園と背景の桜島が美しく調和

5 鶴灯籠
つるどうろう

斉彬のガス灯

安政4年(1857)、斉彬(なりあきら)がガス灯の点灯に成功した灯籠。横浜にガス灯がともる15年前のこと。

○羽を広げた鶴のような姿が名の由来

➡ P.42へ続く

千尋巌

仙巌園ブランドショップ S

P.45
R 御膳所 桜華亭
S 土産処 島津のれん P.45
C 仙巌園茶寮 P.66

御殿 6

錫門 3

獅子乗大石灯籠

桜島ビューポイント 4

鶴灯籠 5

2 正門

⑩ 猫神社

御庭神社

⑨ 江南竹林

⑧ 曲水の庭

水力発電用ダム跡

秀成荘

7 望嶽楼

日豊本線

竜ケ水駅

41

↑かつての鶴丸城とほぼ同様の造り。庭の眺めも素晴らしい

6 御殿
ごてん
殿様の暮らしが伝わる

島津家歴代が暮らし、国内外の賓客をもてなした屋敷。明治時代には、鶴丸城を明け渡した忠義が移り住んで本邸となった。内部は見学ができ、写真撮影も可能。

おすすめ見学コース

中庭
池と灯籠を配した庭。池の底にある八角形のくぼみは、風水に関連すると考えられる。

謁見の間
賓客を迎えた部屋。ロシア皇太子ニコライ2世など外国の要人もここでもてなした。

居間
忠義が一日の大半を過ごした場所。仕事をはじめ、食事や休憩もこの部屋で行った。

化粧の間
当主が身だしなみを整えた部屋。毎朝着替えたり、髪を結ったりする際に使用された。

披露の間
忠義が使用した部屋。展示されている家具は、昭和天皇が行幸の際に使われたもの。

7 望嶽楼
ぼうがくろう
桜島を見渡すあずま屋

19代・光久の時代に、琉球王国から贈られた中国風のあずま屋。藩主が琉球使節と面談する際などに使われた。

↑斉彬が勝海舟と面会したのもこの場所。目の前に桜島を望む

8 曲水の庭
きょくすいのにわ
江戸時代の貴重な庭

「曲水の宴」が催される庭。長らく土に埋もれていたが、昭和34年(1959)に発掘された。

（注目ポイント）
曲水の宴
川に酒盃を浮かべ、雅な装束に身を包んで和歌を詠む宴。毎年4月に行われ、平安絵巻のような光景が広がる。

江戸時代中期の姿をほぼ完全に保っている

↑たけのこはこの地から全国に広まった

9 江南竹林
こうなんちくりん
孟宗竹の起源

21代・吉貴が、中国の孟宗竹を琉球経由で取り寄せ、2株植えたのが始まり。今では日本各地にある孟宗竹のルーツとなった。

10 猫神社
ねこがみしゃ
猫を祀る珍しい祠

17代・義弘が戦場に連れて行った7匹の猫のうち、生還した2匹を祀る。猫の瞳孔の開き具合で時刻を推測するために連れていったといわれている。

↑猫の長寿や幸せを祈るため、全国から愛猫家が訪れる

◐ ドアノブが当たらないよう柱がくりぬかれている点にも注目

◐ 技師たちの暮らしを再現した部屋もある（写真は応接室）

イギリス人技師が暮らした洋館

旧鹿児島紡績所技師館（異人館）

世界遺産

きゅうかごしまぼうせきじょぎしかん（いじんかん）

紡績の近代化に尽力した英国人技師たちが暮らした洋館

日本初の洋式紡績工場・鹿児島紡績所の操業指導に招かれた英国人たちの宿舎跡。洋風の木造2階建て建築としては日本に現存する最古のものだ。コロニアルスタイルの洋館だが、実際に建てたのは薩摩の大工たち。当時の寸尺を用いた造りや、襖の引き戸と同じ高さにあるドアノブなど和洋折衷の様式がおもしろい。

磯 **MAP** 付録 P.11 D-3
☎099-247-3401
所鹿児島県鹿児島市吉野町9685-15 開8:30～17:30
休無休 料200円
交異人館前バス停から徒歩1分／仙巌園前、仙巌園（磯庭園）前バス停から徒歩2分
Pあり

◐ 赤いクロスが敷かれたしゃれた階段。天井部分はアーチ形になっている

鹿児島の紡績業

国内紡績業の近代化への第一歩

幕末、西洋糸の精巧さに注目した薩摩藩主・島津斉彬（しまづなりあきら）から紡績の研究を命じられた石河確太郎（いしかわかくたろう）。薩英戦争後にイギリスへ視察団を派遣し、紡績機械を導入することを上申。慶応（けいおう）3年（1867）には日本初の洋式機械紡績工場の操業が開始された。当時は1日約200人が10時間の作業にあたり、1日平均100kgの綿糸を製造していたという。石河確太郎はその後も富岡製糸場など日本の紡績業に深く関わった。

43

トラス構造
屋根組みには西洋式のトラス構造を採用。当時は西洋建築に関する知識が乏しく、長崎の工場を参考にしたと思われる

外壁の溶結凝灰岩
外壁のきれいな石組みはレンガの代わりに溶結凝灰岩を使用。火砕流によって生み出される岩石で加工のしやすさで重宝された

亀腹石
外壁の基礎部にはアーチ加工を施した石が配された。水はけを良くするために神社建築などで用いられる、和風の様式だ

日本最古の洋風工場建築物

尚古集成館 【世界遺産】
しょうこしゅうせいかん

集成館事業の中核を担った
旧機械工場がミュージアムに

慶応元年(1865)、薩英戦争で焼失した集成館の跡地に建てられた機械工場。日本に現存する最古の洋風工場建築物で、世界文化遺産に登録されている。外観や基本構造は石造りの洋風建築ながら、木製の梁などに和風建築の特徴が垣間見られる。現在は博物館として使用され、斉彬ゆかりの品々をはじめ、島津家伝来の家宝や集成館事業に関わる資料など、約1万点を収蔵・展示している。※2024年9月末まで休館中

磯 【MAP】付録P.11 E-3
☎099-247-1511
所鹿児島県鹿児島市吉野町9698-1
時9:00〜17:00 休3月第1日曜
料1000円(仙巌園と共通)
交仙巌園前/仙巌園(磯庭園)前バス停から徒歩1分 Pあり

注目ポイント

館では何を作っていた?
オランダやイギリスから輸入した機械を使い、主に金属加工、艦船・蒸気機関の修理、部品加工などを行っていた。薩英戦争でイギリスの軍事力を目の当たりにした薩摩藩が、西洋の技術を積極的に導入したことがうかがえる。

事業継承の場を見学する

薩摩藩の輸出品として開発されながら、西南戦争後に途絶えてしまった薩摩切子。その伝統工芸を昭和60年(1985)に復元して継承。職人による製造工程の見学もできる。

薩摩ガラス工芸
さつまガラスこうげい

磯 【MAP】付録P.11 D-3
☎099-247-2111 所鹿児島県鹿児島市吉野町9688-24
時9:00〜17:00 休月曜、第3日曜(月曜が祝日の場合は翌火曜と第4日曜)
料無料 交仙巌園前/仙巌園(磯庭園)前バス停から徒歩1分 Pあり

足を延ばして、世界遺産の産業施設跡を訪ねる

集成館事業の動力や燃料を生み出した施設にも注目したい。

関吉の疎水溝 【世界遺産】
せきよしのそすいこう

市街北部 【MAP】付録P.6 C-1

集成館の水車を回す水を供給

集成館事業の動力源となる水を供給した水路の取水口。稲荷川から約7kmにわたって水を引き込み、水車を動かして工場の動力とした。

☎099-227-1940(鹿児島市教育委員会文化財課) 所鹿児島市下田町1263先 時休見学自由
交JR鹿児島中央駅から南国交通バス・7〜9番線で30分、関吉の疎水溝入口下車、徒歩8分 Pあり
●当時の名残をとどめる取水口跡

寺山炭窯跡 【世界遺産】
てらやますみがまあと

市街北部 【MAP】付録P.7 D-1

反射炉の燃料となる白炭を製造

反射炉や溶鉱炉の燃料となった木炭(白炭)を製造していた炭窯跡。木炭に適したシイやカシが多かった寺山に3基設けられ、そのうち1基が現存する。

●高温に耐える石造り

☎099-227-1940(鹿児島市教育委員会文化財課) 所鹿児島県鹿児島市吉野町10710-68 時休見学自由 交JR鹿児島中央駅から南国交通バス・6番線で35分、三州原学園前下車、徒歩20分
※2023年10月現在、災害復旧工事のため一部立ち入り不可

立ち寄りグルメ&ショッピング

ここでしか味わえない地元グルメを満喫したあとは、おみやげ探しも忘れずに。

鹿児島県民に愛される郷土菓子

中川家
なかがわや

磯 **MAP** 付録P.11 D-4

創業約140年の老舗。2本の竹串を差した焼き餅にとろりとしたタレを絡めたちゃんぽ餅(両棒餅)を提供。

☎099-247-5711
🏠鹿児島県鹿児島市吉野町磯9673 🕐10:00〜18:00 ❌火曜(祝日の場合は営業) 🚌異人館(磯海水浴場)前バス停から徒歩2分 🅿あり

⬆駐車場は店の向かい側にある

⬅ちゃんぽ餅10個500円。テイクアウトもできる

桜島を眺めながら郷土料理を

御膳所 桜華亭
ごぜんどころ おうかてい

仙巌園内

磯 **MAP** 付録P.11 F-2

全席から桜島を見渡す絶景レストラン。開放的な店内で、鹿児島県産黒毛和牛のしゃぶ御膳や奄美地方に伝わる鶏飯など、薩摩の郷土料理が楽しめる。

☎099-247-1551(仙巌園)
🕐11:00〜16:00(LO15:30) ❌3月第1日曜

⬆黒毛和牛しゃぶ御膳3500円

伝統の薩摩切子をおみやげに

島津薩摩切子ギャラリーショップ 磯工芸館 ➡P.70
しまづさつまきりこギャラリーショップ いそこうげいかん

島津家と薩摩にゆかりの品々

土産処 島津のれん
みやげどころ しまづのれん

仙巌園内

磯 **MAP** 付録P.11 F-2

かるかん、鹿児島茶、黒酢などの銘菓や銘品が揃うショップ。仙巌園限定の焼酎や紅茶も販売している。

☎099-247-1551(仙巌園)
🕐9:00〜17:00 ❌3月第1日曜

⬆ここでしか手に入らない仙巌園限定の芋焼酎も人気

重富島津家の邸宅で食事を

島津氏ゆかりの日本家屋マナーハウス島津重富荘で贅沢な時間を過ごすのも粋なもの。

歴史ある屋敷でフレンチを堪能

マナーハウス島津重富荘 フレンチレストラン オトヌ
マナーハウスしまづしげとみそう フレンチレストランオトヌ

磯 **MAP** 付録P.6 C-2

約170年前に建てられた重富島津家の邸宅を改築。武家屋敷造り独特の重厚な趣が、格調高い雰囲気を醸し出している。そんな空間で味わえるのは、日本人の舌になじむ繊細なフランス料理。情緒あふれる日本庭園の眺めにも心癒される。食事は要予約。

☎099-247-3122
🏠鹿児島県鹿児島市清水町31-7
🕐11:30〜15:00(LO13:00) 18:00〜22:30(LO19:30) ❌月・火曜 🚌祇園之洲公園前バス停から徒歩7分／JR鹿児島中央駅から車で15分 🅿あり

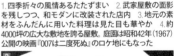

1.四季折々の風情あるたたずまい 2.武家屋敷の面影を残しつつ、和モダンに改装された店内 3.地元の素材をふんだんに用いた料理は見た目も華やか 4.約4000坪の広大な敷地を誇る屋敷。庭園は昭和42年(1967)公開の映画『007は二度死ぬ』のロケ地にもなった

今も噴煙を上げる
鹿児島のシンボル

桜島
さくらじま

人々の暮らしと共存する活火山
大正時代の大噴火で陸続きに

鹿児島のシンボルとして愛される桜島は、北岳と南岳からなる複合火山。かつては島だったが、大正3年(1914)の大噴火で溶岩が海を埋め立て、大隅半島と陸続きになった。現在約3400人が暮らし、鹿児島市街地からの距離はわずか4㎞。活火山と都市が共生する例は珍しく、桜島・錦江湾ジオパークのエリアに含まれている。

MAP 付録P.7 E-3

桜島の噴火事情

過去に17回の大噴火を繰り返し、大正時代の大噴火で大隅半島と陸続きになった桜島。近年も噴火が続いているが、地元住民にとっては日常的なレベル。心配なときは事前に観光サイトなどで情報をチェックしておきたい。

©鹿児島市

桜島と文学

多くの俳人や作家を魅了した桜島
句碑や文学碑を訪ねて文芸散歩

桜島は文学とゆかりの深い土地。林芙美子が少女時代の一時期を過ごした古里町には、彼女の文学碑や銅像が立つ。雄大な桜島を詠んだ短歌や俳句も多く、水原秋桜子、横山房子、角川照子・春樹などの句碑が、桜島溶岩なぎさ遊歩道の周辺に点在。梅崎春生の小説『桜島』の題材になったことでも知られる。

↑俳人・高野素十(たかのすじゅう)の句碑と桜島

お役立ちinformation

観光案内所

●桜島ビジターセンター
観光案内のほか、自転車の貸し出し、ミニツアーなども行っている。

➡P.48

島内を自由に巡るなら車がおすすめ

時間を気にせず島内を移動するなら車が便利。フェリーは車両の乗り入れが可能なので、市内で借りて移動するのもOK。桜島港近くにもレンタカー店がある。南東部で大隅半島とつながっているので陸伝いのアクセスも可。

桜島まではフェリーでアクセス

フェリーは鹿児島港〜桜島港間を所要約15分で、24時間運航している。

●桜島フェリー
📞24時間運航(1時間に3〜4便、20時〜翌5時は1時間に1〜2便) 💰片道200円、4m未満の自動車1400円、5m未満1950円など(車長により異なる。運転手1名の運賃含む)

鹿児島港桜島フェリーターミナル
MAP 付録P.9 E-2
📞099-223-7271(乗船券発売所)
🏠鹿児島県鹿児島市本港新町4-1
🚋市電・水族館口電停から徒歩5分
🅿県営駐車場利用

桜島港フェリーターミナル
MAP 付録P.11 F-1
📞099-293-2525 🏠鹿児島県鹿児島市桜島横山町61-4 🚌桜島港バス停からすぐ 🅿あり

➡船内で食べられるうどんは県民のソウルフード。ぜひ味わってみたい

➡約2万6000年前の火山活動により誕生した桜島。幾度となく噴火を繰り返す雄々しい姿を見ていると、太古から脈打つ地球の鼓動が聞こえてくるようだ

島内の周遊は観光バスがおすすめ

主要な観光スポットを巡る周遊バス「サクラジマアイランドビュー」がおすすめ。島内北部は市営バス、島内南部は鹿児島交通による路線バスも運行している。

●サクラジマアイランドビュー
📞099-257-2117
(鹿児島市交通局バス事業課)
🕐9:30〜16:30の30分おきに桜島港を出発(一周約55分) 💰230円、一日乗車券(サクラジマアイランドビューのみ利用可能)500円

【路線図】※一部の便は ⑦ ⑧ ⑨ を通過する

1	2	3	4	5	6	7	8	9	10	11	12
桜島港	火の島めぐみ館	レインボー桜島	ビジターセンター	烏島展望所	赤水展望広場	赤水麓	国際火山砂防センター	赤水湯之平	赤水湯之平口	湯之平展望所	桜洲小学校前

迫力の火山ビュー 桜島を歩く

黒々とした溶岩や力強い山姿。
絶景の遊歩道を散策しながら、
火の島の魅力を存分に体感。

ゴツゴツとした溶岩が
海辺を覆い、その先には
美しい錦江湾が見える

**主な見どころを効率よく巡り
観光から食や温泉まで満喫**

　桜島港を起点に、見どころが集まる桜島の西エリアを一周。まずは桜島ビジターセンターで情報を収集し、遊歩道や2つの展望所を訪れて、ダイナミックな山肌や溶岩原を間近に眺める。観光後は、道の駅で買い物や食事を楽しみ、日帰り温泉で疲れを癒やそう。

2 大正溶岩原の上を散歩

桜島溶岩なぎさ遊歩道

さくらじまようがんなぎさゆうほどう

MAP 付録 P.11 D-1

溶岩なぎさ公園と烏島展望所を結ぶ約3kmの遊歩道。大正の大噴火で流出した溶岩原の上を散策できる。公園内にある全長約100mの足湯も人気がある。

所 鹿児島県鹿児島市桜島横山町
開休料 入場自由　交 ビジターセンターバス停から足湯まで徒歩3分　P あり

↑開放的な雰囲気の足湯

1 桜島の歴史や自然を学ぶ

桜島ビジターセンター

さくらじまびじたーせんたー

MAP 付録 P.11 D-1

桜島の歴史や火山活動、植物などを映像やジオラマで紹介。大型スクリーンで桜島の迫力を体感できる。特産品や関連グッズの販売も。

☎ 099-293-2443
所 鹿児島県鹿児島市桜島横山町1722-29
開 9:00～17:00　休 無休
交 ビジターセンターバス停からすぐ　P あり

↑上空から見た桜島全景のジオラマ

◆世界一重い大根として知られる桜島大根のしそ漬け 1080円

◆桜島の椿油ピュアプレミアム3850円。コールドプレス製法の椿油

3 溶岩に埋もれた島の跡

烏島展望所

からすじまてんぼうじょ

MAP 付録 P.7 D-3

かつて桜島の沖合にあった烏島は、大正噴火の溶岩に埋没。その跡地に展望所がある。

所 鹿児島県鹿児島市桜島赤水町
開休料 入場自由
交 烏島展望所バス停からすぐ　P あり

↑海や溶岩原を見渡す絶好のビューポイント

START & GOAL
桜島港フェリーターミナル
5 国民宿舎レインボー桜島
道の駅「桜島」火の島めぐみ館
火の島めぐみ館
1 桜島ビジターセンター
2 桜島溶岩なぎさ遊歩道
3 烏島展望所
ここからサクラジマアイランドビューに乗車
サクラジマアイランドビューでレインボー桜島バス停まで移動
湯之平展望所 4
桜島
鹿児島市
赤水展望広場
鹿児島湾（錦江湾）
有村溶岩展望所、黒神埋没鳥居へ

鹿児島港
桜島港
レインボー桜島
足湯
ビジターセンター

N
0　500m

道の駅「桜島」火の島めぐみ館

みちのえき「さくらじま」ひのしまめぐみかん

MAP 付録 P.11 F-2

桜島大根や桜島小みかん、椿油など、桜島の農産物や加工品がずらり。食事処では、地元の特産品を使った料理が味わえる。

☎099-245-2011 **所**鹿児島県鹿児島市桜島横山町1722-48 **営**9:00～17:00 **休**第3月曜 **交**火の島めぐみ館バス停からすぐ **P**あり

↑桜島小みかんソフトクリーム300円

移動時間◆約1時間40分

島巡りコース

| 桜島港フェリーターミナル | → 0.7km／徒歩10分 | **1** 桜島ビジターセンター | → 0.1km／徒歩1分 | **2** 桜島溶岩なぎさ遊歩道 | → 2.5km／徒歩30分 | **3** 烏島展望所 | → 7.5km／バス30分 | **4** 湯之平展望所 | → 6.5km／バスと徒歩で25分 | **5** 国民宿舎レインボー桜島 | → 0.5km／徒歩6分 | 桜島港フェリーターミナル |

4 山頂を間近に仰ぎ見る

湯之平展望所

ゆのひらてんぼうしょ

MAP 付録 P.7 D-2

標高373m、北岳4合目に位置し、一般の訪問者が入れる最高地点。荒々しい山肌が目の前に迫り、その迫力に圧倒される。

☎099-298-5111(観光交流センター) **所**鹿児島県鹿児島市桜島小池町1025 **開休料**見学自由 **交**湯之平展望所バス停からすぐ **P**あり

↑鹿児島市街も見える

↑山頂付近を最も近くで見られる展望所。手前には溶岩原が広がる

5 観光後の癒やしスポット

国民宿舎レインボー桜島

こくみんしゅくしゃレインボーさくらじま

MAP 付録 P.11 E-1

錦江湾を望む「桜島マグマ温泉」が人気で、地下1000mから湧き出す温泉でくつろげる。日帰り入浴もできるので、気軽に立ち寄ることができる。

☎099-293-2323 **所**鹿児島県鹿児島市桜島横山町1722-16 **営**日帰り入浴10:00(水曜13:00)～22:00、レストラン11:30～14:00(LO13:30) **休**無休 **料**日帰り温泉390円 **交**レインボー桜島バス停からすぐ **P**あり

↑桜島港の近くにある公共の宿

↑宿泊者以外も利用できる大浴場「桜島マグマ温泉」

車で島を巡るならこちらもおすすめ

有村溶岩展望所

ありむらようがんてんぼうじょ

MAP 付録 P.7 E-3

溶岩原の小高い丘に建つ南岳の麓、約1kmに及ぶ遊歩道の途中に位置。周囲一帯が溶岩原で、その上に根を張る黒松も見られる。

☎099-298-5111(観光交流センター) **所**鹿児島県鹿児島市有村町952 **交**桜島港から車で20分 **P**あり

↑円錐形の美しい山容が望める

黒神埋没鳥居

くろかみまいぼつどりい

MAP 付録 P.7 F-3

噴火の猛威を伝える史跡大正3年(1914)の大噴火で火山灰に埋まった腹五社神社の鳥居。現在は笠木部分の約1mだけが地上に出ている。

☎099-298-5111(観光交流センター) **所**鹿児島県鹿児島市黒神町(黒神中学校横) **交**桜島港から車で30分 **P**あり

↑埋没前は3mの高さだったという

↑鹿児島屈指のビューポイント。市街地の向こうに、錦江湾に浮かぶ桜島が見晴らせる

西南戦争の最期を迎えた激戦地

西郷隆盛の魂が眠る城山の地を歩く

さいごうたかもり

標高107mの城山は、鹿児島市街の中心にある小高い丘。西南戦争の激戦地で、西郷隆盛はこの付近で自刃した。周辺には、西郷が身を隠した洞窟や銅像、私学校跡など、西郷ゆかりの史跡が残り、往時の歴史を伝えている。

西郷隆盛の詳細は➡P.56

城山展望台
しろやまてんぼうだい

山頂から抜群の景色を望む

城山頂上から、錦江湾や桜島、鹿児島市街を一望。周辺は公園として整備され、600種類以上の植物が生い茂る。

城山 **MAP** 付録P.8 C-2
☎099-298-5111(観光交流センター)
所鹿児島県鹿児島市城山町
休無料入園自由
交城山バス停から徒歩3分 Pあり

↪陸軍大将の制服姿が凛々しい西郷隆盛銅像は、台座を含めると約8mもの高さ

西郷隆盛銅像
さいごうたかもりどうぞう

堂々たる軍服姿が印象的

城山を背に仁王立ちする西郷隆盛の銅像。渋谷の「忠犬ハチ公」像の作者でもある鹿児島出身の彫刻家・安藤照が8年かけて制作し、昭和12年(1937)に完成した。

城山 **MAP** 付録P.9 D-2
☎099-298-5111(観光交流センター)
所鹿児島県鹿児島市城山町
休無料見学自由
交西郷銅像前バス停からすぐ
Pなし

↑銅像の周辺には、手入れの行き届いた庭が広がる

西郷隆盛洞窟
さいごうたかもりどうくつ

西郷隆盛が最後に立てこもった場所

西南戦争で政府軍に包囲された西郷隆盛が、最後の5日間を過ごした洞窟。死を覚悟した西郷はこの洞窟を出たあと、自刃して生涯を閉じた。

城山 **MAP** 付録P.8 C-1
☎099-298-5111
（観光交流センター）
⏰鹿児島県鹿児島市城山町
⏰休料見学自由
🚌西郷洞窟前バス停からすぐ
Ｐなし

私学校跡
しがっこうあと

石垣に残る弾痕が激戦の様子を物語る

©K.P.V.B

政変で下野した西郷隆盛が、鹿児島の士族のために創設した私学校の跡地。石垣には西南戦争の際に政府軍に撃ち込まれた多数の弾痕が残る。

城山 **MAP** 付録P.9 D-1
⏰鹿児島県鹿児島市城山町8
⏰休料見学自由
🚌市電・市役所前電停から徒歩10分 Ｐなし

鹿児島県歴史・美術センター黎明館
かごしまけんれきし・びじゅつセンターれいめいかん

精巧なジオラマは必見

薩摩藩主の居城だった鹿児島城（鶴丸城）跡に建つ人文系の総合博物館。鹿児島の歴史、考古、民俗、美術・工芸を紹介。幕末や明治維新に関する資料が充実。

城山 **MAP** 付録P.9 D-1
☎099-222-5100 ⏰鹿児島県鹿児島市城山町7-2 ⏰9:00～18:00（入館は～17:30）
休月曜（祝日の場合は翌平日）、毎月25日（土・日曜は除く） 料410円 🚌市電・市役所前電停から徒歩7分 Ｐあり

⤴昭和初期の天文館を再現した模型。レトロな街並みが目を引く

⤴出水麓武家屋敷群のジオラマ。麓に暮らす人々の生活の様子が見られる

城山周辺のおしゃれビルに立ち寄り♪

大人がワクワク！異次元空間
レトロフトチトセ

城山周辺 **MAP** 付録P.9 D-2

一見、ただの古いビルに見える建物へ一歩足を踏み入れると、そこには、多種多様な本を揃える古書店をはじめ、ギャラリー、デザイン事務所、カフェ、食堂、地元の食材を使ったスイーツ店などがひしめく、大人の好奇心をくすぐる驚き空間が広がっている。

☎099-223-5066
⏰鹿児島県鹿児島市名山町2-1
⏰営休店舗により異なる
🚌市電・朝日通電停から徒歩2分
Ｐなし

⤴1階にはブックタワーがそびえる

古書 リゼット
こしょ リゼット

郷土誌や児童書、文庫本など幅広いジャンルの本が並ぶ。館内の喫茶店に持ち込んで読んでもOK。
☎090-7982-4380
⏰11:00～17:00
（日曜は～16:00）
休月曜、第2・4日曜

⤴1階の通路を囲むように本がずらり。意外な一冊との出会いがあるかも

FUKU+RE
フク＋レ

鹿児島の郷土菓子であるふくれ菓子や、九州素材の手作りお菓子を販売している。
☎099-210-7447
⏰11:00～17:00
休日・月曜

⤴ナチュラルな雰囲気の店内

⤴体にやさしい多彩なお菓子が並ぶ。お取り寄せも可能

歴史

鎌倉時代から激動の時代を生き抜いた名家

薩摩藩主、島津氏の700年

島津荘から始まる島津氏の類を見ない長い歴史。島津四兄弟は強固な団結で関ヶ原を生き延びる。
開明的藩主・斉彬は大きな足跡を残し、下級薩摩藩士の西郷隆盛と大久保利通は明治維新に邁進する。

鎌倉〜
室町時代

島津家初代となった惟宗忠久

国内最大の荘園の下司

鎌倉期に摂関家領島津荘の実務をあずかり、
三州の守護となって島津と称した初代・島津忠久

　荘園・島津荘は万寿3年(1026)に大宰大監(大宰府の判官)平季基が日向国島津一帯の「無主荒野之地」(現在の都城市)を開発して藤原頼通に寄進したことに始まる。平治の乱(1159)で平氏の勢力が強まり、対外貿易の拠点である九州を視野に入れていた平氏は島津荘も支配した。鎌倉時代になると摂関家に仕えていた惟宗忠久は源頼朝によって摂関家領島津荘の下司職に任命され、建久8年(1197)には三州(日向・大隅・薩摩国)の守護となった。以後、荘政所の地名から島津と称する。ただし、忠久は鎌倉で生活し、守護の実際の政務は守護代があたった。

室町〜
安土桃山
時代

鮮やかな武勇輝く武将たち

島津四兄弟と三州統一

一時は九州のほぼ全域を制覇するが、秀吉に屈し、
関ヶ原では義弘が窮地から逃げ切る

　島津家初代・忠久の時代から在地勢力との争いや、一族同士の内乱状態が続くが、やがて島津貴久(15代当主)が天正2年(1574)に薩摩・大隅を制圧。天正6年(1578)には貴久の嫡男・義久(16代当主)は「耳川の戦い」で九州最大の戦国大名、豊後国の大友宗麟に"釣り野伏せ"などの戦法で大勝。さらに義久は義弘・蔵久・家久の3人の弟(「島津四兄弟」と称された)と強力な家臣団を率いて九州制覇を目指し、一時は九州のほぼ全域を征服した。しかし、天正15年(1587)の豊臣秀吉による九州征伐に降伏、交渉によって薩摩・大隅の2国と日向の諸県郡は安堵された。慶長5年(1600)の関ヶ原の戦いで西軍についた「島津四兄弟」の次男・義弘(17代当主)は、家康軍に囲まれた絶体絶命の窮地に「捨て奸」という熾烈な退却戦術で逃げ切る。義弘は"鬼島津"の異名で恐れられた。

鉄砲とキリスト教 ◀ **2つの「日本初」が伝来**

　新兵器・鉄砲の伝来は天文12年(1543)に種子島に漂着したポルトガル商人によるもの。イエズス会のザビエルは天文18年(1549)に鹿児島に上陸、領主・島津貴久の許可によって、日本で初めてキリスト教の布教が始まった。

▲天文館のザビエル公園
(MAP付録P.8 C-2)にあるザビエルの像

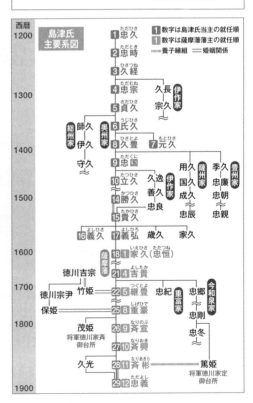

島津氏主要系図

1 数字は島津氏当主の就任順
1 数字は薩摩藩主の就任順
═══ 養子縁組　═══ 婚姻関係

西暦
1200 / 1300 / 1400 / 1500 / 1600 / 1700 / 1800 / 1900

1忠久
2忠時
3久経
4忠宗 — 久長 — 伊作家
貞久 — 宗久
総州家 師久 — 伊久 — 守久
奥州家 氏久
8元久 — 7元久
ひさとよ
9忠国
10立久 — 久逸 — 伊作家 善久 — 忠良
14勝久
15貴久
16義久 / 17義弘 / 蔵久 / 家久
薩摩藩 18・1家久(忠恒)
徳川吉宗 21・4吉貴
徳川宗尹 竹姫 — 22・5継豊 吉紀 重豪 — 今和泉家 忠剛
保姫 — 25・8重豪 忠剛
茂姫(将軍徳川家斉御台所) 26・9斉宣 忠冬
27・10斉興
久光 28・11斉彬 篤姫(将軍徳川家定御台所)
29・12忠義

↑関ヶ原の戦いで西軍の島津軍(丸に十字紋の旗)が、東軍についた彦根藩井伊家の赤備えの軍勢に追走される様子。敵中に孤立した島津義弘の軍は敵の大軍へ中央突破を試み、かろうじて成功する。『関ヶ原合戦図』(井伊家本、部分)〈彦根城博物館所蔵〉画像提供: 彦根城博物館 / DNPartcom

江戸時代 初期〜中期

郷中の教育が薩摩藩を育てる

島津700年の歴史へ

徳川幕府による藩弱体化政策にどう対応するか
薩摩のユニークな門割制度と郷中教育が秀逸

　関ヶ原の戦いで負けた西軍に加担した島津氏だが、本領は安堵された。18代当主・忠恒は家康に拝謁して感謝を表し、のちに家久と改めて初代薩摩藩主となった。以後幕末まで、鎌倉期からの島津氏統治は700年続くことになる。慶長14年(1609)に幕府の許可を得て琉球に出兵し、与論島以北は島津氏の直轄地とし、薩摩藩は72万石余の大名となるが、この石高は籾も含んだ籾高で、実際は半分程度の石高だった。藩は収入の安定化対策として農村には門割制度を実施するが、参勤交代や江戸城の修築、木曽三川の宝暦治水(1753〜55)などの御手伝普請を幕府から命ぜられ、財政は窮乏した。また、一国一城令により島津氏には鶴丸城だけが認められたが、領内各所に「外城制」を設けることで支城的な役割を担わせた。鶴丸城の構造は天守も持たない屋形のような形式で、城下は武家屋敷の区域が広く人口の多くを武士階級が占めた。その子弟のための教育法が「郷中教育」で、学問はもとより、薩摩の剣術「示現流」の修練も重視された。

薩摩藩の外城

屋久杉の伐採史 ◀ 島津氏の屋久島開発

島津氏は文禄4年(1595)に「屋久島置目」を発令し、用材としての屋久杉を独占。薩摩藩に出仕した屋久島安房出身の僧・泊如竹が屋久杉を資源として開発することを提案。島民は伐採した屋久杉を平木(屋根板)として上納し、薩摩藩はそれを大坂などに販売して利益を確保した。

↑森のなにげない切株にも歴史あり

知覧武家屋敷群
ちらんぶけやしきぐん　◎P.86
知覧 MAP 付録 P.16 B-2
かつて外城が置かれた知覧には、今も武家屋敷と庭園が残る。

鹿児島城(鶴丸城)跡
かごしまじょう(つるまるじょう)あと
鹿児島市街 MAP 付録 P.9 D-1
鹿児島城跡には「鹿児島県歴史・美術センター黎明館(P.51)」が建つ。

名君・斉彬の一大工業地帯
薩英戦争と集成館
しゅうせいかん

**島津斉彬。集成館事業が残した
偉大な足跡に目を見張る**

◉『島津齊彬肖像』
〈鹿児島県立図書館蔵〉

　文政10年(1827)に藩家老の調所広
郷が財政改革に着手し、洋式砲術や
洋式銃隊を採用して軍政改革も実施し
た。嘉永4年(1851)に28代当主となっ
た斉彬はさらに銃砲の製作や洋式艦船
の建造を推進し、対外的な防備力を整
備した。蘭癖(西洋かぶれ)大名といわ
れた25代当主・重豪の影響を受けた斉彬は、日本最初の工
業地帯を建設。オランダから取り寄せた書物を研究し、試行
錯誤しながら蒸気船から鋳造活字にいたるまで多種多様な製
品を実用化した。そのひとつがガラス製造で、特に「薩摩の
紅ガラス」は評判になった。薩摩焼は17代当主・義弘が文
禄・慶長の役で朝鮮から連れ帰った陶工によって作られた
が、斉彬はこれを輸出品に育て上げた。斉彬の工業地帯は
安政4年(1857)に「集成館」と名付けられ、1200人ほどが従
事するにいたった。

**生麦事件が誘発した薩英戦争。薩摩藩は以後、
西欧の軍事技術を進んで採用することになる**

　28代当主・斉彬が安政5年(1858)に没し、忠義が29代当
主(12代藩主)となるが、実権は忠義の実父・島津久光が握
る。文久2年(1862)、久光は公武合体を進言するために藩
兵を率いて上洛する。一方で伏見の池田屋に集結していた
尊王攘夷派の薩摩藩過激派を粛清(寺田屋事件)。さらに久
光は幕政改革を主張する勅使大原重徳を警護して江戸へ下
向するが、帰途についた久光の一行は生麦村(横浜市鶴見
区)で4人のイギリス人を殺傷(生麦事件)。イギリスはこの
事件の陳謝や賠償を求めるが、薩摩藩が拒否したため文久
3年(1863)7月に薩英戦争が勃発。交戦で英国船艦砲の威
力に驚愕した薩摩軍は列強との国力の差を再認識し、講和
交渉では留学生派遣まで提案している。

◉薩摩藩と英国艦隊との戦闘を描いた『英艦入港戦争図』〈尚古集成館蔵〉

◉『磯集成館附近景写真』〈鹿児島県立図書館蔵〉。明治初期の集成館の姿
で、手前の洋館が鹿児島紡績所技士館(異人館)、煙突のある建物が鹿児島
紡績所(現在は敷地跡に石碑が立つ)、その奥の長方形の建物が集成館機械
工場(現・尚古集成館)、遠くに見える山の麓が名勝・仙巌園

尚古集成館 ➡P.44
しょうこしゅうせいかん

磯 **MAP** 付録 P.11 E-3

慶応元年(1865)竣工の洋風工
場建築で、世界遺産構成資産
のひとつ。2024年9月末まで休
館中。

旧鹿児島紡績所技師館
(異人館) ➡P.43
きゅうかごしまぼうせきじょぎしかん (いじんかん)

磯 **MAP** 付録 P.11 D-3

操業指導のため招聘した英国人技
師の宿舎。慶応3年(1867)の建
造で、世界遺産の構成資産。

照國神社
てるくにじんじゃ

城山 **MAP** 付録 P.8 C-2

島津家28代当主・薩摩藩11
代藩主の島津斉彬公(照國
大明神)を祀る。「照國神社
の熊手」はアニメ『妖怪ウォ
ッチ』のオープニングテーマ
で話題に。

☎ 099-222-1820 　鹿児島県鹿児島市
照国町19-35 　参拝自由 　市
電・天文館通電停から徒歩5分 　あり

てんしょういんあつひめ
天璋院篤姫 ◀ 将軍家に嫁いだ薩摩の姫

13代将軍・家定の御台所(正室)。
島津家28代当主の意を奉じて嫁
ぐが、家定の逝去で天璋院と称
する。14代将軍・家茂の正室和
宮との確執は知られるが、幕末期
には静寛院宮(和宮)と江戸城無
血開城に奔走する。明治16年
(1883)に49歳で死去した。

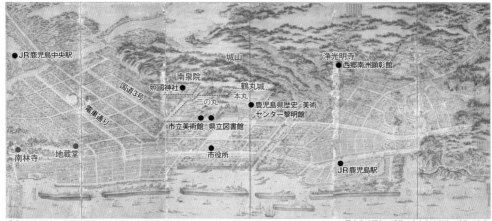

↑『天保年間鹿児島城下絵図』〈鹿児島市立美術館蔵〉は江戸時代後期の鹿児島城を中心とした城下町の様子を描いた六曲一隻の屏風

※黒文字は現在の建物、赤文字は当時の建物の名称

幕末〜明治時代

三国同盟から、維新、西南戦争へ

廃藩置県で鹿児島県へ

徳川の支配は終焉するが、同郷で仲良く育ち維新に突進した西郷と大久保の悲しい幕切れ

薩英戦争を経験して、西欧列強の底力を知った薩摩藩は、開国に対し幕府だけでは対応できないと考え、公武合体と幕政改革を進めた。しかし長州藩は尊王攘夷が主流で、やがて朝廷を主導するが、文久3年（1863）のクーデターで長州藩と攘夷派の公卿らは薩摩藩・会津藩の密謀によって京都から一掃された。翌年の「禁門の変」で長州藩は朝敵となり、勅命を受けた幕府は第一次長州征討を実施し、長州藩は降伏。この頃、薩摩藩は幕政改革をめぐって幕府と対立し、慶応2年（1866）、小松帯刀や西郷隆盛らと木戸孝允との間で、坂本龍馬の斡旋によって「薩長同盟」が締結された。

翌年、大政奉還の上表が朝廷に提出され、徳川の支配が終わる。明治元年（1868）の鳥羽・伏見の戦いでは薩長軍が旧幕府軍を破り、戊辰戦争が始まる。翌年には薩摩藩など4主藩が版籍奉還、明治4年（1871）の廃藩置県で鹿児島県が成立した。同10年、西郷隆盛は西南戦争で自刃。翌年、大久保利通は暗殺された。現在の島津家32代当主は照國神社、鶴嶺神社の宮司で、夫人は西郷隆盛の曾孫だ。

↑薩摩藩のイギリス留学生をモチーフにした鹿児島中央駅前に立つ銅像「若き薩摩の群像」。森有礼や五代友厚などが立つ

加治屋町生まれの志士

東郷平八郎
山本権兵衛・英輔
大久保利通像
黒木為楨
大山巌
西郷隆盛
村田新八碑
吉井友実
黒田清隆
大久保利通生い立ちの地
★鹿児島市維新ふるさと館
歴史ロード
維新ふるさとの道
井上良馨
大久保利通
高島鞆之助
加治屋町電停
高見橋
高麗橋
共研公園
新屋敷電停
鹿児島市電2系統
甲突川
⊗鹿児島中央高
甲東中学校前電停

薩摩スチューデント　海を渡った薩摩藩士

五代友厚が提出した留学の上申書で、薩摩藩は19名の留学生（うち4人は視察員）を英国に派遣。蒸気船を乗り継いで慶応元年（1865）5月にロンドンに到着（当時は密航）した一行は、ロンドン大学の聴講生などとなって学び、日本の近代国家形成に大きく寄与した。慶応3年（1867）開催のパリ万博では薩摩藩の展示にも尽力している。

↑『慶応年間薩藩藩費洋行者写真』。後列左より、畠山義成、高見弥一、村橋久成、東郷愛之進、名越時成、前列左より、森有礼、松村淳蔵、中村博愛〈鹿児島県立図書館蔵〉

↑大阪の経済発展に貢献した五代友厚〈国立国会図書館蔵〉

55

龍馬の仲介で薩長同盟を成立させた薩摩藩下級藩士の2人

明治維新、薩摩の両雄

西郷隆盛(1828〜1877)と**大久保利通**(1830〜1878)。薩摩藩の無二の親友は、幕末から明治維新という激動の時代を主導し、そして敵対していく。幼なじみはいずれも悲劇的な最期を遂げる。

同じ町の郷中で学び、精忠組を組織。西郷は久光の怒りを買い、流刑地で過酷な時を過ごす

西郷と大久保は鹿児島城下の下加治屋で、いずれも下級藩士の長男として育ち、薩摩藩独自の教育組織 "郷中" で兄弟のように過ごした。嘉永4年(1851)に28代当主となった島津斉彬は西郷や大久保を積極的に登用。この頃、大久保らは朱子学の入門書『近思録』を輪読する会を結成するが、これがのちに尊王攘夷を標榜する「精忠組」となる。文久元年(1861)に島津久光が実権を掌握。公武合体を目指す久光は大久保らと上京、西郷は久光の怒りによって沖永良部島へ流刑された。生麦事件が原因で勃発した薩英戦争は薩摩藩に攘夷の無謀さを痛感させた。

↑勝海舟と江戸城無血開城を実現した西郷隆盛〈国立国会図書館蔵〉

↑征韓論をめぐって西郷と決裂した大久保利通〈国立国会図書館蔵〉

↑西南戦争の末、城山で自刃する西郷隆盛軍。右から、村田新八、西郷隆盛、桂右衛門、別府晋介。『西南役関係錦絵鹿児島征討再起記』〈鹿児島県立図書館蔵〉

徳川の時代を終わらせながらも、2人は決裂。西郷は自刃、大久保は暗殺で終わる

慶応2年(1866)に薩長同盟が締結。翌年の大政奉還で徳川の支配が終わる。慶応4年(1868)に旧幕府軍との内戦・戊辰戦争が始まり、同年に西郷は勝海舟との会合で江戸城無血開城を実現する。明治4年(1871)に大久保は岩倉使節団の一員として欧米に出発、西郷は留守政府を任される。明治6年(1873)、帰国した大久保は征韓論をめぐって西郷らと対立。辞職して帰郷した西郷は藩士のための軍事教練施設「私学校」を明治7年(1874)に設立。明治10年(1877)に西郷が挙兵して西南戦争が始まるが、政府軍に敗れた西郷は城山で自刃、享年49。翌年、大久保は紀尾井坂下で西郷の心酔者に暗殺される。このとき、大久保は西郷の手紙を大切に持っていたという。享年47。

鹿児島市維新ふるさと館

かごしましいしんふるさとかん

鹿児島中央駅周辺 **MAP** 付録P.8 C-4

西郷が生まれた加治屋町にある地上1階地下1階の施設で、維新で活躍した西郷や大久保の偉業を紹介。ロボットなどを使った維新体感ホールのドラマ上映がユニーク。

☎099-239-7700 所鹿児島県鹿児島市加治屋町23-1 時9:00〜17:00(入館は〜16:30)
休無休 料300円
交JR鹿児島中央駅から徒歩8分 Pあり

西郷南洲顕彰館

さいごうなんしゅうけんしょうかん

城山周辺 **MAP** 付録P.6 C-2

©鹿児島市

西郷の墓所に隣接して建つ。ジオラマや映像で西郷の生涯や偉業、遺徳を紹介。西郷の書や遺品、西南戦争関連の資料も展示している。

☎099-247-1100 所鹿児島県鹿児島市上竜尾町2-1
時9:00〜17:00(入館は〜16:40) 休月曜(祝日の場合は翌平日)
料200円 交西郷南洲顕彰館(南洲公園)前バス停からすぐ Pあり

鹿児島 歴史年表

時代	西暦	元号	当主	事項
奈良時代	713	和銅 6	一	大隅国の成立
	720	養老 4	一	隼人が中央政府に負け、服属
平安時代	753	天平勝宝5	一	鑑真乗船の遣唐使船が屋久島に寄港
	1026	万寿 3	一	平季基が島津荘を開発
	1185	文治 元	忠久	惟宗忠久(島津忠久)が島津荘の下司職に任命される
鎌倉時代	1197	建久 8		薩摩・大隅国の守護に補任される
	1203	建仁 3		比企能員の乱。薩摩・大隅・日向国の守護職、地頭職が没収される
	1205	元久 2		再び薩摩国守護となる
	1275	建治 元	久経	元寇に備え筑前(福岡)に下向
	1333	元弘 3 正慶 2	貞久	鎌倉幕府が滅亡、貞久が後醍醐天皇より大隅・日向国守護に任命される
室町時代	1343	康永 2 興国 4		貞久が東福寺城を居城とする
	1354	正平 9 文和 3		島津氏が郡司職となる
	1363	正平18 貞治 2	氏久	薩摩国を総州家、大隅国を奥州家と守護職を分け、島津本家が分かれる
	1387	嘉慶 元 元中 4	元久	東福寺城から清水城(現在は鹿児島市立清水中学校)に移る
	1404	応永 11		総州家・奥州家が和睦し、元久が大隅・日向守護職となる
	1409	16		元久が薩摩守護職も補任
	1471	文明 3	立久	桜島の大噴火
	1543	天文12	貴久	種子島に鉄砲が伝来
	1549	18		キリスト教伝来。フランシスコ・ザビエルが鹿児島に上陸
	1550	19		貴久が鹿児島御内に入城、山城から平城となり城下町が形成される
	1570	永禄13	義久	入来院・東郷氏を征服し薩摩国平定
安土桃山時代	1577	天正 5		伊東氏を下し、日向国制覇。三州統一がほぼ達成される
	1578	6		耳川の合戦で大友氏を破る
	1587	15	義弘	豊臣秀吉の九州征伐により降伏
	1592	文禄 元		島津義弘、1万の兵と朝鮮へ出陣
	1595	4		太閤検地により屋久島が島津氏の直轄領となり、屋久島置目を発布
	1597	慶長 2		朝鮮への再出兵。兵は約1万2000人
	1600	5		関ヶ原の戦いに西軍として参加、義弘は敵中突破し薩摩まで戻る
	1602	7	忠恒	徳川家康と和睦し領地を安堵される、**鹿児島城(鶴丸城)**➡P.53を構築開始
	1609	14		奄美大島、徳之島、沖永良部島、沖縄本島へと出兵し、琉球王国を征服
江戸時代	1642	寛永19	光久	屋久島で屋久杉の伐採が始まる
	1658	明暦 4		磯別邸(**仙巌園**➡P.40)築庭
	1708	宝永 5	吉貴	屋久島に宣教師シドッチが上陸
	1729	享保14	継豊	徳川綱吉の養女・竹姫が継豊に入輿
	1755	宝暦 5	重豪	木曽三川治水工事完成、平田靱負の自刃はじめ多数の自殺者が出る

時代	西暦	元号	当主	事項
江戸時代	1773	安永 2	重豪	聖堂(造士館)や武芸稽古館(演武館)などを創設。医学院建設にも着手
	1779	8		桜島大噴火、明時館(天文館)を竣工
	1784	天明 4		外城制の「外城」を「郷」に改める
	1827	文政10	斉興	調所広郷、財政改革に着手。事業改革や奄美群島の砂糖の専売など行う
	1837	天保 8		アメリカ船モリソン号を山川で砲撃
	1846	弘化 3		英・仏艦が琉球王国に来航し開港を迫る
	1851	嘉永 4	斉彬	薩摩藩のお家騒動・お由羅騒動が決着し、斉彬が藩主に就任、精錬所設置など集成館事業に着手
	1853	6		ペリーが那覇、次いで浦賀に来航
	1854	安政 元		斉彬が磯に反射炉を建設、日の丸を日本船章とする
	1855	2		昇平丸完成、磯にガラス工場が完成
	1856	3		**今和泉島津家屋敷**➡P.82で育った天璋院篤姫が、13代将軍家定に入輿
	1857	4		磯の施設を集成館、城内の施設を開物館と改称する
	1858	5		斉彬急死、西郷隆盛が錦江湾に入水、蘇生後は奄美大島に流される
	1862	文久 2	忠義	西郷隆盛が徳之島・沖永良部島に配流、寺田屋事件、久光が幕府改革を建言、帰路に生麦事件が起こる
	1863	3		薩英戦争、鹿児島湾でイギリス艦隊と戦闘、集成館焼失
	1864	元治 元		西郷隆盛が京に召還され政界復帰
	1865	慶応 元		五代友厚ら藩内の16名が欧州に留学、集成館機械工場(**尚古集成館**➡P.44)が竣工
	1866	2		薩長同盟を締結
	1867	3		パリ万博に薩摩藩として出展。イギリス人技師が来日、**鹿児島紡績所技師館(異人館)**➡P.43が建造される。薩摩藩が討幕の密勅を受ける、大政奉還
明治時代	1868	明治 元		戊辰戦争にて旧幕兵を破る
	1869	2		版籍奉還、忠義が鹿児島治藩事就任
	1870	3	一	西郷隆盛が藩大参事として藩政改革
	1871	4	一	廃藩置県により鹿児島県の誕生
	1872	5	一	琉球が鹿児島県から独立し琉球藩に
	1873	6	一	鶴丸城の本丸が焼失、西郷隆盛が征韓論に敗れて下野し、鹿児島に戻る
	1874	7	一	西郷隆盛が**私学校**➡P.51を設立、台湾出兵に薩摩藩士も多数参加
	1877	10	一	私学校生徒による火薬庫襲撃で西南戦争勃発。鹿児島を出発し、**熊本城**➡P.112攻撃、宮崎戦を経て鹿児島市の**城山**➡P.50を占拠。西郷隆盛自決する
	1878	11	一	大久保利通が暗殺される
	1889	22	一	市町村制により鹿児島市の誕生

薩摩藩主、島津氏の700年

57

巧みな技で、郷土の食材を生かしきる

土地の恵みで華やかな一皿

錦江湾の魚介類、健康に育てられた黒豚、旬の地元野菜など、薩摩が誇る食材の持ち味を引き出す、鮮やかな料理店をご紹介。

おまかせ会席 6600円〜（上）、
黒豚しゃぶ込み会席 7200円〜（下）
両コースともサービス料込
鹿児島の近海で獲れた鮮魚を美しく盛り付ける季節のお造りは目でも楽しめる逸品。梅コースは店主自慢の料理を少しずつ味わえる。黒豚しゃぶのコースは地鶏ガラやアゴだしのスープでいただく黒豚しゃぶがメイン

季節を盛り込んだ
繊細で華やかな料理

日本料理

遊花膳 こうの
ゆうかぜん こうの

市街南部 **MAP** 付録P.6 C-3

鹿児島県産をはじめ、旬にこだわった厳選食材を、上品な味付けと繊細な盛り付けで味わえる店。新鮮な近海魚が魅力の梅コースで上質な日本料理を気軽に楽しみたい。また3日前までの予約でふぐ料理も提供、特別なひとときにぜひ利用したい。

↑個室を3部屋用意。掘りごたつでくつろぎながら美食に舌鼓

予約	前日までに要
予算	Ⓛ Ⓓ 6600円〜（サービス料込）

☎099-255-7337
㊟鹿児島県鹿児島市荒田2-74-5騎射場山元ビル1F
㉕12:00〜14:30(LO13:30) 18:00〜21:30(LO20:30)
㊡不定休 ㉔市電・騎射場電停から徒歩1分 Ⓟなし

山映のランチにも注目

3代目が伝える山映の味と鹿児島の郷土食

茶寮 山映
さりょう さんえい

山映がこだわり続ける鯛、出汁を使った鯛茶漬けや潮汁仕立てのおじやセット、黒豚のとんこつ御膳、かき揚げ丼など、山映の味を手軽に堪能できる。事前相談で夜のメニューやミニコースなどの要望にも対応可能。

城山 **MAP** 付録P.9 D-2

☎099-222-8300
🕚11:30～13:30(LO)
🈲日～火曜

予約	可
予算	

ⓛ2200円～

△鯛茶2750円。天然鯛を特製の濃厚胡麻だれに絡め、茶葉おかか煎りと一緒にお茶をかけて味わう

△鯛の潮汁仕立てのおじやとかき揚げ2200円。割烹でのシメの定番おじやと、山映名物かき揚げがお昼に登場

郷土料理を織り交ぜたコース
1万3200～2万2000円
郷土料理と鹿児島の食材をふんだんに使った割烹料理10品ほどを楽しめる夜のコース

90年以上の歴史を持つ老舗割烹で鹿児島の旬を思う存分、楽しみたい

日本料理

割烹 山映
かっぽう さんえい

城山 **MAP** 付録P.9 D-2

予約	望ましい
予算	Ⓓ1万5000円～

昭和8年(1933)創業の日本料理店。2代目と3代目が、受け継がれてきた郷土や店の味を四季折々の食材をふんだんに使い料理に仕上げていく。黒豚や黒毛和牛、近海産天然鯛のしゃぶしゃぶコースも人気。

△落ち着いた雰囲気。座敷席やテーブル席がある

☎099-222-8300
🏠鹿児島県鹿児島市城山町2-18
🕔17:30～22:00　🈲日～火曜
🚃市電・朝日通電停から徒歩7分　🅿あり

旬の食材を使って皿に表現したイタリアの食の伝統と美しい彩り

イタリア料理

ristorantino Il Cipresso
リストランティーノ イル チプレッソ

天文館 **MAP** 付録P.10 A-2

長年イタリアで暮らしたシェフが作るのは、鹿児島県産を中心に、その時期にいちばんおいしい食材をたっぷり使ったコース料理。味わいはもちろん、食べるのがもったいない創造性あふれる盛り付けにも注目したい。

☎099-222-1713
🏠鹿児島県鹿児島市東千石町8-9
🕕18:00～22:30(LO20:30)　🈲月曜
🚃市電・天文館通電停から徒歩3分　🅿なし

↻フィレンツェ・モザイクのアート作品が飾られた店内は全12席

予約	要
予算	Ⓓ5197円～

コース 5197円～
この日の前菜は軽くスモークしたひなもりポークの自家製ハムと季節野菜のバーニャカウダ(下)。芝エビとイタリア野菜の自家製タリオリーニ(上)。コースの内容は約1カ月半ごとに変わる

特選黒しゃぶ維新コース 4400円
（1人前、サービス料別）
この店に来たら、まず味わいたい基本の
コース（写真は3人前）。ていねいに作ら
れた小鉢やデザートも美味

厳選したかごしま黒豚肉の
甘みとやわらかさは感動もの

黒豚料理 あぢもり
くろぶたりょうり あぢもり

天文館 MAP 付録P.10 C-4

スープでしゃぶしゃぶを始めたことで
知られる名店。バラ肉は和風スープ
にくぐらせてそのまま、ロース肉は
卵を溶いたスープにくぐらせて食べ
るという独自のスタイルが、黒豚の
おいしさを存分に引き出している。

☎099-224-7634
🏠鹿児島県鹿児島市千日町13-21
🕐しゃぶしゃぶ11:30〜14:30（入店は〜13:00)
17:30〜21:30（入店は〜20:00）、1階とんか
つコーナー11:30〜15:00（LO14:15）
🈺水曜、不定休
🚃市電・天文館通電停から徒歩3分 Pなし

予約
望ましい

予算
L 4000円〜
D 6000円〜
（サービス料別）

⬆ 落ち着いて食事を楽しめる3階
の座敷席。1階では手ごろな値段の
とんかつなども提供

やわらかく繊細な肉質を味わい尽くす

極上の旨み体験
黒豚を堪能する

江戸時代に端を発する鹿児島の黒豚は、歯切れが良く、
コク・旨みの強い最高の品種として名高い。
揚げ、蒸し、しゃぶしゃぶと肉本来の旨みを余すことなく楽しむ。

⬆ 試行錯誤の末に完成
した薄ピンク色のカツ

⬆ 週末になるといつも行列が
できる人気店

長年通う地元ファンも多い
行列のできるとんかつ店

予約	可（平日11:30、17:00のみ）

予算	L 850円〜 D 900円〜

とんかつ川久
とんかつかわきゅう

鹿児島中央駅周辺 MAP 付録P.8 B-4

余熱でじんわり火が通るよう、絶妙なタ
イミングで油から取り出すことで仕上が
る薄ピンク色のカツ。「お客の前に出すと
きにいちばんおいしい状態にしたい」とい
う店主のこだわりから生まれた一品だ。

☎099-255-5414
🏠鹿児島県鹿児島市中央町21-13
🕐11:30〜15:00（LO14:30）17:00〜21:30（LO21:00）
🈺火曜（祝日の場合は翌日）
🚃JR鹿児島中央駅から徒歩5分 Pなし

上黒豚ロースカツ 2700円
ジューシーなカツを、ゆず味噌たれ、
醤油ベースのソースたれ、トンカツソー
スの3種類で味わえるのもこの店の特徴

↑塩しゃぶしゃぶはシメのラーメンも評判

きめが細かく甘みがある
六白黒豚をしゃぶしゃぶで

塩しゃぶしゃぶ
上質な脂身の甘みを堪能してほしいと、オリジナルのハーブ塩を用意。桜島小みかん、バジルなど6種類を用意

黒豚料理 寿庵 荒田本店
くろぶたりょうりじゅあん あらたほんてん

市街南部 **MAP** 付録P.6 C-3

予約 可
予算
Ⓛ1700円〜
Ⓓ2200円〜

大自然のなか、のびのびと育てられた六白黒豚を使った料理が自慢。とんかつ、しゃぶしゃぶ、ハンバーグなど、多彩な黒豚料理を堪能できる。価格帯は手ごろなものから会席料理まで幅広く揃うのがうれしい。

☎099-258-0555
㊟鹿児島県鹿児島市荒田1-62-13
🕐11:00〜15:00 17:00〜21:30、
土・日曜、祝日11:00〜21:30、ランチは〜15:00(LO)
㊡無休 🚋市電・荒田八幡電停から徒歩3分 Ｐあり

↑個室もあるので、周りを気にせずゆっくりくつろげる

↑荒田本店のほかに、鹿児島中央駅西口店、東開店の3店舗あり

まるで溶岩のような迫力
黒豚の旨み際立つ黒カツ

黒福多
くろぶた

天文館 **MAP** 付録P.10 B-3

栄養価が高い黒ゴマや竹炭といった「黒」の食材をパン粉にブレンドし、桜島の溶岩を彷彿させるゴツゴツした見た目が印象的な黒カツヒレ。香ばしさと黒豚の甘みが融合する絶妙な味わいを堪能して。

☎099-224-8729
㊟鹿児島県鹿児島市千日町3-2 かまつさビル1F 🕐11:30〜14:00(LO)
17:30〜21:00(LO)
㊡月曜(祝日の場合は翌日)
🚋市電・天文館通電停から徒歩2分
Ｐなし

↑カウンターのほか、個室2部屋も用意。定食や御膳、丼などメニューも豊富

●黒豚使用のヒレカツサンド1040円、テイクアウトの場合は、1000円

黒豚黒カツヒレ定食 1800円
見た目のインパクトはもちろん、独自ブレンドの衣の香ばしさが黒豚の脂身の甘さをいっそう引き立てる絶品

予約 望ましい
予算
Ⓛ1500円〜
Ⓓ3500円〜

61

貴コース 6050円
きびなごの刺身やさつま揚げ、黒豚のとんこつなど、鹿児島の郷土料理を満喫できる店のイチオシコース。正調さつま料理コースは3500円〜(熊襲亭)

「薩摩料理」とは？

薩摩藩士にも愛された、九州独特の甘い醤油や味噌を使った味付けが特徴。沖縄や奄美の影響により、黒糖や豚肉もよく用いられる。きびなごの刺身をはじめ、新鮮な魚料理も豊富。

↑きびなごの刺身

↑黒豚のとんこつ(豚の骨付きあばら肉の煮込み)

伝統と格式を晴れやかにうたう

郷土礼賛! さつま料理

薩摩味噌や甘露醤油を使った甘口の味付けで、黒豚、地鶏、きびなごといった郷土の食材を提供。連綿と受け継がれた正統派薩摩料理の店をご紹介。

正調さつま料理 熊襲亭

せいちょうさつまりょうり くまそてい

天文館 **MAP** 付録P.10A-2

受け継がれ続けてきた 歴史ある薩摩の郷土料理

長きにわたり愛されてきた鹿児島の伝統料理を味わえる名店。食材の宝庫・鹿児島が誇る素材を生かし、料理人がていねいに仕上げた逸品の数々を存分に堪能するならコースがおすすめ。一品料理も豊富に揃う。

予約	可
予算	Ⓛ2000円〜 Ⓓ3500円〜

☎099-222-6356
所鹿児島県鹿児島市東千石町6-10
営11:30〜14:00(LO13:30) 17:30〜22:00(LO21:30)
休無休
交市電・天文館通電停から徒歩3分 Ｐあり

↑開業は昭和41年(1966)。店内は静かで落ち着いた雰囲気

↑酢を使わず、地酒で発酵させて作る酒ずし

吾愛人 本店

わかな ほんてん

天文館 **MAP** 付録P.10A-2

極上黒豚や海の幸に舌鼓 70年以上親しまれる老舗の味

昭和21年(1946)創業。極上の六白黒豚や錦江湾の鮮魚など、地元の食材を生かした料理が揃う。先代から受け継ぐ名物のみそおでんも人気で、ネタは黒豚三枚身や黒毛和牛スジなど常時20種類以上。

予約	望ましい
予算	Ⓓ4000円〜

☎099-222-5559
所鹿児島県鹿児島市東千石町9-14
営17:00〜23:00(LO22:00)
休無休 交市電・天文館通電停から徒歩2分 Ｐなし
MAP 付録P.10A-3

島津膳 7480円
きびなごの刺身や天ぷら、地鶏の刺身、黒豚しゃぶ一人鍋など郷土の味が勢揃いのコース

↑店名の「吾愛人」は児童文学者・椋鳩十(むくはとじゅう)が命名。「最高のおもてなしを」という思いが込められている

地鶏の鶏膳 天文館店

じどりのとりぜん てんもんかんてん

天文館 MAP 付録P.8 B-4

ジューシーでほどよい歯ごたえ
朝びきの希少な「黒さつま鶏」

弾力がありやわらかな肉質で身が締まった指宿産黒さつま鶏が味わえる。自社農場から朝びきの鶏を毎日仕入れるため、鮮度は折り紙付き。鶏刺し、鶏寿司、炭火焼などがおすすめ。

☎099-294-9311
所鹿児島県鹿児島市山之口町2-10
営17:30～24:00(LO23:00) 休月曜
交市電・高見馬場電停から徒歩3分 Pなし

地鶏刺し 920円
朝びきの新鮮な鶏肉を使用した、モモ肉、ムネ肉の刺身盛り合わせ。繊細で弾力のある食感が絶妙

↑個室やカウンター席を用意

黒さつま鶏

予約 望ましい
予算 D 2000円～

鶏寿司 850円
脂がのったジューシーな鶏肉のにぎり2種4貫。モモ肉はおろしにんにく、ムネ肉は柚子胡椒でいただく

一級素材の力を味わう
極上!地のもの
ブランド食材

豊かな自然に恵まれた鹿児島は極上食材の宝庫。
丹精込めて育てられた黒毛和牛や地鶏、
獲れたての新鮮魚介を味わう幸せな時間だ。

市場食堂 城南店

いちばしょくどう じょうなんてん

鹿児島港 MAP 付録P.9 F-3

魚類市場ならではの
鮮度抜群の魚料理に舌鼓

鹿児島近海で獲れた首折れサバは身の締まり、脂ののり具合と、どれをとっても一級品。このほか、旬の地魚がたっぷりの刺身定食1600円や海鮮ちらし丼1400円もおすすめ。

☎099-224-9864
所鹿児島県鹿児島市城南町37
鹿児島市中央卸売市場魚類市場内 営5:00～15:00
(LO14:30) 休日曜、祝日
交市電・いづろ通電停から徒歩20分 Pあり

**首折れサバ刺定食
1300円**
鮮度を保つため船上で首を折って血抜きをする首折れサバ。レア度が高いだけに、メニューにあれば即注文しよう

予約 望ましい
予算 L 1300円～

首折れサバ

華蓮 鹿児島店

かれん かごしまてん

天文館 MAP 付録P.10 A-4

鹿児島の傑作、黒牛・黒豚は
素材が持つうまさが違う

JA鹿児島県経済連の直営店。第12回全国和牛能力共進会で日本一を獲得した鹿児島黒牛をはじめ、黒豚や黒さつま鶏など厳選した鹿児島ブランドが堪能できる。

☎099-223-8877
所鹿児島県鹿児島市山之口町3-12
営11:30～14:00(LO13:30)
17:30～22:00(LO21:00)
休第3日曜(連休の場合は連休最終日)
交市電・高見馬場電停から徒歩5分 Pなし

**極上 鹿児島黒牛・黒豚・
黒さつま鶏三種味わい
せいろ蒸し 7700円**
肉や野菜を蒸して旨みを凝縮させるせいろ蒸し。黒牛、黒豚、黒さつま鶏が味わえるコース(写真は3人前)

↑3階は個室仕立て、4階には団体用の大広間も

予約 望ましい
予算 L 2000円～
D 5500円～

鹿児島黒牛

黒さつま鶏

焼酎が並ぶ様子は圧巻

↑扉を開くと、ジャズが流れる静かで落ち着いた空間が現れる

鹿児島県内全蔵元の
1500銘柄の焼酎が集結

本格焼酎Bar 礎

ほんかくしょうちゅうバー いしずえ

天文館 **MAP** 付録P.10 B-3

日本・酒学講師の資格を持つオーナーが営む焼酎Bar。鹿児島県本土はもちろん南は与論島まで、鹿児島県全域から揃えた約1500銘柄の焼酎を飲むことができる。

☎099-227-0125
🏠鹿児島県鹿児島市千日町6-1フラワービル4F
🕐20:00～翌3:00
休不定休
🚃市電・天文館通電停から徒歩3分

予約 可(月～木曜)
予算 Ⓓ2500円～

きら星のごとき名酒と出会う、天文館の夜

魅惑の香りに酔い心地。
今宵は焼酎バーへ

薩摩焼酎を知り尽くした達人が鹿児島中から厳選。焼酎がずらりと並ぶ、そのさまは壮観そのもの。自分に合った最高の飲み方を伝授してもらおう。

鹿児島の焼酎バーのパイオニア的存在の店

鹿児島焼酎の魅力に
ディープにふれる夜を

BAR S.A.O

バー・エス.エー.オー

天文館 **MAP** 付録P.10 B-4

オーナー自ら蔵元に足を運び、厳選した焼酎を扱う。120～130種類ほど揃う焼酎は、ほとんどが鹿児島の蔵元のもの。人気銘柄の「佐藤」などを、仕込み水で割った「前割り」で楽しめるのもこの店ならでは。

☎099-239-4461
🏠鹿児島県鹿児島市千日町8-14
貴剛ビルB1
🕐19:00～翌2:00
休不定休
🚃市電・天文館通電停から徒歩4分

↑焼酎は1杯
650円～

予約
望ましい
予算
Ⓓ2000円～

鹿児島独特の風土に根付く焼酎文化の魅力にふれる

かごしま焼酎を知る

**焼酎の生産量、消費量ともに全国トップレベルを誇る鹿児島は、言わずと知れた焼酎王国。
有名な芋焼酎や奄美の黒糖焼酎など個性的な味を飲み比べて、お気に入りの銘柄を探したい。**

鹿児島でお酒といえば本格焼酎のこと。県内には100軒以上の酒蔵があり、芋、麦、米、黒糖など、さまざまな原料で焼酎が造られている。なかでも代表的な芋焼酎は、鹿児島独特の風土が生み出したもの。温暖な気候は清酒造りに適さず、さらに、火山灰でできたシラス台地は稲作に不向きだったため、サツマイモを主原料とした芋焼酎が考案されたのだ。近年では「森伊蔵」「魔王」「村尾」の3銘柄が希少なプレミアム焼酎として注目を集めたことをはじめ、全国的なブームをみせた。鹿児島では小規模で県内にしか出回らない、かつ味わい深い名酒を造る蔵元も多いので、ぜひ試してみよう。

BAR S.A.O(P.64)の店長に、
おすすめの焼酎をうかがいました。

薩摩茶屋
プレミア焼酎で知られる村尾酒造のレギュラー酒。まろやかな飲み口で飲み疲れしない
●村尾酒造、
1800㎖、2288円

六代目百合
甑島(こしきしま)の老舗蔵元で造られる芋焼酎。芋本来の香りと味わいを感じられるパンチ力が魅力
●塩田酒造、
1800㎖、2800円

黒麹
独特のクセがあり、コクが深く骨太の味わい。
沖縄の泡盛にも使用される。

大和桜
手造りにこだわった焼酎。ずっと飲んでいられそうなバランスの良い仕上がりが特徴
●大和桜酒造、
1800㎖、
2750円

白麹
九州で主に使われているのが白麹。すっきり軽快でまろやかな飲み口。

萬膳庵
昔ながらの手法を用いた本格芋焼酎。ココナッツや栗、柿のような香りがする
●万膳酒造、
1800㎖、3520円

新美淡麗 海
減圧蒸留でクセのない甘みを実現。フルーティで飲みやすく、炭酸割りやちょい水ロックが◎
●大海酒造、
1800㎖、3089円

黄麹
通常は清酒に用いられる麹。みずみずしくフルーティな焼酎に仕上がる。

焼酎の蔵元を訪ねる

本格芋焼酎の仕込みを観察

本坊酒造
屋久島伝承蔵
ほんぼうしゅぞう やくしまでんしょうぐら

手造り甕壺仕込みという伝統製法を守る本坊酒造の酒蔵。サツマイモの収穫が始まる秋からは芋焼酎の仕込み風景が見られる。

→酒蔵の隣には売店を併設

→手造り黒麹甕壺仕込みの「水ノ森」は屋久島内限定販売

屋久島
MAP 付録P.27 E-3
☎0997-46-2511
所鹿児島県屋久島町安房2384 営9:00~16:30
休無休、臨時休業あり
交屋久島空港から車で20分
Pあり

→昔から変わらない甕壺仕込み

明治の面影を残す蔵を見学

薩摩酒造 花渡川蒸溜所 明治蔵
さつましゅぞう けどがわじょうりゅうしょ めいじぐら

代々受け継がれてきた芋焼酎造りの工程を見学できる。甕の中でもろみが発酵する様子も見どころ。試飲コーナーも充実。

枕崎 **MAP** 付録P.4 A-3
☎0120-467-355 所鹿児島県枕崎市立神本町26 営9:00~16:00 休無休
交JR枕崎駅から徒歩25分 Pあり

→風格あるたたずまいが印象的

→明治蔵で丹念に造られた甕仕込みの芋焼酎「さつま白波 明治蔵」

→古い道具類や設備にも注目したい

焼酎バー／かごしま焼酎を知る

本日の緑茶 440円（右）
和菓子 220円（左）
日替わりでさまざまな緑茶を味わうことができる。甘味は和菓子のほか、ぜんざい702円も人気

←かわいいデザインの白缶80ｇ1500円〜（ギフトBOX入り）は、おみやげにぴったり

↑オリジナルのブレンド茶「こくまろ」20ｇ540円と「深みとコク」20ｇ572円

味わい深い鹿児島茶の魅力を教えてくれるお茶屋さん

すすむ屋 茶店
すすむやちゃてん

鹿児島中央駅周辺 **MAP** 付録P.8 B-4

店主が厳選した鹿児島県産茶葉の販売を行う専門店。オリジナルブレンドの煎茶をはじめ、番茶、紅茶など18種類ほどの茶葉が店頭に並ぶ。店内には喫茶スペースもある。

☎099-251-4141
所鹿児島県鹿児島市上之園町27-13
⏰10:00〜18:00（LO17:45）
休水曜（祝日の場合は翌日）
JR鹿児島中央駅から徒歩8分／市電・都通電停から徒歩2分 Ｐなし

→おしゃれな外観を目印に。贈答用のセットも販売（右）。茶器やお茶関連の雑貨なども揃う。店内奥が喫茶スペースになっている（左）

香り高い鹿児島のお茶を嗜む

日本茶が味わえる和カフェ

あまり知られていないが、鹿児島県はお茶の生産量が静岡県に次いで全国第2位で、「かごしま茶」ブランドも定着してきた。ていねいに淹れた味わい豊かなお茶に、ホッとひと息。

鹿児島市街 ●食べる

上品な味わいのお菓子をお茶の旨みが引き立てる

茶寮 AKASHIYA el mundo
さりょう アカシヤ エル ムンド

天文館 **MAP** 付録P.10 C-1

老舗和菓子店・明石屋（P.69）が展開する洋菓子と茶寮のお店。旬の果物を使用したケーキや季節限定の和菓子、珍しい「焼き軽羹」や栗ぜんざい、くずきりなど甘味メニューが揃い、鹿児島のお茶とともに味わえる。

☎099-223-5959
所鹿児島県鹿児島市中町11-1
⏰9:00〜18:00
休1月1日
市電・朝日通電停から徒歩3分 Ｐなし

←シックな雰囲気で街の喧騒を忘れさせてくれる

栗ぜんざい（煎茶付）880円
丹波産大納言小豆を使用した自家製のつぶ餡で作ったぜんざいに、焼き餅と栗が入っている

←焼き軽羹420円。鹿児島名産の軽羹を焼いてバターをのせた一品

名勝庭園の散策中銘茶と甘味でひと休み

仙巌園茶寮
せんがんえんさりょう

磯 **MAP** 付録P.11 F-2

世界遺産・仙巌園（P.40）内の和カフェ。霧島や知覧産など鹿児島県の抹茶や煎茶を多彩に揃え、鹿児島ならではのスイーツと一緒に味わえる。茶そばなどランチメニューも数量限定で用意。

☎099-247-1551（仙巌園）
所鹿児島県鹿児島市吉野町9700-1
⏰9:00〜17:00（LO16:30）
休3月第1日曜 仙巌園前／仙巌園（磯庭園）前バス停からすぐ Ｐ100台（300円）

←着物姿の店員が抹茶をたてる様子も見ることができる

抹茶と菓子 980円〜
季節の上生菓子など好みのお菓子を選んで、霧島山麓で育った抹茶といただく

66

心くすぐる ご当地スイーツ

愛らしい表情が人気のかき氷「白熊」は、お店オリジナルの変わり種にも注目だ。

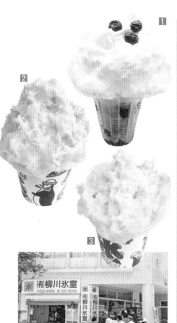

和カフェ／ご当地スイーツ

1.観光客にも人気の高いベリー白熊680円 2.マンゴーのミルクがけ480円 3.メロンのミルクがけ480円 4.夏場はかき氷を求める人でいっぱい。約30種類のかき氷がある

1.ドリンク付きの焼きたてラブリー670円。この日は焼き芋ジュース（単品450円）をチョイス 2.明るい雰囲気の店内 3.全館が唐芋のテーマパークビル「唐芋ワールド」の2階にある

1.白熊レギュラー800円。トッピングで白熊の顔を模している 2.店頭では大きな"白熊"がお出迎え 3.ビルの1階では軽食と白熊、2階では洋食と白熊を提供している

絶品かき氷で鹿児島の夏を堪能

柳川氷室
やながわひょうしつ

天文館周辺 MAP 付録P.9 E-2

毎年4月下旬〜11月上旬にかけて、ふわふわのかき氷を提供する行列ができる氷屋さん。地元の名水・大重谷源水の天然水を長時間かけて凍らせた氷がそのおいしさの秘密だ。

☎099-222-4609
所鹿児島県鹿児島市泉町13-24
営11:00〜18:00 休無休
交市電・いづろ通電停から徒歩3分 Pなし

お芋スイーツとの美味な出会い

カフェ「みなみ風」
カフェ「みなみかぜ」

天文館 MAP 付録P.10 B-2

おみやげに評判の唐芋（サツマイモ）レアケーキ「ラブリー」で知られる菓子メーカー・フェスティバロ社が営むカフェ。自社農場で育てた季節のハーブティーや、できたて唐芋デザートを味わえる。

☎099-239-1333
所鹿児島県鹿児島市呉服町1-1 唐芋ワールド2F
営11:30〜18:30（LO18:00） 休1月1日
交市電・天文館通電停から徒歩1分 Pあり

人気はもはや全国区の氷スイーツ

天文館むじゃき
てんもんかんむじゃき

天文館 MAP 付録P.10 B-3

削った氷に、創業以来受け継がれてきた秘伝のミルクと季節のフルーツをたっぷりのせた「白熊」の元祖店。オーソドックスなものからストロベリーや抹茶まで、14種類の味が楽しめる。

☎099-222-6904
所鹿児島県鹿児島市千日町5-8 営11:00〜19:00（LO料理18:15 白熊・ドリンク18:30） 休不定休
交市電・天文館通電停から徒歩3分 Pなし

A ブランシェ ～かごしままちの駅～
ブランシェ ～かごしま まちのえき～
天文館 **MAP** 付録P.10 C-2

かわいらしいおみやげがずらり
地産地消や地元をテーマにした「鹿児島の良いもの」が揃うセレクトショップ。スタッフが選び抜いた県内各地の加工品や調味料など安全で質が良く、ちょっとかわいらしいアイテムが並ぶ。

☎099-248-8881
所鹿児島県鹿児島市呉服町6-5
マルヤガーデンズB1
営10:00～20:00
休不定休 交市電・いづろ通電停から徒歩1分 Pあり

B 鹿児島ブランドショップ
かごしまブランドショップ
天文館 **MAP** 付録P.9 E-2

鹿児島の豊富なアイテムが勢揃い
鹿児島県特産品協会が運営するアンテナショップで、鹿児島ならではの加工食品や伝統工芸品などを展示・販売する。2400点以上のアイテムを常時取り揃えているので気に入る商品がきっと見つかる。

☎099-225-6120
所鹿児島県鹿児島市名山町9-1 鹿児島県産業会館1F
営10:00～18:00
休無休 交市電・朝日通電停から徒歩1分 Pあり

C 徳永屋本店
とくながやほんてん
天文館 **MAP** 付録P.10 A-2

鹿児島の山海の幸を詰め込んだ品
明治32年（1899）の創業以来続く伝統ある製法を用いて鹿児島近海の鮮魚と地酒、季節の野菜や菜種油など厳選素材で作られるさつま揚げは、ご飯のお供はもちろん、芋焼酎との相性も抜群な逸品揃い。

☎099-225-1726
所鹿児島県鹿児島市東千石町4-23
営9:00～18:00
休無休 交市電・天文館通電停から徒歩5分 Pあり

鹿児島市街 ●買う

土地の「うまかもん」を自宅で楽しむ

お持ち帰り、南の美味みやげ

鹿児島の気候や風土が生み出した珠玉の特産品の数々。さつま揚げなど老舗の定番品から、近年のヒット商品まで、「うまかもん（おいしいもの）」を選りすぐってご紹介。

A B 旅する丸干し
朝獲れのウルメイワシの丸干しを7種類の味でオイル漬けに。下園薩男商店、各864円～

C 島津揚げ
薩摩藩を治めた島津家の丸に十の字の家紋が特徴的。きくらげ、ゴボウ入り。1枚184円

調味料・食材
特産品をお持ち帰り。鹿児島の味を自宅でも堪能!

F さつま揚げ
サイズや具材などいろいろな種類のつけあげ（さつま揚げ）を用意。左から野菜入り250g463円、特上つけあげ5枚570円、上棒天250g463円（勘場蒲鉾 アミュプラザ鹿児島店）

C さつま揚げ 特上詰合
ゴボウ、ニンジン、きくらげ、島津揚げ、棒天など22枚が入った人気の詰め合わせ。3024円

F サツマルシェ アソート35
桜島小みかん茶やかごしま知覧茶など7つのフレーバーティーが気軽に楽しめる。4104円（お茶の美老園 アミュプラザ鹿児島店）

A B 黒豚グルメカップシリーズ
素材の旨みがギュッと詰まった黒豚肉の缶詰。全3種類。AKR Food Company、各540円

B E 黒豚みそ
鹿児島県産黒豚を使ったキンコー醤油の"おかず味噌"。野菜やご飯、お酒と一緒に味わって。1個540円（鹿児島銘品蔵）

A 島の恵みのポタージュスープ
沖永良部島特産のジャガイモ、塩、黒糖、桑を使用した島をまるごと味わえる逸品。1個637円

B 濃口醤油
大豆の風味を生かした濃い旨みと甘みが特徴の丁子屋の醤油。500ml581円

B E おいしいくろず
黒酢の里・福山町の純玄米黒酢に果汁などを加えたシリーズ商品。各896円～（くろず屋）

洋スイーツ

鹿児島名産の黒糖や
サツマイモは、チョコや
ケーキ生地とも相性抜群

**E F ベビーしろくま
持ち帰り用**
白熊やチョコレート白
熊などのセット。発送
も受け付ける。6個セッ
ト3300円(商品代のみ)
(天文館むじゃき アミュ
プラザ鹿児島店)

E かすたどん
ふわふわ生地でカスター
ドクリームを包んだや
さしい甘さの銘菓。1個
130円(薩摩蒸氣屋)

**E F 唐芋レアケーキ
フェスティバロ・ラブリー**
直営農場で自然栽培された唐芋を
使ったレアケーキ(フェスティバロ)

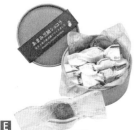

**E 安納芋ジャム(左)
知覧茶ジャム(右)**
鹿児島ならではの食材を使っ
たホテルメイドのジャム。各
734円(SHIROYAMA HOTEL
kagoshima)

E あまみ黒糖ショコラ
奄美大島の純黒糖をビター
チョコで包みココアパウ
ダーでコーティング。1080
円(奄美きょら海工房)

和スイーツ

昔懐かしいかるかんや
サツマイモを生かした
お菓子がおすすめ

D 軽羹
材料は自然薯・米粉・砂糖の
み。素材本来の味わいが魅力。
8号1404円～

E 創作生かるかん
天然名水を使った生地
と餡でしっとり仕上げ
た新感覚のかるかん。6
個入り1080円(霧や櫻
や・徳重製菓とらや)

D E さつま甘栗
県産サツマイモに甘栗をのせ
た和風スイートポテト。3個
入り1080円～(明石屋)

D E 軽羹饅頭
軽羹生地で小豆こし餡
を包み蒸し上げたまん
じゅう。6個入り1296
円～(明石屋)

D 明石屋 本店
あかしや ほんてん
天文館 **MAP** 付録P.10 C-1

伝統的銘菓の味と技を次世代へ
安政元年(1854)に創業、素材や製法にこ
だわり続ける老舗菓子店。鹿児島を代表す
る銘菓・軽羹の元祖店でもあり、おみやげ
はもちろん、贈答品やご進物として県民か
ら広く親しまれている。
- ☎099-226-0431
- 🏠鹿児島県鹿児島市
金生町4-16
- 🕘9:00～18:00
- 休無休
- 🚃市電・朝日通電停
から徒歩3分
- Ｐなし

駅近くならこの2軒が便利!

E さつまち 鹿児島中央駅
さつまち かごしまちゅうおうえき
鹿児島中央駅周辺 **MAP** 付録P.8 B-4

改札前に鹿児島みやげが大集合
かるかんやさつま揚げ、焼酎など、あらゆ
る鹿児島名物がずらりと並ぶ。改札を出て
すぐという交通至便な駅チカスポットで
買い物&食事を楽しみたい。
- ☎099-812-7700
(アミュプラザ鹿児島)
- 🏠鹿児島県鹿児島市中
央町1-1 🕘みやげ横丁
9:00～20:00(一部店舗
は異なる) 休無休
- 🚃JR鹿児島中央駅直結
- Ｐあり

F アミュプラザ鹿児島
アミュプラザかごしま
鹿児島中央駅周辺 **MAP** 付録P.8 B-4

鹿児島観光の拠点として使おう
グルメやファッション、雑貨、映画館などが
揃う複合商業施設。おみやげや鹿児島グル
メは本館地下1階に集まっている。本館6階
の観覧車アミュラン(搭乗料大人500円)で
市街地や桜島の眺望を楽しむのもいい。
- ☎099-812-7700
- 🏠鹿児島県鹿児島市
中央町1-1 🕘10:00
～20:00(5・6Fレスト
ラン11:00～22:00)
- 休HPで要確認
- 🚃JR鹿児島中央駅直
結 - Ｐあり

※( )内はさつまち 鹿児島中央駅、またはアミュ
プラザ鹿児島内のテナント名を表しています
※商品の値段は店舗により異なる場合があります

お持ち帰り、南の美味みやげ

島津薩摩切子ギャラリーショップ
磯工芸館

しまづさつまきりこギャラリーショップ いそこうげいかん

磯 **MAP** 付録P.11 D-3

繊細な輝きに心奪われる
鹿児島を代表する伝統工芸品

鮮やかな色ガラスに繊細なカット模様を施した薩摩切子を展示・販売。幕末期、島津斉彬が海外交易を目指して製造を始め、一度は途絶えた技術だが、昭和60年(1985)に再興した。猪口で3万円前後と値は張るが、1つは持ちたい逸品だ。

☎099-247-8490
🏠鹿児島県鹿児島市吉野町9688-24
🕘9:00～17:00
⊗無休
🚍仙巌園前／仙巌園(磯庭園)前バス停から徒歩1分
🅿あり

※価格は2023年11月現在

↪レトロな洋館を利用したショップ。県内の職人が手がけたさまざまなガラス工芸品も扱う

↪現代の生活に使いやすいデザインを追求した冷酒グラス3万3000円

↪脚付杯(中)
金赤9万3500円

↪繊細な輝きを放つ猪口(大)は、最もポピュラーな商品。緑2万8600円

↪二色脚付盃 ルリ金赤3万8500円(上)。蒼黄緑3万5200円(中)。ルリ緑3万5200円(下)

わざわざ出かけても手に入れたい、生活を彩る逸品
カゴシマ 発 手しごと巡り

鹿児島市街●買う

アトリエユニ

鹿児島中央駅周辺 **MAP** 付録P.8 C-4

作り手の「手しごと」を感じる
長く愛用できる素朴な生活雑貨

白を基調とした店内には、シンプルなのにどこか存在感のある陶器やガラス製品、布製品などをゆったりとディスプレイ。オーナーセレクトの商品や県内外の作家の作品などがあり、どれもセンスの良さを感じるアイテムばかりだ。

☎099-206-0370
🏠鹿児島県鹿児島市上之園町19-12川添ビル1F
🕘11:00～18:00
⊗火～金曜(展示会期間中は営業)
🚃JR鹿児島中央駅から徒歩10分
🅿なし

↪定期的に展示会も開催。詳細はInstagramで確認を

↪器の品揃えは定期的に入れ替わる

↪京都のアクセサリーブランドro-ji制作のイヤーカフ5500円

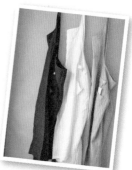
↪首に負担がかからないリネン100%のエプロン各1万1000円

MATHERuBA gift

マザルバ ギフト

鹿児島市西部 **MAP** 付録P.6A-3

日常を豊かに過ごすアイテムに 技術の高さを感じるクラフト

生活が楽しくなるアイテムを販売するライフスタイルショップ。インテリアから生活用品、そのほか鹿児島の伝統工芸品など多彩な商品が揃い、なかには薩摩焼の器など、この店でしか手に入らないオリジナル商品も扱う。

☎099-248-8472
🏠鹿児島県鹿児島市春山町1636-9
🕐11:00～18:00
🈺火曜
🚃JR上伊集院駅から徒歩10分
🅿あり

⤴網目の美しい白竹のお茶碗籠8800円～。職人の技術の高さを感じる

⤴伝統を守り制作される梅木本種鋏製作所の手打ち本種鋏各7700円～

⤴ヴィーナスターオーガニクスの椿マルチオイル3740円

⤴幅広いジャンルのアイテムを取り扱っている

⤴絵付師・室田志保さんの手がけた薩摩ボタン。各1万560円

⤴白薩摩に絵付けされた古典柄と現代柄の美しい動物柄のフリーカップ。各1万9800円

伝統的な製法を守り、卓越した技術でていねいに生み出される生活雑貨の数々。
職人の手しごとで命を吹き込まれた焼物、切子、竹細工、染織物など、
日常生活にさりげなく溶け込んで彩りを添え、その存在感を発揮する。

しょうぶ学園 クラフトショップ デポ

しょうぶがくえん クラフトショップ デポ

市街北部 **MAP** 付録P.6C-1

形から色使い、手ざわりなど ひとつひとつ多彩な表情の品

障害者施設内にあるクラフトショップ。施設内の布・木・土・和紙／造形それぞれの工房で、施設の利用者たちが手がけたオリジナル作品を展示・販売している。カフェやそば屋、パン屋も併設し、地域の人々の人気のスポットでもある。

☎099-243-6630
🏠鹿児島県鹿児島市吉野町5066
🕐10:00～17:00
🈺月・火曜
🚃JR鹿児島中央駅から南国交通バス・宮之浦団地行きなどで30分、菖蒲谷下車、徒歩1分
🅿あり

⤴バッグやカトラリーなどオリジナル作品が並ぶ

⤴カバやヤマザクラなど木材を利用したやさしい手ざわりのスプーン。各600円

⤴オリジナルデザインのプリントバッグ3600円。肩から掛けて使える

⤴陶のボタン各5～8個入り600円。それぞれに絵柄や形、厚みが異なる

⤴さき織コースター名1000円。古着を裂いて横糸で織り込んで作っている

⤴紙漉きからすべて手作業で作られた絵丸はがき各300円。無地の丸はがきは200円

71

カゴシマ発 手しごと巡り

街なかでも湯浴みができるホテル
桜島を望む絶景温泉

鹿児島市内には約270もの源泉があり、その数は県庁所在地としては日本一。都会でありながら温泉も楽しめる宿を選んでくつろぎたい。

標高108mの城山の上から
桜島と鹿児島の街並みを一望

SHIROYAMA HOTEL kagoshima
シロヤマ ホテル カゴシマ
城山 MAP 付録P.8 C-2

城山の頂上から絶景を望む老舗ホテル。展望露天温泉「さつま乃湯」では、地下1000mから湧き出る温泉に癒やされながら、桜島や錦江湾、鹿児島市街の眺望を堪能できる。多彩なレストランも完備しており、約80種類の和洋ビュッフェ料理が楽しめる朝食が評判。

☎0570-07-4680（ナビダイヤル）
鹿児島県鹿児島市新照院町41-1　JR鹿児島中央駅から車で10分／鹿児島中央駅西口、鹿児島中央ターミナルビル、天文館、朝日通りからシャトルバスあり　Pあり（有料）
in15:00　out11:00　355室　予1泊2食付2万6550円～

1. 抜群の眺望を満喫できる展望露天温泉「さつま乃湯」。日帰り入浴プランも用意されている　2. 昭和38年（1963）開業の伝統あるホテル　3.4階にある朝食会場のレインボー。毎朝約80種類の料理が並び、鹿児島ならではの料理も楽しめる　4. 内装に大島紬を取り入れた、スーペリア桜島ビューツインルーム。窓から桜島や錦江湾が望める

こちらもおすすめ! 温泉付きホテル　それぞれに効能を持つ良質な湯を引いた温泉自慢のホテルをご紹介。

温泉ホテル 中原別荘
おんせんホテル なかはらべっそう

天文館まで徒歩5分の便利な立地ながら閑静な環境。地下800mから湧出する温泉や郷土料理が楽しめる。

天文館 MAP 付録P.10 A-1

☎099-225-2800
鹿児島県鹿児島市照国町15-19　市電・天文館通電停から徒歩5分　Pあり　in16:00　out10:00　57室　予1泊2食付1万3200円～　※全室禁煙、耐震改修済

さくらじまホテル

桜島の南岳の麓にあり、錦江湾の眺めは格別。幻の名湯といわれる有村源泉を引いた露天風呂でくつろげる。

桜島 MAP 付録P.7 E-3

☎099-221-2311
鹿児島県鹿児島市古里町1078-64　桜島港から鹿児島交通バス・垂水港行きで15分、文学碑前下車すぐ　Pあり　in16:00　out10:00　5室　予1泊素泊まり9590円～

のどかな時間が流れる薩摩焼の里

美山 みやま

薩摩焼の窯元が点在する美山は、多彩な職人工房が集まる小さな街。散歩しながら素敵な作品を探そう。

伝統ある窯元や工房を訪ねて職人の手仕事の魅力にふれる

　素朴な風景が広がる美山は、約400年の歴史を持つ薩摩焼の故郷。10軒以上の窯元をはじめ、木工、ガラス、ギターなど多彩な工房が集まり、のんびり散策しながらアートを満喫することができる。居心地のよいカフェにも立ち寄りたい。

↑↑沈壽官窯に並ぶ深い黒色が美しい甕(右)。大島釉の着付け体験ができる「緋色窯」もある(上)

お役立ちinformation

美山へのアクセス
●鉄道
JR鹿児島中央駅から鹿児島本線で伊集院駅まで18分、伊集院駅から約4.5km。
●バス
天文館／加治屋町から鹿児島交通バス・上川内行きで約1時間、美山下車すぐ。
●車
鹿児島中央駅から県道24号経由で約22km、南九州西回り自動車道経由の場合、美山ICから約1km。

多彩な陶芸体験を用意

陶遊館 とうゆうかん

ロクロや手びねり、絵付けなどの陶芸体験ができる(要予約)。美山の窯元や工房で作られた作品の展示販売も。

📍 MAP 本書 P.73
☎099-274-5778
🏠鹿児島県日置市東市来町美山1051
🕐8:30～17:00
🈂月曜(祝日の場合は翌平日)
🚏美山バス停から徒歩3分 Ｐあり

↑陶工の指導を受けながら気軽に陶芸を体験

美山を代表する薩摩焼の窯元

沈壽官窯 ちんじゅかんがま

美山で15代続く名門の窯元。収蔵庫には、代々の陶工が手がけた作品や古文書などを展示。制作工程の見学もできる。

📍 MAP 本書 P.73
☎099-274-2358 🏠鹿児島県日置市東市来町美山1715 🕐9:00～17:00
🈂第1・3月曜 🈂沈家伝世品収蔵庫500円
🚏美山バス停から徒歩1分 Ｐあり

↑卓越した技を受け継ぐ薩摩焼を代表する窯元

↑1200℃以上の高温になる登り窯

↰沈家歴代の作品を展示する収蔵庫

P.73
沈壽官窯 ★
元外相東郷茂徳記念館
Ｃアップルミント
美山笑点
荒木陶窯
美山上
P.73 陶遊館 ★
桂木陶芸
串木野IC
南九州自動車道
美山PA
美山IC
鹿児島IC
串木野駅
鹿児島本線
伊集院駅

周辺図 付録P.4-5
0　　200m
1:18,000

桜島を望む絶景温泉　美山

『古事記』に描かれた神々が宿る神話の地

霧島 きりしま

神が舞い降りた伝説の舞台を巡る。
森閑とした空気に満ちた古社を参拝し、
良質な湯が湧く温泉宿でくつろぎたい。

自然豊かな天孫降臨の里に荘厳な社殿群が立ち並ぶ

天上界から神が降り立ったという天孫降臨神話が語り継がれる霧島。その象徴である霧島神宮は、南九州最大の規模と長い歴史を誇る。深緑に囲まれた境内には、重要文化財の社殿や御神木などの見どころが多数。九州屈指のパワースポットとしても注目を集める。周囲には雄大な霧島山がそびえ、麓に湧く温泉も魅力のひとつ。

⇒ 大浪池(おおなみのいけ)は、霧島連山の中にある火口湖。遊歩道も整備されている

(お役立ちinformation)

霧島エリア内の移動手段

主要な観光スポットや温泉郷は駅から離れており、広いエリアに点在しているのでエリア内の移動はレンタカーが便利。バスの本数は多いわけではないが、空港や主要駅から温泉郷や観光スポットへの路線はある。

●車
鹿児島空港が近く、レンタカーが利用しやすい。国道223号近くに主な温泉郷や見どころがある。霧島で借り、鹿児島中央駅で乗り捨てるのもよい。

●バス
鹿児島交通バスが主な観光地間を運行。1日乗車券1100円(一部エリアを除く)も販売している。

●鉄道
霧島温泉駅や霧島神宮駅から霧島神宮、霧島温泉郷へは距離があり、バスを利用することになる。日当山温泉郷は駅からでもアクセス可能。

観光案内所

●霧島市観光案内所(霧島神宮 大鳥居横)
MAP 付録P.13 E-2
☎0995-57-1588 所鹿児島県霧島市霧島田口2459-6 ⏰9:00~17:00
📅12月30・31日、1月1・2日
🚌JR霧島神宮駅から鹿児島交通バス・霧島いわさきホテル行きで13分、霧島神宮下車すぐ

霊験あらたかな鹿児島屈指の古社

霧島神宮 きりしまじんぐう

建国神話の主人公を祀る
6世紀創建の歴史ある古社

創建は6世紀に遡り、神話に登場する瓊瓊杵尊を祀る。もとは高千穂峰山頂近くにあったが、度重なる噴火で焼失と再建を繰り返し、約500年前に現在地に移された。老杉が茂る境内は神聖な雰囲気で、朱塗りの社殿が美しい。

MAP 付録P.13 E-2
☎0995-57-0001
所鹿児島県霧島市霧島田口2608-5
⏰休料参拝自由
🚌JR霧島神宮駅から鹿児島交通バス・霧島いわさきホテル行きで13分、霧島神宮下車すぐ P400台

⇒ 御神木の枝をよく見ると、烏帽子をかぶった小さな神様の姿が

② 勅使殿の装飾 ちょくしでんのそうしょく

唐破風に施された極彩色の緻密な装飾が見事。猿や獅子といった伝説上の生き物がモチーフとされており、大陸からの強い影響がうかがえる。

③ 御神木 ごしんぼく

樹齢約800年、高さ約38mに及ぶ大杉。南九州一帯の杉の祖と考えられ、力強く神々しい姿が印象的。

霧島●歩く・観る

❶ 本殿 ほんでん

本殿、幣殿、拝殿のほか、手前に勅使殿を配置した様式は南九州独特。いずれも正徳（しょうとく）5年（1715）に再建された絢爛豪華な朱塗りの建物で、国の重要文化財に指定。

❹ さざれ石 さざれいし

溶けた石灰石に小石が集結したさざれ石。岐阜県山中で発見、寄贈された。

❺ 手水舎の水口 てみずやのみずぐち

江戸時代後期に活躍した石工・岩永三五郎の作。苔むした石造りの龍が歳月を感じさせる。

❻ 亀石 かめいし

旧参道にあるカメそっくりの自然石。神様との約束を破ったカメが石にされたとの言い伝えがある。

❼ 風穴 かざあな

岩穴からいつも微弱な風が吹き出ていたため、霧島の七不思議のひとつとされた。現在は風は出ていない。

❽ 御手洗川 みたらしがわ

11〜4月は涸れているが、5月頃から大量の水が、魚と一緒に湧いてくるといわれる不思議な川。

霧島は坂本龍馬のハネムーンの地

日本初の新婚旅行を楽しんだ龍馬・お龍夫妻の思い出の場所

寺田屋事件で傷を負った坂本龍馬は、西郷隆盛らのすすめで、妻のお龍と鹿児島を訪れた。天保山から船で錦江湾を渡り、塩浸温泉や日当山温泉に逗留して療養しながら、霧島神宮を参拝したり、高千穂峰（P.102）に登ったり約3カ月間の旅を楽しんだ。2人が仲むつまじく過ごすことができたのは生涯でこの期間だけで、日本最初の新婚旅行といわれている。霧島では毎年3月に龍馬ハネムーンウォークも開催する。

↑妙見・安楽温泉郷近くの塩浸温泉には龍馬夫妻が見学した犬飼滝（左）と銅像（右）がある

霧島神宮

右側（縦書き）: 霧島神宮

75

霧島山麓の自然に抱かれて
神秘的な天孫降臨の地へ

アートと神話の地

雄大な霧島連山の西側を爽快に走るドライブコース。
緑豊かな自然や風情ある山里の風景を満喫しながら、
野外美術館や神話ゆかりの古社などの見どころを巡る。

↑高千穂河原の近くにある霧島神宮古宮址。文暦元年
（1234）の大噴火まで、霧島神宮はこの地に鎮座していた

① 嘉例川駅
かれいがわえき
MAP 付録P.12 B-3

レトロな木造駅舎で幻の駅弁を

築110年以上の趣ある木造駅舎。土・日曜、祝日の10時頃から販売される駅弁「百年の旅物語 かれい川」が幻の駅弁として人気を集めている。

☎0995-45-5111（霧島市観光PR課） 🅿鹿児島県霧島市隼人町嘉例川2174 🕐見学自由、駅弁は土・日曜、祝日のみ10:30頃から販売 🚃JR嘉例川駅直結 🅿あり

↑鹿児島名物の天ぷら"ガネ"が入った百年の旅物語かれい川1500円（土・日曜、祝日のみ販売）
※駅弁の問い合わせは
☎090-2085-0020
（森の弁当やまだ屋）

↑県内最古の駅舎で、国の登録有形文化財

② 鹿児島県霧島アートの森
かごしまけんきりしまアートのもり
MAP 付録P.4 C-1

自然に溶け込む野外美術館

霧島山の北西、栗野岳の中腹に位置する野外美術館。約13haの広大な敷地に国内外の著名な作家による現代彫刻が展示され、自然のなかを散策しながら芸術鑑賞が楽しめる。

☎0995-74-5945 🅿鹿児島県湧水町木場6340-220 🕐9:00～17:00（入園は～16:30）7月20日～8月31日 土・日曜、祝日は～19:00（入園は～18:30） 🈲月曜（祝日の場合は翌日）、2月3月第2月曜～第4月曜 🚃JR栗野駅から湧水町営ふるさとバス（土・日曜・祝日のみ運行）で20分、霧島アートの森下車すぐ 🅿あり

↑シンガポールの現代美術家、タン・ダ・ウによる『薩摩光彩』。サツマイモの葉を模したステンドグラスが美しい

↑アートホールにも多彩な作品を展示している

きりん商店
きりんしょうてん
MAP 付録P.12 B-2

霧島産のお茶や、加工品、ハンドメイド作品などを販売。旅行者と地元住民の交流の場としても親しまれている。

☎0995-73-3204 🅿鹿児島県霧島市牧園町宿窪田1424-2 🕐10:00～17:00 🈲火曜、水・木曜不定休 🚃JR嘉例川駅から車で10分 🅿あり

↑鹿児島みやげにぴったり、桜島箸置き1個880円

↑伝承みそだれ388円（右）、万能めんつゆ324円（左）

↑霧島抹茶ラテ540円。霧島産のオーガニック抹茶を使ったラテ

↑かりがね648円（左）。極上煎茶1080円（中）。いっぷく抹茶1本216円（右）

↑入口で『シャングリラの華』（草間彌生、2000年）が待つ

吉松駅　　●えびのJCT
栗野
九州自動車道
103
▲韓国岳
人幡池
2 鹿児島県霧島アートの森
鹿児島県
大浪池
1
横川
植村駅
50
霧島温泉郷の宿
GOAL
湯之野温泉
P.79 旅行人山荘 H
摘み草の宿 こまつ H
P.79
きりしま 悠久の宿 一心 H
P.79
霧島温泉駅
溝辺PA
223
S きりん商店
223
1 嘉例川駅
56
妙見石原荘 P.79
H
H 忘れの里 雅叙苑 P.78
★高屋山
上陵
P.102
START
504
鹿児島空港
溝辺鹿児島空港
高千穂河原 4
高千穂峰
480
3 霧島神宮
宮崎県
霧島神宮駅
都城市
霧島市
日豊本線
曽於市
数寄の宿 野鶴亭 P.78
加治木JCT
日当山駅　隼人駅
0　　　　3km
N

移動時間◆約2時間15分

おすすめドライブルート

鹿児島空港でレンタカーを借り
て、村里や山の田舎道を走るコー
ス。鹿児島県霧島アートの森周辺
など山道は狭く見通しの悪いとこ
ろもあるのでスピードに注意しよ
う。すべてのスポットをまわらず、
宿へ早めに到着してゆっくりする
のもおすすめ。

| 鹿児島空港 |
| かごしまくうこう |

⬇ 国道504号、県道56号
4.8km／10分

| 1 | 嘉例川駅 |
| | かれいがわえき |

⬇ 県道56号、国道223号、
県道50・103号 27.6km／40分

| 2 | 鹿児島県霧島アートの森 |
| | かごしまけんきりしまアートのもり |

⬇ 県道103号、国道223号
26.6km／45分

| 3 | 霧島神宮 |
| | きりしまじんぐう |

⬇ 国道223号、県道480号
7.4km／15分

| 4 | 高千穂河原 |
| | たかちほがわら |

⬇ 県道480号、国道223号
15.5km／25分

| 霧島温泉郷の宿 |
| きりしまおんせんきょうのやど |

アートと神話の地

4 高千穂河原
たかちほがわら

MAP 付録 P.13 F-1

霧島山系について詳しく学べる

霧島山の登山基地として賑わう高千穂河原。
ビジターセンターでは、霧島の自然や文化など
を大画面のパノラマシアターを用いて解説して
いる。近くには霧島神宮古宮址がある。

☎0995-57-3224(高千穂河原ビジターセンター)
所鹿児島県霧島市霧島田口2583-12　料見学自由、
ビジターセンター9:00〜17:00　休月曜
交JR霧島神宮駅から鹿児島交通・霧島いわさき
ホテル行きで36分、終点下車、霧島連山周遊バスに
乗り換え51分、高千穂河
原下車すぐ
Pあり(有料)

⮕高千穂河原ビジターセン
ターは2022年にリニュー
アルオープンした

3 霧島神宮 ⮕P.74
きりしまじんぐう

MAP 付録 P.13 E-2

神話に彩られた由緒ある古社

天孫降臨神話に登場する瓊瓊杵尊を祀る。
広い境内に壮麗な社殿が鎮座し、パワースポ
ットとしても有名。

⮕深い緑の中を抜けた先に社殿がたたずむ

霧島から
足を延ばして

坂元のくろず「壺畑」情報館&レストラン
さかもとのくろず「つぼばたけ」
じょうほうかん&レストラン

MAP 付録 P.4 C-2

壺畑と桜島の眺望に感動

江戸時代からの伝統製法で造られ
る「坂元のくろず」の歴史や製法
を紹介。広大な壺畑と桜島を眺め
ながら、坂元のくろずを使った体に
やさしい料理も楽しめる。

☎0995-54-7200
所鹿児島県霧島市福山町福山3075
時9:00〜17:00、
レストラン10:00〜16:00(LO)
休無休　交鹿児島空港から車で30分
P80台

⮕桜島と錦江湾を望む坂元醸造の
「壺畑」

⮕坂元のくろず1000㎖2592円は
1年以上発酵・熟成させたもの(左)。
ガラクトオリゴ糖とリンゴ果汁を
配合したおいしい黒酢「天寿りん
ご黒酢」は700㎖3078円(右)

HOTELS ❖ 泊まる

効能の高い良質な温泉の癒やし

贅沢な湯宿で大人の休日

大小さまざまな温泉地が集まる霧島。
和のくつろぎとモダンなテイストが調和した宿で、
露天風呂に浸かり、四季折々の料理を楽しむ。

霧島●泊まる

霧島温泉郷はどこにある？

温泉郷は大きく4つのエリアに分かれている。霧島の拠点で、大小9つの温泉が湧く霧島温泉郷、天降川沿いに多様な宿が揃う妙見・安楽温泉郷、県内最古の歴史を持つという日当山温泉郷、霧島神宮に近い霧島神宮温泉郷だ。さまざまな泉質の湯があるので、日帰り湯で好みの泉質を探すのも一興。

日本の原風景に出会える
ひなびた山あいの小さな離れ宿

忘れの里 雅叙苑

わすれのさと がじょえん

MAP 付録P.12 C-3　　妙見・安楽温泉郷

静かな山あいに、茅葺き屋根の古民家が点在する離れ形式の湯宿。全8室すべてに趣向を凝らした風呂が備わり、趣ある露天風呂のほか、「お風呂リビング」付きの部屋も人気だ。自家菜園で育てた野菜や地鶏など、素材にこだわった料理も評判。

☎ 0995-77-2114
所 鹿児島県霧島市牧園町宿窪田4230
交 鹿児島空港から鹿児島交通バス・隼人駅行きで23分、雅叙苑前下車、徒歩2分　P あり
in 14:00　out 12:00　室 8室
予算 1泊2食付5万2950円~

温泉 DATA	
風呂数	内湯:1、貸切風呂:2、客室風呂:8
泉質	炭酸水素塩泉(低張性・中性・高温泉)

▶日帰りプラン

●日帰り温泉ランチ付きプラン 6600円
12:00~16:00、要予約、大浴場利用

1. 大浴場の建(たける)湯は12~15時以外は貸切風呂として利用できる　2. 茅葺き屋根の古民家を移築。懐かしい風景に癒やされる
3. 水屋で毎日の料理が調理されている
4. 直営農場や自家菜園で育てたオーガニック野菜や地鶏を使った料理　5. 源泉かけ流しの湯をたたえた岩風呂の横に、ベッドやソファを配した「お風呂リビング」

趣ある数寄屋造りの客室で
日本庭園を愛でる静謐な時間

数寄の宿 野鶴亭

すきのやど やかくてい

MAP 付録P.12 B-4　　日当山温泉郷

庭園を囲む全14の客室は、日本の建築美を感じる数寄屋造り。なかでも、露天風呂と庭を備えた贅沢な離れが人気だ。鹿児島の山海の幸を用いた懐石料理や、こんこんと湧き出る良質な温泉にも心満たされる。

☎ 0995-42-6400
所 鹿児島県霧島市隼人町東郷1-8
交 JR日当山駅から徒歩14分　P あり　in 15:00
out 11:00　室 14室　予算 1泊2食付2万9700円~

温泉 DATA	
風呂数	露天風呂:1、内湯:1、貸切風呂:1
泉質	炭酸水素塩泉

▶日帰りプラン

●大浴場 1500円
12:00~21:00(受付は~20:00)

1. 岩を配した庭園露天風呂は、広々とし開放感たっぷり
2. 匠の技が生きた和のしつらえが美しい数寄屋造りの客室
3. 自家牧場直送の黒毛和牛など極上素材を使った懐石料理

1. 渓流の風景に溶け込む貸切露天風呂「睦実の湯」。湯船の中からライトで照らされ幻想的 2. 季節の食材を盛り込んだ料理。巧みな器使いも素敵 3. すがすがしい檜の香りに包まれた貸切露天風呂「七実の湯」 4. 数寄屋風、現代和風、民家風など、それぞれに個性ある客室

渓流沿いの貸切露天風呂で非日常の上質なひとときを

妙見石原荘
みょうけんいしはらそう

MAP 付録P.12 C 3　　妙見・安楽温泉郷

天降川の自然に抱かれた格式ある温泉旅館。約1万坪の敷地に7つの自家源泉を持ち、渓流沿いの露天風呂や大浴場など一切加水のない良質な湯が楽しめる。モダンな本館と石造りの別館があり、露天風呂付きの客室も用意。季節感あふれる会席料理も心ゆくまで堪能したい。

☎0995-77-2111
🏠鹿児島県霧島市隼人町嘉例川4376　🚌鹿児島空港から鹿児島交通バス・隼人駅行きで24分、石原荘前下車すぐ　🅿あり　in15:00　out11:00
🛏18室　予1泊2食付3万円～

温泉 DATA
風呂数
露天風呂:1、内湯:1、貸切露天風呂:2
泉質　ナトリウム・カルシウム・マグネシウム-炭酸水素塩泉、天降殿源泉

日帰りプラン
●大浴場、露天風呂
1800円
11:30～15:00(受付は～13:30)

清らかな水盤を取り囲む離れ形式のモダンな癒やし空間

きりしま 悠久の宿 一心
きりしま ゆうきゅうのやど いっしん

MAP 付録P.13 D-1　　霧島温泉郷

美しい水盤の周囲に配された8つの客室は、すべて離れ形式。全室に御影石造りの内風呂と露天風呂が備わり、源泉かけ流しのにごり湯は肌がしっとりすると好評だ。湯上がりには、鹿児島県産の黒豚、黒毛和牛等の厳選素材や地のもの、旬のものにこだわった会席料理を。

☎0995-64-4100
🏠鹿児島県霧島市牧園町高千穂3590-34　🚌JR霧島神宮駅から鹿児島交通バス・霧島いわさきホテル行きで28分、霧島いわさき下車、送迎あり(要予約)　🅿あり　in15:00　out11:00
🛏7室　予1泊2食付3万4100～3万7400円

1. 客室に設けられた檜造りのさくら露天風呂 2. 落ち着いた和モダンな内装でまとめられたベッドルーム 3. 厳選された食材を生かした会席料理。メインは鹿児島県産黒毛和牛のステーキしゃぶしゃぶ 4. 水盤を取り囲むように離れ形式の客室が建つ

温泉 DATA
風呂数　客室露天風呂が全室にあり
泉質　マグネシウム、カルシウム、ナトリウム、炭酸水素塩泉(低張性・中性・高温泉)

里山の料理と温泉に心和む6室だけの静かな隠れ家

摘み草の宿 こまつ
つみくさのやどこまつ

MAP 付録P.13 F-4　　霧島温泉郷

山懐にたたずむ6部屋だけの家庭的な宿。摘み草などを使った山里ならではの懐石料理に定評がある。客室は日本家屋の情緒を大切にした和風モダンの造り。全室に個性豊かな内湯と露天風呂を完備する。

☎0995-78-2557
🏠鹿児島県霧島市牧園町高千穂3908　🚌JR霧島神宮駅から鹿児島交通バス・霧島いわさきホテル行きで28分、丸尾下車、徒歩2分
🅿あり　in15:30　out11:00　🛏6室
予1泊2食付3万～3万8000円

温泉 DATA
風呂数　客室露天風呂が全室にあり
泉質　単純硫黄泉

1. 地元の旬素材を使った素材ながら繊細な料理 2. 客室は広々としてゆったりくつろげる 3. 野趣あふれる切り石の露天風呂。さわやかな木漏れ日が心地よい

100年の歴史を誇る老舗森に囲まれた眺望抜群の宿

旅行人山荘
りょこうじんさんそう

MAP 付録P.13 E-4　　霧島温泉郷

大正6年(1917)創業。自然林の中に4つの貸切露天風呂があり、鳥のさえずりを聞きながらリラックスできる。開放的な大浴場からは桜島や錦江湾を一望。客室はすべて南向きで、眺望も素晴らしい。

☎0995-78-2831
🏠鹿児島県霧島市牧園町高千穂龍石3065　🚌JR霧島神宮駅から鹿児島交通バス・霧島いわさきホテル行きで28分、丸尾下車、丸尾から送迎あり(要連絡)　🅿あり　in15:00
out11:00　🛏39室　予1泊2食付1万930円～

温泉 DATA
風呂数　露天風呂:2、内湯:2、貸切露天風呂:4
泉質　単純温泉(低張性・中性・高温泉)、単純硫黄温泉(硫化水素型)

日帰りプラン
●大浴場600円
12:00～15:00
●貸切露天風呂
1組1200円(50分)
11:00～14:00

1. 硫黄泉の香り漂う露天風呂から桜島を一望 2. 標高700mの森に5万坪の敷地を有する

砂むしで有名な南国の温泉地

指宿
いぶすき

鹿児島でも有数の伝統の休養地で、
古くから続く和式サウナを体験し、
美しい稜線を描く開聞岳の風景を満喫。

大潮などの干潮時で天候が良ければ波打ち際
での砂むしも可。開放感抜群で気持ちいい
（砂むし会館 砂楽）

指宿 ● 歩く・観る

独特の温泉文化と
風光明媚な景色が魅力

　薩摩半島の南端、錦江湾に張り出す形の指宿は温暖な気候に恵まれた南国エリア。豊富な湯量を誇る温泉地として知られ、世界でも珍しい砂むし温泉が人気だ。砂むし体験ですっきりしたあとは、陸地と無人島が砂の道でつながる現象が珍しい知林ヶ島や、美しい開聞岳を望む景勝地、池田湖や長崎鼻を巡ってドライブするのも楽しい。

薩摩富士とも形容される開聞岳は長崎鼻、
池田湖など、さまざまな場所で姿を見ることが
できる

鹿児島中央駅と指宿駅を結ぶ観光列車「指宿のたまて箱（P.31）」でアクセスするのも楽しい

（ お役立ちinformation ）

指宿エリア内の移動手段

指宿駅周辺の砂むし温泉やホテルへは、少し距離があるのでバスやタクシーを利用。鉄道の指宿枕崎線はローカルな雰囲気で情緒がある。開聞岳や池田湖、長崎鼻などの観光スポットには、指宿駅を拠点にバスか車を利用したい。知覧（P.86）にはバスか車でアクセスできる。

● バス
鹿児島交通バスの観光路線「のったりおりたり」バスが指宿駅から砂むし会館、池田湖、長崎鼻などを約1時間間隔で運行。一日乗車券1100円も販売。鹿児島市を出発し、指宿市内を巡り、知覧を経て鹿児島市に戻る定期観光バスもある。

● 指宿遊覧タクシー
定額で市内の見どころをまわってくれる観光タクシーは指宿市総合観光案内所で申し込める。

● 車
レンタカー店は指宿駅周辺にある。

観光案内所

● 指宿市総合観光案内所 MAP 付録P.14A-4
☎0993-22-4114 所鹿児島県指宿市湊1-1-1
JR指宿駅構内 開9:00〜17:00 休無休
● 指宿市観光協会 MAP 付録P.14A-4
☎0993-22-3252 所鹿児島県指宿市湊2-5-33
開9:00〜17:00 休無休

カラフルなパラソルが目印の指宿名物

極楽の砂むし温泉で身も心もデトックス

300年以上愛されてきた伝統的な健康法、砂むし。
温かい砂にしばし覆われたあとは体が軽くなって爽快な気分になれる。

砂むし会館 砂楽
すなむしかいかん さらく

MAP 付録P.14 A-4

世界でも珍しい
天然の砂むし場

全天候型の砂むし施設を備えた天然の砂むし場。体の芯から温まり、リラックスできるだけでなく美容や健康に良いと人気。天候と潮の状態が良ければ波打ち際での砂むしも楽しめる。

☎0993-23-3900
所鹿児島県指宿市湯ノ浜5-25-18
営8:30～21:00(受付は～20:30)
平日12:00～13:00は中休み
休7・12月に臨時休館あり　料1100円(浴衣レンタル代含む)、大浴場のみ620円
交JR指宿駅から鹿児島交通バス・池田湖行きで4分、砂むし会館前下車すぐ
Pあり

◆健康のために足繁く通う地元客も多い

◆指宿温泉サイダー300円。フロント横の売店で販売

「砂楽」の砂むし温泉の手順

❶ 体験の受付をする

2階で受付をして浴衣を受け取る。砂よけ用のタオル200円の販売やバスタオル200円のレンタルもあるので手ぶらでOK。

❷ 浴衣に着替えて移動

1階の脱衣室で浴衣に着替えサンダルに履き替えたら海岸の砂むし場へ。たくさん汗をかくので水分補給もしっかり済ませよう。

❸ 砂をかけてもらう

砂かけさんが寝床を整えたら砂の上に仰向けになり、タオルで顔の周りを覆えば準備完了。手際よく砂をかけてくれる。

❹ あったか砂むしタイム

砂浴の目安は約10分。砂の量で温度調整もできるので、体調に合わせて砂かけさんに調節をお願いしよう。

❺ 砂を落として入浴

外で砂を落とし、室内の砂落とし場で浴衣を脱ぎシャワーで体の砂を洗い流す。大浴場で汗を流して湯船に浸かろう。

❻ 湯上がりのお楽しみ

砂むし後は水分補給を。渇いた喉は地サイダー「指宿温泉サイダー」で、肌は温泉化粧水「いぶすきの秘密」で潤して。

砂むし温泉のQ&A

Q どんな効能がある?

A 50～55℃の熱い温度により血管が拡張し、さらに砂の圧力で心拍数が上がるため、血流量がアップ。血液の循環が良くなることで、体中に溜まった老廃物の排出、酸素の供給が促される。その効果はなんと通常の温泉入浴の3～4倍というデータもあり、心身ともにリフレッシュできそう。

Q 砂むしの仕組みは?

A 摺ヶ浜の西側の山には90℃を超える源泉が多数ある。その高温の温泉が海に向かって流れ、海岸で湧き出して砂浜を加熱。この砂の中に体を埋めて温めるという仕組みだ。地下には海水も流入しているが、温泉と海水がぶつかるところに境界ができているため、温泉は海岸より先には流れず、砂浜に湧出すると考えられる。

Q どこで体験できる?

A 砂むし温泉は、天然と人工の2種類ある。人工的に再現した砂むしが多いが、P.81の2軒では自然湧出の温泉を利用した天然の砂むしが楽しめる。指宿白水館(P.84)など砂むし体験ができるホテルもある。

Q こんな人は入浴注意

A 高血圧や心疾患、発熱や炎症のある人、妊娠中や生理中の女性などは入浴を控えること。湯あたりや低温やけどの恐れもあるので、熱い場合は我慢せず係員に伝えよう。

山川砂むし温泉 砂湯里
やまがわすなむしおんせん さゆり

MAP 付録P.15 E-4

絶景を見ながら
伏目海岸で砂むし
ふしめ

伏目温泉を利用した天然の砂むし場。大隅半島、東シナ海、開聞岳を一望する伏目海岸で砂むし体験ができる。2025年3月頃まで休館。

☎0993-35-2669
所鹿児島県指宿市山川福元3292
営9:00～17:30　休無休
料830円(浴衣レンタル代含む)　交JR指宿駅から鹿児島交通バス・池田湖行きで26分、たまて箱温泉下車、徒歩5分　Pあり

◆素朴な雰囲気の砂浜でのんびり癒やされる

「薩摩富士」の山容を眺め半島の突端を一周する

開聞岳&池田湖
かいもんだけ　いけだこ

一年を通して花々が咲き誇る薩摩半島の南端。九州最大のカルデラ湖である池田湖周辺や薩摩富士と呼ばれる開聞岳の麓を旅する。

↑12月下旬〜2月中旬は菜の花が咲き、美しい池田湖。湖の向こうに見える開聞岳も美しい

1 知林ヶ島
ちりんがしま

MAP 付録 P.15 F-2

歩いて渡れる神秘的な島

錦江湾に浮かぶ周囲約3kmの無人島。3〜10月にかけて、大潮や中潮の干潮時に長さ約800mの砂の道が出現し、島に歩いて渡ることができる。渡島できる時間を事前に確認して出かけたい。

☎0993-22-2111
(指宿市観光課)
所鹿児島県指宿市西方
開休料見学自由
交JR指宿駅から鹿児島交通バス・知林ヶ島入口行きで10分、終点下車、徒歩5分(入口まで)
Pあり

↩縁結びの島として知られ、家族連れやカップルに人気のスポット

2 今和泉島津家別邸跡
いまいずみしまづけべっていあと

MAP 付録 P.15 E-1

古い石垣や松林に往時を偲ぶ

今和泉島津家初代の島津忠郷が建てた別邸跡。現在は今和泉小学校となっており、校庭には篤姫も使ったといわれる手水鉢や井戸跡がある。海側には当時の石垣の一部や松林が残る。

☎0993-22-3252
(指宿市観光協会)
所鹿児島県指宿市岩本
開休料見学自由
交JR薩摩今和泉駅から徒歩6分
Pあり

↑隼人松原と呼ばれる海沿いの松並木

↩建物は残っておらず、石垣がかつての名残をとどめる

指宿●歩く・観る

ドライブ途中のランチはココ

黒豚と郷土料理 青葉
くろぶたときょうどりょうり あおば

MAP 付録 P.14 A-4

指宿産の六白黒豚や指宿の温泉で作る温泉玉子など、地のものをふんだんに使ったご当地グルメの温たまらん丼が人気。水飴を使った濃厚なタレがご飯に合う。

☎0993-22-3356
所鹿児島県指宿市湊1-2-11
営11:00〜15:00(LO14:30)、17:30〜22:00(LO21:00)
休水曜 交JR指宿駅から徒歩1分 Pあり

↩温たまらん丼920円。青物野菜は季節によって変わる

長寿庵 開聞店
ちょうじゅあん かいもんてん

MAP 付録 P.14 C-3

唐船峡公園内にあるそうめん流し。特注のそうめんと甘みが強くカツオ節の風味が際立つつゆがおいしいと評判。鱒寿司や鯉の活け造り付きの定食もおすすめ。

☎0993-32-3155
所鹿児島県指宿市開聞仙田77 営10〜6月10:00〜15:30(LO)7〜9月は〜21:00(LO19:30)
休1月中旬〜2月 交JR開聞駅から車で5分 Pあり

↩鯉のあらい、鱒の塩焼きが付く特上そうめん定食1900円

くり屋食堂旅館
くりやしょくどうりょかん

MAP 付録 P.15 E-3

人気のかつおのたたきは、大量の玉ネギと少し甘めで酸味のあるオリジナルのタレがおいしさのポイント。さっぱりと食べられて酒の肴にもぴったり。

☎0993-34-0214
所鹿児島県指宿市山川成川7350 営11:00〜14:00、17:00〜20:00
休不定休 交JR山川駅から徒歩2分
Pあり

↩かつおのたたき単品780円、定食にすると1000円

↑海越しの開聞岳と灯台が美しい。付近にはウミガメの上陸産卵地がある

↑豊玉姫(乙姫様)を祀った龍宮神社も

3 長崎鼻
ながさきばな

MAP 付録P.15 D-4

浦島太郎伝説が残る岬

薩摩半島の最南端に突き出た岬。開聞岳を望む景勝地で、晴れた日は屋久島も見渡せる。浦島太郎が竜宮へ旅立った岬との言い伝えがあり、別名「竜宮鼻」。

☎0993-22-2111(指宿市観光課) 所鹿児島県指宿市山川岡児ヶ水長崎鼻 営休料見学自由 交JR指宿駅から鹿児島交通バス・池田湖行きで40分、長崎鼻下車、灯台まで徒歩7分 Pあり

4 ヘルシーランド露天風呂 たまて箱温泉
ヘルシーランドろてんぶろたまてばこおんせん

MAP 付録P.15 E-4

海と一体になれる絶景の露天風呂

開聞岳を一望できる和風露天風呂と、奇岩や竹山が眺められる洋風露天風呂がある。2025年頃から休館の予定。

☎0993-35-3577 所鹿児島県指宿市山川福元3292 営9:30〜19:00(最終受付) 休木曜(祝日の場合は翌日) 料510円 交JR指宿駅から鹿児島交通バス・池田湖行きで26分、たまて箱温泉下車すぐ Pあり

↑広大な日帰り温泉施設

↑湯船に浸かっていると、まるで海に浮かんでいるような感覚に。大海原と開聞岳の絶景に心奪われる

移動時間◆約1時間45分

おすすめドライブルート

レンタカー店は指宿駅周辺にある。県道28号の池田湖沿いや西大山駅周辺は菜の花スポットで、ドライブに最適。12月下旬〜2月中旬の開花時期を狙って出かけたい。知林ヶ島は干潮時にしか島に渡れないので、事前に干潮の時間を調べてから訪れたい。

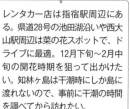

| JR指宿駅 |
| ジェイアールいぶすきえき |

⬇ 県道240・238号
4.4km/10分

| 1 知林ヶ島 |
| ちりんがしま |

⬇ 県道238号、国道226号
8km/15分

| 2 今和泉島津家別邸跡 |
| いまいずみしまづけべっていあと |

⬇ 県道28号、国道226号、県道242・243号 23km/35分

| 3 長崎鼻 |
| ながさきばな |

⬇ 県道243・242号
7.5km/10分

| 4 ヘルシーランド露天風呂 たまて箱温泉 |
| ヘルシーランドろてんぶろ たまてばこおんせん |

⬇ 国道269・226号
9.5km/20分

| JR指宿駅 |
| ジェイアールいぶすきえき |

開聞岳&池田湖

地図

南九州市
鹿児島市
鹿児島市街
薩摩今和泉駅
指宿スカイライン
2 今和泉島津家別邸跡
↑JR日本最南端の駅である西大山駅。ホームから開聞岳を望む絶景ポイント

池田湖パラダイス S
大野岳
宮ヶ浜駅
指宿市
烏帽子岳
清見岳
指宿枕崎線
魚見岳
湯山運動公園
知林ヶ島 1
釜蓋神社(射楯兵主神社)
池田湖
二月田駅
START&GOAL 指宿駅
鹿児島湾(錦江湾)
黒豚と郷土料理 青葉 R
長寿庵開聞店 R
P.81 砂むし会館 砂楽
鷲尾池
矢筈岳
鰻池
頴娃街道
くり屋食堂旅館 R
頴娃駅
東開聞駅
薩摩川尻駅
大山駅
山川駅
4 ヘルシーランド露天風呂 たまて箱温泉
入野駅
かいもん山麓ふれあい公園
開聞駅
西大山駅
山川砂むし温泉 砂湯里 P.81
開聞岳 ▲
開聞温泉
3 長崎鼻

0 ____ 2km
N

指宿から足を延ばして

釜蓋神社(射楯兵主神社)
かまふたじんじゃ(いたてつわものぬしじんじゃ)

MAP 付録P.14 A-2

釜のふたで願掛けを

武の神様を祀る神社。釜のふたを頭にのせ、鳥居から拝殿まで落とさずに参拝できれば願いが叶うという。

↑頭に釜のふたをのせるユニークな参拝方法

☎0993-38-2127(釜蓋神社管理運営委員会) 所鹿児島県南九州市頴娃町別府6827 営休料参拝自由 交JR指宿駅から車で45分 Pあり

↑岩礁が突き出た場所に鎮座。パワースポットとして注目される

↑1000坪の広さを誇る指宿白水館の元禄風呂。趣向を凝らした風呂が並ぶ

名湯と山海の美味に喜ぶ幸せなひととき
心が満たされる指宿の温泉宿

源泉の数は800以上、湧出量は1日約12万tを誇り、どこを掘っても温泉が湧くといわれる指宿。
豪華な大型旅館から隠れ家風、料理自慢の宿まで、それぞれに魅力ある温泉宿が充実している。

江戸時代の情緒を再現した
元禄風呂で湯めぐりを

指宿白水館
いぶすきはくすいかん

MAP 付録P.14 B-2

錦江湾に面した5万坪の土地に、多彩な施設を備えた大型旅館。日本の風呂の歴史を再現した元禄風呂が人気で、浮世絵を壁一面に施した浮世風呂、江戸石榴風呂、樽風呂といったユニークな風呂が揃う。敷地内には、薩摩焼などを展示する薩摩伝承館も併設。

☎0993-22-3131
所鹿児島県指宿市東方12126-12
交JR指宿駅から鹿児島交通バス・エコキャンプ場行きで5分、潟山下車、徒歩5分／JR指宿駅から送迎バスあり(15:10)
Pあり in15:00 out10:00 室195室
予約1泊2食付1万9800円〜(別途入湯税)

温泉 DATA

風呂数	露天風呂:2、内湯:2、砂むし温泉:1
泉質	塩化物泉(低張性・中性・高温泉)

1. 松やビロウヤシが茂る広大な日本庭園
2. 和の伝統を基調とした落ち着きのある客室
3. 季節の味覚が楽しめる月替わりの会席料理(写真は一例)
4. 指宿名物の砂むし温泉で体の芯から温まる
5. 平等院鳳凰堂をイメージした薩摩伝承館

眼前に大パノラマが広がる
開放感抜群の展望大浴場

こらんの湯 錦江楼
こらんのゆ きんこうろう

MAP 付録P.15 E-2

桜島と錦江湾を望む最高のロケーション。源泉から直接引き込んだかけ流しの湯は、肌がツルツルになる美人の湯として名高い。雄大な風景を見渡す展望大浴場のほか、ブーゲンビリアの花に囲まれた南国らしい露天風呂もある。

☎0993-22-3377
鹿児島県指宿市西方4507／JR宮ヶ浜駅から徒歩9分／JR宮ヶ浜駅から送迎あり（要予約）Pあり in15:00 out10:00 33室 予約1泊2食付1万7600円〜

温泉 DATA

風呂数 露天風呂:1、内湯:1、貸切風呂:2　泉質 ナトリウム-塩化物泉（低張性・中性・高温泉）

日帰りプラン

●日帰り入浴 600円
15:00（土・日曜13:00）〜
21:00（受付は〜20:00）

1.薩摩和会席には、地産の食材が盛りだくさん　2.錦江湾越しに桜島を望む展望大浴場　3.屋外の緑と調和したラウンジは和モダンの雰囲気　4.2019年にリニューアルされたシャワーブース付き和室

温泉水プールを備えた
静かな里山のリゾート

温泉水プール&
夫婦露天風呂の離れ宿
悠離庵
おんせんすいプール&ふうふろてんぶろのはなれやど ゆりあん

MAP 付録P.15 E-3

市街地から離れた里山に、16棟の離れが建つ。それぞれ趣の異なる庭と露天風呂付きで、そのうち13棟には温泉水を利用したプライベートプールが備わる。のどかな山里の風情と開放感あふれるリゾートの雰囲気を満喫することができる。

☎0993-22-2217
（ふじリゾート予約センター）
鹿児島県指宿市十二町6771-6
JR指宿駅から車で13分 Pあり
in14:00 in11:00 16室
予約1泊2食付3万5800円〜

温泉 DATA

風呂数 客室露天風呂が全室にあり
泉質 ナトリウム-塩化物泉

1.鹿児島の山海の恵みを堪能できる彩り豊かな創作和食　2.一棟ごとに異なる露天風呂。緑に囲まれてくつろぐことができる　3.開放的な造りの離れタイプ（一例）。錦江湾を望む部屋もある　4.贅を極めた客室「薩摩ヴィララグジュアリー」（一例）

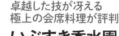

卓越した技が冴える
極上の会席料理が評判

いぶすき秀水園
いぶすきしゅうすいえん

MAP 付録P.14 A-4

「プロが選ぶ日本のホテル・旅館100選」料理部門で39年連続1位を獲得。腕利きの料理人が織りなす滋味豊かな会席料理が話題を集める。良質な温泉も魅力で、大浴場や露天風呂のほか、専用リビング付きの貸切風呂も完備。

☎0993-23-4141
鹿児島県指宿市湯の浜5-27-27
JR指宿駅から鹿児島交通バス・池田湖行きで4分、砂むし会館前下車、徒歩3分／JR指宿駅から送迎バスあり（要予約、定時便、時間は要問い合わせ）Pあり in14:00 out10:30 46室 予約1泊2食付2万5300円〜

温泉 DATA

風呂数 露天風呂:1、内湯:1、貸切風呂:2　泉質 ナトリウム塩化物泉

1.吟味した食材を惜しみなく使った料理の数々　2.あわび素味噌焼き（冬期は柿釜ふろふき焼き）　3.源泉かけ流しの豊富な湯があふれる大浴場　4.枯山水の庭園を望む広々とした純和風の客室

心が満たされる指宿の温泉宿

85

薩摩の小京都で往時を偲ぶ

知覧
ちらん

歴史が薫る武家屋敷や庭園が見られ、
高級茶の生産地としても名高い街は、
特攻基地が置かれた歴史も今に伝える。

西郷恵一郎邸庭園
さいごうけいいちろうていていえん

高い峰と遠くの連山を表現

庭の南東部に枯滝の石組みを設け
て高い峰とし、刈り込まれたイヌマ
キは連山を表現している。石とサツ
キの組み合わせも巧み。

MAP 付録P.16 B-2

↑別名「鶴亀の庭園」とも呼ばれている

↑門をくぐると
石壁があり、奥
が見えない構造

江戸の風情漂う名勝庭園を鑑賞する

知覧の武家屋敷群を訪ねる

CHIRAN STAMP

母ヶ岳の優美な姿を背景として、約270年前の武家屋敷が連なる知覧。
趣向を凝らした日本庭園を巡りながら、「薩摩の小京都」を探訪する。

江戸時代の美意識を感じさせる
それぞれに趣深い7つの庭園

　薩摩藩の外城制度により築かれた武家集
落。通り沿いに武家屋敷が立ち並び、国の重
要伝統的建造物群保存地区に選定されてい
る。7つの庭園は国の名勝に指定され、庭園
のうち1つは池泉式、ほかはすべて枯山水式。

知覧武家屋敷群共通データ

☎ 0993-58-7878(知覧武家屋敷庭園事務所)
MAP 付録P.16 B-2
所 鹿児島県南九州市
知覧町郡13731-1
時 9:00～17:00　休 無休
料 7庭園共通拝観券(料金
所で支払い)530円、無料
の園内ガイドもあり(1週間
前までに要予約)
交 武家屋敷入口行バス停か
ら徒歩1分　P あり

↑緑の生垣や石垣が美しい
景観を織りなす

平山克己邸庭園
ひらやまかつみていていえん

母ヶ岳を借景とした名園

母ヶ岳を取り入れた借景園。北側の
石組みで主峰を、イヌマキの生垣で
母ヶ岳の分脈を表している。調和と
表現に優れた庭として名高い。

MAP 付録P.16 B-2

↑大海原に浮かぶ島と緑の大陸を思わせる

↑母ヶ岳を借景とし、極端に簡素化され
た庭園

平山亮一邸庭園
ひらやまりょういちていていえん

大刈り込み一式の簡素な庭園

石組みがひとつもない大刈り込み
一式の庭園。イヌマキによる延々
たる遠山、サツキの大刈り込みに
よる築山が、シンプルな美しさを
見せる。

MAP 付録P.16 B-2

知覧●歩く・観る

86

佐多美舟邸庭園
さたみふねていていえん

広く豪華で力強い造りが見事

知覧庭園のなかで最も広く豪華。枯滝を造り、築山の上部に石灯、下部の平地には巨岩の石組みを配する。

MAP 付録P.16 B-1

↑迫力ある巨岩と植木の緑が美しく調和

お役立ちinformation

街の歩き方
知覧武家屋敷群までは、武家屋敷入口バス停からアクセス。車の場合、南薩縦貫道・知覧金山水車ICから街に入ると、道路沿いに観光用駐車場がいくつかある。知覧特攻平和会館までは2.5kmほどある。

観光案内インフォメーション
●南九州市観光協会 MAP 付録P.4 B-3
☎0993-58-7577 所鹿児島県南九州市知覧町郡17880 知覧文化会館内 閉9:00～16:00
休無休 交特攻観音入口バス停から徒歩3分

西郷恵一郎邸庭園　佐多美舟邸庭園　佐多直忠邸庭園　髙城庵　森重堅邸庭園　平山克己邸庭園　平山亮一邸庭園　佐多民子邸庭園

佐多直忠邸庭園
さたなおただていていえん

3.5mの立石が印象的

母ヶ岳を望む庭に築山を設け、中心部に3.5mの立石を配置。枯滝に見立てた石組みと、絶妙の趣を呈している。

MAP 付録P.16 B-2

↑高い技術を生かした石組み

佐多民子邸庭園
さたたみこていていえん

深山幽谷の風景を見る

巨石奇岩を積み重ねて深山幽谷の世界を映し出した庭。仙人が岩の上から手招きしているような情景が浮かぶ。

MAP 付録P.16 B-2

↑一幅の水墨画を思わせる

森重堅邸庭園
もりしげみつていていえん

知覧庭園で唯一の池泉式

曲線に富んだ優雅な池に奇岩怪石を配置して、近景の山や半島を表現。対岸の穴石は洞窟を表している。

MAP 付録P.16 C-1

↑寛保元年(1741)に建てられた重厚な土蔵が残る
↑庭の裏手から湧き出す清らかな水を引き込んだ池泉式の庭園

武家屋敷でお昼ごはん

庭を眺めてホッとひと息

髙城庵 たきあん
MAP 付録P.16 C-1

知覧武家屋敷群のなかにあり、築85年を超える屋敷を開放した食事処。酒すしやさつま揚げ、鳥刺しなど、地元食材を使った郷土料理を味わえる。

☎0993-83-3186
所鹿児島県南九州市知覧町郡6329
営11:00～15:00
(LO14:30)
休不定休
交武家屋敷入口バス停から徒歩3分
Pあり

↑昭和5年(1930)に建てられた屋敷。家主の髙城さん一家が営む

↑2つの膳に10品の料理が並ぶ髙城庵セット2500円

かつての特攻基地
知覧で平和を祈る

人類史上類を見ない特攻作戦により、
空に散った若者たちの歴史を語り継ぐ。

↑世界で唯一現存する陸軍四式戦闘機「疾風」

知覧特攻平和会館
ちらんとっこうへいわかいかん

MAP 付録 P.4 B-3

特攻隊員の遺書や手紙など
貴重な資料を数多く展示する

↑周辺は平和公園になっている

第二次世界大戦末期の沖縄戦で、爆装した飛行機もろとも敵艦に体当たりした陸軍特別攻撃隊。本土防衛の最前線だった知覧基地からは、陸軍特攻戦死者1036名のうち、439名が出撃した。そんな史実を正しく伝えるべく、隊員たちの遺影や遺品、実際に使われた戦闘機などを展示。戦争の悲惨さと平和の尊さを後世に訴え続けている。

☎0993-83-2525 ㊟鹿児島県南九州市知覧町郡17881 ㈱9:00〜17:00（入館は〜16:30）㉁無休 ㊖500円、ミュージアム知覧との共通券600円 ㊙武家屋敷入口バス停から鹿児島交通バス・知覧・特攻観音入口行きで7分、特攻観音入口下車、徒歩5分／知覧武家屋敷群から車で5分 Ｐあり

生々しい戦争の痕跡を見つめ、恒久平和への願いを新たにする

遺品室
いひんしつ

陸軍沖縄特攻作戦で亡くなった隊員1036名の遺影を、出撃戦死した順に掲示。隊員が家族や友人に宛てた遺書や手紙、隊員と交流のあった人々の証言映像なども紹介。

零戦展示室
ぜろせんてんじしつ

海底から引き揚げられた海軍の零式艦上戦闘機を展示。無残な姿ながら往時の面影をとどめる。

知覧特攻平和会館周辺の戦争遺産を訪ねる

知覧特攻平和会館がある知覧平和公園は、桜の並木道が美しい市民の憩いの広場。観音堂や復元された戦闘機など平和のことを考えさせてくれる戦跡があるので、立ち寄ってみたい。

特攻勇士の像 とっこうゆうしのぞう
特攻隊員の姿を偲ばせる像「とこしえに」。近くには、母の像「やすらかに」が向かい合うように立つ。

飛行場の門柱 ひこうじょうのもんちゅう
特攻基地となった知覧飛行場の門柱。戦後、旧知覧中学校の正門として使われたのち、現在の場所に移設。

知覧特攻平和観音堂
ちらんとっこうへいわかんのんどう

特攻隊員の魂を祀り、観音像を安置。毎年5月3日に慰霊祭を行っている。

武家屋敷周辺の平和スポット

ホタル館富屋食堂
ホタルかんとみやしょくどう

MAP 付録 P.16A-2

☎0993-58-7566 ㊟鹿児島県南九州市知覧町郡103-1 ㈱10:00〜17:00 ㉁無休 ㊖500円 ㊙中郡バス停から徒歩4分 Ｐあり

特攻の母と慕われたトメさんの食堂を再現

特攻隊員から母のように慕われていた鳥浜トメさんの食堂を当時の場所に復元。資料館として隊員の遺品や写真などを展示している。

◉特攻隊員とトメさんとの温かい交流がうかがえる

知覧●歩く・観る

激しい特攻作戦の拠点となった本土最南端の鹿児島

太平洋戦争と特攻隊

太平洋戦争末期、日本軍は爆弾を搭載した飛行機もろとも敵艦に突っ込む特攻作戦を決行。
多くの特攻機が飛び立った鹿児島は米軍の集中攻撃を受け、街はことごとく焼き尽くされた。

沖縄戦における激烈な特攻作戦

　日本の戦況が悪化の一途をたどっていた太平洋戦争末期の昭和20年（1945）3月。本土防衛の最前線と位置付けられていた沖縄で地上戦が始まると、日本軍は特別攻撃隊による特攻作戦を開始した。それは、沖縄海域に群がる米軍艦艇めがけて、爆弾を積んだ飛行機もろとも体当たりするという壮絶なものであった。

　陸軍の知覧や万世、海軍の鹿屋など、九州各地に置かれた特攻基地のほか、日本統治下の台湾からも特攻機が出撃。特に本土最南端の鹿児島県には多数の基地があり、知覧からは439名が飛び立った。その数は沖縄戦における陸軍特攻隊死者1036名の半数近くに及び、彼らの多くは学徒出陣の若者や少年兵であった。

焼け野原から始まった鹿児島の戦後

　本土決戦の要地として米軍に狙われ、計8回の空襲を受けた鹿児島市。特に昭和20年（1945）6月17日の大空襲では、推定13万個の焼夷弾が落とされ、一面が焦土と化した。そんな状況に追い打ちをかけたのは、終戦直後の9月に日本を襲った枕崎台風。10月の阿久根台風の被害も重なり、鹿児島は極度の困難に直面した。さらに、北緯30度以南が米軍統治下に置かれ、奄美やトカラ列島は、沖縄とともに日本から分断される。しかし、軍事的に重要とはみなされなかったため、昭和27年（1952）にトカラ列島、翌年に奄美群島が本土に復帰。これらの地に、ようやく本当の終戦が訪れた。

⬆平成19年（2007）公開の映画『僕は、君のためにこそ死ににいく』の撮影のため、実寸大で復元された一式戦闘機「隼」

鹿児島 歴史年表

西暦	元号		事項
1889	明治	22	鹿児島市の誕生
1914	大正	3	桜島の大噴火、溶岩が海に流れ込み大隅半島と陸続きに
1936	昭和	11	鹿児島海軍航空隊飛行場の完成
1937		12	日中戦争開戦
1939		14	鹿児島県傷痍軍人職業補導所が竣工
1941		16	4〜12月日米交渉 12月太平洋戦争を開始 知覧陸軍飛行場の完成
1944		19	沖縄本土疎開船の第一陣が上陸、疎開学童を乗せた対馬丸が沈没
1945		20	3月陸軍による航空特攻作戦開始 3〜8月鹿児島大空襲 5月同盟国のドイツが降伏 8月ポツダム宣言受諾、日本敗戦 9月鹿屋飛行場に連合軍が到着 　　枕崎台風
1946		21	南西諸島をアメリカ軍政府が占領統治
1947		22	六三制義務教育課程を整備、知事公選で重成格が戦後の県政を担当
1948		23	新制高等学校が発足、農地改革開始
1949		24	国立鹿児島大学と県立鹿児島大学が誕生
1951		26	奄美大島日本復帰協議会が結成される
1952		27	トカラ列島の日本復帰
1953		28	奄美群島の日本復帰
1955		30	特攻平和観音を知覧に建造

特攻基地

小月
蓆田
大刀洗　菊池
健軍　新田原
万世　都城東・西
知覧　鹿屋

昭和20年（1945）4月に沖縄本島へ上陸した米軍への航空特攻作戦は九州、台湾から出撃

喜界島
徳之島
沖縄
慶良間列島

桃園　八塊
竜潭　宜蘭
台中　花蓮港
　　　石垣
宮古

昭和20年（1945）3月に鹿良間列島へ上陸した米軍への航空特攻作戦は沖縄本島、石垣、宮古から出撃

89

大隅半島ドライブ

フェリーで行く、南に潜む自然の風景
本土最南端の半島

鹿児島県の東部に延びる半島は、亜熱帯植物が茂る南国らしいエリア。
息をのむ絶景を眺めつつ、目指すは本土最南端の佐多岬。
美しい滝や渓谷に立ち寄りながら、豊かな自然に癒やされたい。

1 佐多岬
さたみさき
MAP 付録P.4 C-4

本土最南端の岬から絶景を一望

北緯31度線に位置する本土最南端の岬。
周辺一帯が公園として整備され、駐車場
から岬までは亜熱帯植物が生い茂る遊歩
道が続く。途中には、縁結びの御利益で
知られる御崎神社がある。

☎0994-27-3151(佐多岬観光案内所) 所鹿児
島県南大隅町佐多馬籠 開8:00〜日没(観光案
内所9:00〜17:00) 休無休 料無料 交垂水港
から車で1時間40分 Pあり

↑天気の良い日は、水平線の彼方に種子島などの島々が
見える

2 雄川の滝
おがわのたき
MAP 付録P.4 C-4

癒やしの空気に包まれた場所

雄川上流にある落差約46m、幅約60
mの滝。複雑な岩の造形やエメラルド
グリーンの滝壺が美しい。約1.2kmの
遊歩道が整備され、渓流の音を聞きな
がらトレッキングが楽しめる。

☎0994-24-3115(南大隅町企画観光課)
所鹿児島県南大隅町根占 開休見学自由(雨天時・夜間は立入禁止の
場合あり) 交垂水港から車で1時間 Pあり

↑エメラルドグリーンの滝壺に
白糸のような滝が流れ落ちる

3 菅原神社(荒平天神)
すがわらじんじゃ(あらひらてんじん)
MAP 付録P.4 C-3 ➡P.26

砂浜に立つ朱塗りの鳥居

鉄道がないので車でしか見ること
のできない絶景が楽しめる。約
120kmを走破し、フェリー2便に乗
る体力の要るコースだが、錦江湾
の見える海沿いの道も多く、気持
ちよい。フェリーは車ごと乗車可
能。余裕があれば桜島を通って帰
るのもよい。

山川港
やまがわこう

↓ フェリーなんきゅう/50分
運賃800円、自動車運賃2600円
〜(運転手料金含む)、1日4〜5便

根占港
ねじめこう

↓ 国道269号、県道68・566号
36km/50分

1 佐多岬
さたみさき

↓ 県道566・68号、国道269号、
県道562号42km/1時間

2 雄川の滝
おがわのたき

↓ 国道448・269号
26km/35分

↑神川大滝公園には7つの滝が点在

3 菅原神社(荒平天神)
すがわらじんじゃ(あらひらてんじん)

↓ 県道68号、国道220号
17km/25分

垂水港
たるみずこう

↓ 鴨池・垂水フェリー/40分
運賃500円、自動車運賃1400円〜
(運転手料金含む)/1時間1〜2便

↑桜島を望む船の旅を楽しみたい

↑船内では名物の
南海うどんも忘れずに

鴨池港
かもいけこう

地図内の表記:
鹿児島市 / 御岳(北岳) / 鹿児島中央駅 / 桜島 P.25/P.46 / 垂水フェリー / 大隅半島 / GOAL 鴨池港 / 高峠高原 / 大隅湖 / 垂水港 / 垂水市 / 高隈山 / 鹿児島湾(錦江湾) / 知覧 / 菅原神社(荒平天神) 3 / 鹿屋市 / 薩摩半島 / 指宿枕崎線 / 宮ヶ浜駅 / 指宿市 / 錦江町 / 山川港 START / 神川大滝公園・神川 / 指宿駅 / 池田湖 / 西大山駅 / 山川駅 / 根占港 / 開聞岳 / 道の駅根占 / 長崎鼻 P.83 / 立目崎 / 南大隅町 / 赤瀬崎 / 早崎 / 2 雄川の滝 / 佐多岬 1

高千穂

山奥に残る、
日本のふるさと。
神々しい風景に
出会う旅

「天孫降臨」の地とされる高千穂には、
歴史の、大自然の息吹が感じられる。
神話の世界にふれられる古社が点在し、
旅行者が気軽に見学できる神楽（かぐら）もある。
高千穂峡の壮大な絶景は神秘的だ。
日向灘に出て、日向のお伊勢さまや、
迫力のある海岸地形を巡るのも一興。

旅のきほん

エリアと観光のポイント
高千穂はこんなところです

天の神々が降り立ち、今に続く天皇家の故郷ともいわれる街・高千穂。
拠点となる延岡、日向は明るい海に断崖が切り立つ不思議な地形が見られる。

高千穂

天孫が降りたという神話の里
高千穂 ➡P.94
たかちほ

五ヶ瀬川が流れる高千穂峡を中心に、
自然豊かで、この地特有の風景が見ら
れる。古い神社や神話の舞台など
パワースポットが多いのも魅力。

| 観光の
ポイント | 高千穂峡 P.22／P.94
天安河原 P.98 |

↑高千穂あまてらす鉄道 グランド・スーパーカート
（P.106）。高千穂鉄橋からの絶景はまさに圧巻

↑水と緑に恵まれた高千穂の田園風景

高千穂町
八ヶ瀬川
高千穂
高千穂バスセンター
高千穂峡
阿蘇
比叡山▲
諸塚山▲
日之影町
飯干峠
諸塚村
速日の峰

自然と産業に恵まれた旧城下町
延岡 ➡P.108
のべおか

江戸時代は城下町として、明治期以
降は工業都市として繁栄。豊かな山々
と海にも恵まれ、街の中心部にある
愛宕山からの眺望が美しい。

| 観光の
ポイント | 愛宕山展望台 P.108 |

↑愛宕山からの展望は夜景も素敵

陽光の強さが印象的
日向 ➡P.108
ひゅうが

岩の岸壁と明るい海の色がコントラス
トをなす海沿いの街。文化の豊かなエ
リアで、古い街並みや新進気鋭のワ
イナリーなど見どころも多い。

| 観光の
ポイント | 願いが叶うクルスの海 P.25
大御神社 P.108 |

↑火山の噴火により生まれた絶景に注目

ガイドやツアーで巡る高千穂

●高千穂観光ガイド 基本コース
現地ガイドの案内で高千穂神社など主
要な観光ポイントを巡る。ガイドが同
行する。所要は約3時間。
☎0982-73-1800
（高千穂町観光協会旅行センター）
圖通年（1週間前までに要予約）
料6000円〜（参加人数により異なる）

●雲だめしご来光ツアー
絶景と名高い国見ヶ丘の雲海を見るツ
アー。運が良ければ見事なご来光を眺
められる。町内の宿泊施設まで送迎し
てくれる。
☎0982-73-1800
（高千穂町観光協会旅行センター）
圖通年（3日前までに要予約）
料3500円〜、3歳以下無料

観光案内を入手する

- 高千穂町観光協会 MAP 付録 P.16 C-4
  ☎0982-73-1213
  URL takachiho-kanko.info
- 延岡観光協会 MAP 付録 P.21 F-1
  ☎0982-29-2155 URL nobekan.jp
- 日向市観光協会 MAP 付録 P.21 F-3
  ☎0982-55-0235 URL www.hyuga.or.jp

↑高千穂峡(P.94)沿いには遊歩道が整備されている

大分県

宮崎県

延岡市

門川町

日向市

都農町

交通information

高千穂へのアクセス

アクセスはバスか車のみ。阿蘇方面から車移動の場合、国道325号を利用する。直通の特急バスは熊本(1日1便)・宮崎(2023年12月現在運休中)・福岡(1日4便)から出ている。延岡からは高速バスのほか路線バスが出ている(1日12〜15便)。※運行状況はHPで要確認

主要エリア間の交通

鉄道・バス

```
JR熊本駅          阿蘇くまもと空港
  │                  │
産交バス・宮崎交    産交バス・宮崎交
通バス「たかちほ    通バス「たかちほ
号」で約3時間10    号」で約2時間10
分                  分
  │                  │
      高千穂バスセンター
          │
宮崎交通の高速      産交バス・宮崎交
バスで約2時間50    通バス「たかちほ
分 ※2023年12月    号」で約1時間／
現在運休中          宮崎交通バスで
                    約1時間20分
          │
        JR延岡駅
          │
   JR特急にちりんなどで約20分
   (日豊本線で約30分)
          │
        JR日向市駅
          │
   JR特急にちりんなどで約50分
   (日豊本線で約1時間10分)
          │
        JR宮崎駅
          │
   JR特急きりしまで約2時間10分
          │
     JR鹿児島中央駅
```

JR特急にちりん

車

```
JR熊本駅          阿蘇くまもと空港
県道36号、九州自動車   県道206・28号、
道、九州中央自動車道、  国道265・325号
国道218号経由約80km    経由約64km
          │
      高千穂バスセンター
          │
国道218号、県道241号、
九州中央自動車道、国道218号
経由約47km
          │
        JR延岡駅
          │
   国道10号経由約21km
          │
        JR日向市駅
          │
国道10号、東九州自動車道、
県道226号経由約75km
          │
        JR宮崎駅
          │
九州自動車道、         九州自動車道、
九州中央自動車道、     宮崎自動車道
国道218号経由          経由約160km
約233km
          │
     JR鹿児島中央駅
```

日向からひと足延ばして

江戸期に栄えた交易の街

美々津
みみつ

江戸〜明治に造られた白壁土蔵の商家が軒を連ねる重要伝統的建造物群保存地区。室町時代には日明貿易の、江戸時代には関西との商いを結ぶ廻船の拠点として栄えた。

MAP 付録 P.21 E-4
☎0982-55-0235(日向市観光協会)
所 宮崎県日向市美々津町中町
交 JR美々津駅から徒歩20分
P あり

↑歴史的な家々と石畳の美しい街並み

地元産ブドウで造るワイン

都農ワイナリー
つのワイナリー

ブドウ作りが盛んな都農町にあるワイナリー。自社栽培をはじめ、地元産のブドウのみを使ったワインを醸造。醸造所見学(要予約)やワインの試飲、購入ができ、ベーカリーも併設されている。

MAP 付録 P.21 E-4
☎0983-25-5501 所 宮崎県都農町川北14609-20 営 9:30〜17:00(ベーカリー10:00〜16:00) 休 無休、ベーカリーは月〜水曜(祝日の場合は翌日) 交 東九州自動車道・都農ICから車で10分 P あり

→丘の上に建つ広々としたワイナリー

高千穂はこんなところです

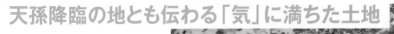

高千穂 (たかちほ)

天孫降臨の地とも伝わる「気」に満ちた土地

天照大御神の孫であり、天皇家の祖先である邇邇芸命が
降り立ったとされる高千穂は日本神話のふるさと。
フォトジェニックな風景とパワースポットの宝庫だ。

御橋から眺める真名井
の滝。ボートに乗って
下からも仰ぎ見たい

神々との距離が今なお近く、
緑と水の景観が美しい山峡の地

　高千穂には今も神々の気配が濃厚
に漂う。神話の舞台が、まるで近し
い時代の史跡といった真実性を帯び
てそこここにあり、荒々しい岩肌の
峡谷や秋の雲海、河原の洞窟といっ
た風景もどこか神秘的で、いきいき
と動きまわる神々の姿が透視できる
気さえする。歴史ある神社も数多く、
人々は古くからの神事を守り続けて
いる。特に11〜2月にかけて奉納され
る夜神楽(P.105)は有名で、旅行者向
けに通年毎夜催される高千穂神楽も
人気がある。

神話の里で感じる
大自然のパワー

高千穂峡 (たかちほきょう)

断崖と澄んだ水が魅せる
圧倒的なスケールの美景に感動

　このエリアでメインの見どころとなる
のが高千穂峡。約12万〜9万年前とい
う太古の昔、阿蘇山噴火によって流出
した火砕流が急激に冷え固まってでき
た柱状節理を五ヶ瀬川が浸食してでき
た谷だ。平均80mという切り立った崖
が約7kmにわたって続き、国の名勝・天
然記念物にも指定されている。

MAP 付録P.16 B-4

☎0982-73-1212(高千穂町企画観光課)
所宮崎県高千穂町三田井御塩井
開料休見学自由
交高千穂バスセンターから車で5分
Pあり(御塩井、あららぎ、大橋の3カ所)

高千穂●歩く・観る

お役立ちinformation

観光情報を得る

● 高千穂町観光協会観光案内所
MAP 付録P.16 C-3
☎0982-72-3031
所宮崎県高千穂町三田井804
営8:30〜17:00　休無休
交高千穂バスセンター内

● 道の駅 高千穂 観光案内所
MAP 付録P.16 B-4
☎なし　所宮崎県高千穂町三田井1296-5　営10:00〜15:00　休火・水曜
交高千穂バスセンターから車で3分

365日楽しめる「高千穂神楽」

夜神楽以外の季節でも高千穂の神楽の一部が楽しめる。Web予約も可能。
☎0982-73-1213(高千穂町観光協会)
所高千穂神社境内
時20:00(受付19:00)〜21:00
料1000円、小学生以下無料
※定員150人

高千穂峡

町内交通information

高千穂は車で巡るのが便利

高千穂内の移動はバスの本数が限られるため、タクシーがおすすめ。
● 宮交タクシー　☎0982-72-2121
▶ 観光タクシー「Aコース」所要3時間
峡谷や神社などの見どころをベテランドライバーと巡る。2日前までに要予約。
料小型タクシー(1〜4名)1万3300円、ジャンボタクシー(1〜9名)2万900円
問い合わせ宮交タクシー
▶ 観光タクシー 高千穂キャブ「2時間コース」
高千穂に精通したドライバーが主要観光スポットを案内する。前日までに要予約。
料小型タクシー(1〜4名)1万4000円、ジャンボタクシー(1〜9名)2万500円
問い合わせ高千穂町観光協会旅行センター
☎0982-73-1800

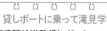

清らかな川沿いの遊歩道を歩く

悠久の美景が続く
高千穂峡を散策

所要 約30分
距離 約1km

峡谷の代名詞である真名井の滝を観賞したら、
五ヶ瀬川の上流に向かってのんびりと自然を散策。
由緒ある池や橋など見どころも随所に見られる。

高千穂●歩く・観る

1 真名井の滝
まないのたき
神話にも登場する名瀑

高千穂峡を代表する名所。
川幅が狭く、岩壁と滝が両
側に迫って神秘的な美しさに
圧倒される。

貸しボートに乗って滝見学

高千穂峡遊覧貸しボート
☎0982-73-1213(高千穂町観光協会)
⬤宮崎県高千穂町三田井御塩井
🕐8:30〜16:30 ※受付終了時間は変
更の場合あり　❀荒天時、増水時
¥30分4100〜5100円(3人まで)
※事前にHPから予約可能

【注目ポイント】
高千穂峡の水源は?

大ケヤキの根元から今もこんこんと湧き
出る天真名井。天孫降臨に際し、天村雲
命(あめのむらくものみこと)が神々の飲
用にと、この地に移したとされる御神水
だ。おのころ池、真名井の滝へと流れる。

天真名井 あまのまない
[MAP] 付録P.17 D-3
🏠宮崎県高千穂町三田井472
🕐休料 見学自由
🚌高千穂バスセンターから徒歩10分

神都高千穂大橋

車で来た人は
駐車場までタク
シーで戻ろう

第3大橋駐車場 Ⓟ
GOAL

高千穂大橋

九州自然歩道

第2
あららぎ
駐車場

神橋

神硯の岩

甌穴

自然の力によっ
てできた円筒
形の穴、ポット
ホールがある

高千穂
三橋

追い詰められた兵士た
ちが槍を突いて川を飛
び越えたことが由来の橋

五ヶ瀬川

---

2 玉垂の滝
たまたれのたき
崖の壁面から湧出する滝

柱状節理と呼ばれる高千穂の
特徴的な地層の隙間から幾筋
もの滝が噴出する。特に雨の
季節は滝の数、水量ともに増
えて迫力満点。

---

3 月形・日形
つきがた・ひがた
須佐之男命、反省の証

弟、須佐之男命の暴挙を
嘆いた天照大御神に対し、
姉を太陽の円に、自身を
三日月に見立て反省の印
を掘った跡とされる。

7 高千穂三橋
たかちほさんばし
趣の異なる橋3本の競演

手前から石橋の「神橋」、鋼製の「高千穂大橋」、最奥がコンクリート製の「神都高千穂大橋」。1つの峡谷に架かる3本の橋を眺める絶好スポットだ。

注目ポイント
柱状節理とは？

火山噴火の際に流れ出た火砕流が冷たい地面や空気に触れて岩となり、さらに常温にまで冷やされる過程で収縮して、四角形、五角形、六角形などの柱状に割れつつ固まったもの。高千穂のほか、福井県の東尋坊など景勝地となっている場所も多い。

6 仙人の屏風岩
せんにんのびょうぶいわ
高さ約70m、岩の屏風

柱状の岩体が連なる柱状節理が屏風のように見える。阿蘇噴火時の溶岩が数万年にわたって浸食された高千穂の特徴的な地層だ。

シーズン中は数時間の待ち時間が発生することも。その場合通常より早く受付終了することもあるので乗船するなら早めに訪れるといい

高千穂峡

③ 月形・日形
② 玉垂の滝
北原白秋歌碑
釣り堀
若山牧水歌碑
千穂の家
元祖流しそうめん
竜神が棲んでいたという伝説が残る
水車小屋
幸せの黄色いポスト
おのころ池 ④
久太郎水神社
七ツヶ池
御橋
ボート乗り場
槍飛橋
鬼八の力石 ⑤
滝見台
① 真名井の滝
第1御塩井駐車場
仙人の屏風岩 ⑥
START
淡水魚
水族館

真名井の滝を眺めることができる

4 おのころ池
おのころいけ
国産み神話の伝説が残る

水源は天真名井。伊邪那岐命、伊邪那美命が結婚し天沼矛から滴り落ちたしずくが池中のおのころ島になったという。

5 鬼八の力石
きはちのちからいし
力自慢の荒神が投げた巨石

高さ3m、推定重量200tといわれる石。鬼八が、御毛沼命を相手に力自慢をしようと投げたという神話が残る。

立ち寄りスポット

千穂の家
元祖流しそうめん
ちのいえ がんそながしそうめん

青竹を2つに割って作った樋から、清水とともに流れてくるそうめん。それをキャッチしながら食べるという興趣たっぷりの流しそうめんの元祖の店。

MAP 付録P.16 B-4

☎0982-72-2115 宮崎県高千穂町三田井御塩井 11:00～15:00〔夏季は延長あり〕 無休 第1御塩井駐車場から徒歩2分 なし

↑流しそうめんの水は玉垂の滝から引く

↑ボート乗り場の対岸にある

河原の石を積みながら願い事
をするとかなうといわれている

天安河原
あまのやすかわら

MAP 付録 P.17 F-1

八百万の神を祀る河原
石を積みつつ願う

天照大御神が天岩戸に隠れ
てしまい、困った神々が相談
のために集ったという河原。
洞窟になっている仰慕窟に
は天安河原宮があり、八百
万の神々が祀られているため
願い事が叶うと信じられ、通
う参拝者が多い。

☎0982-74-8239（天岩戸神社）
所宮崎県高千穂町岩戸西本宮奥
圏休料参拝自由 交高千穂バスセ
ンターから天岩戸神社まで車で15
分、天岩戸神社の西本宮境内前駐車
場から徒歩10分 Pなし

◀河原近くには
清冽な岩戸川が
流れる。自然の
なかを歩き、太
鼓橋を渡ると天
安河原が現れる

神話のエピソードが語り継がれる古社詣り
神秘の力湧くパワースポット

古くから畏敬の念をもって、人々から信仰されてきた、
エネルギーに満ちあふれた神社が集まる。

高千穂では、一年を通して
注連縄を飾る習わしがある。
神社だけではなく、宿や民
家でも見られる

天岩戸神社
あまのいわとじんじゃ

MAP 付録 P.17 F-1

日本で最も有名な神話
天岩戸伝説の舞台

天照大御神を祀る東本宮と、天照
大御神が弟神である須佐之男命の
乱暴な振る舞いを嘆いて籠もった
という洞窟、天岩戸を遥拝する西
本宮がある。

☎0982-74-8239
所宮崎県高千穂町岩戸
1073-1
圏休料参拝自由
交高千穂バスセンター
から車で15分
Pあり

◀東本宮へは西本宮から天岩戸橋を渡っ
て訪れる。ちょうど岩戸川を挟んで両岸
に東本宮と西本宮が建つ

◀神聖な雰囲気の西本宮。
ご神体の天岩戸をお参りす
るには神職の案内が必要

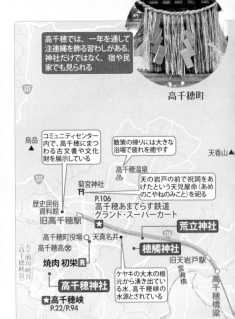

高千穂町

烏岳▲

コミュニティセンター
内で、高千穂にまつ
わる古文書や文化
財を展示している

散策の帰りには大きな
浴場で疲れを癒やす

天香山

高千穂温泉

菊宮神社

天の岩戸の前で祝詞を上
げたという天児屋命（あめ
のこやねのみこと）を祀る

歴史民俗
資料館
旧高千穂駅

P.106
高千穂あまてらす鉄道
グランド・スーパーカート★

荒立神社

高千穂町役場 ◎天真名井

焼肉 初栄R

穂觸神社
旧天岩戸駅

五ヶ瀬川峡谷
（高千穂峡谷）

ケヤキの大木の根
元から湧き出てい
る水。高千穂峡の
水源とされている

雲海橋

高千穂神社

★高千穂峡
P.22/P.94

高千穂橋梁

高千穂神社
たかちほじんじゃ

MAP 付録P.16 B-4

創建は約1900年前 荘厳な杜に鎮座する神社

高天原より降臨した邇邇芸命をはじめとする日向3代とその配偶神を高千穂皇神と称し、祀っている。境内には夫婦杉や樹齢約800年の秩父杉、祈ると悩みが鎮められると伝わる鎮石などがある。

↑カップルなどで手をつなぎ3周すると願いが叶う夫婦杉

☎0982-72-2413
所宮崎県高千穂町三田井1037
開休料参拝自由
交高千穂バスセンターから徒歩13分　Pあり

↑本殿、鉄造狛犬、木造神像は、国の重要文化財

荒立神社
あらたてじんじゃ

MAP 付録P.17 E-3

縁結び、夫婦円満の有名パワースポット

天孫降臨を先導した猿田毘古神と天宇受売命が結婚し、新居を構えた場所と伝わる。荒木を用い、急造で建てたため荒立宮と呼ばれたそう。

☎0982-72-2368
所宮崎県高千穂町三田井宮尾野
開8:30～17:00
休無料　料無料　交高千穂バスセンターから徒歩11分　Pあり

↑お祓いを希望した人のみご神体を拝観させてもらえる

↑天宇受売命は芸能の神として知られる

槵觸神社
くしふるじんじゃ

MAP 付録P.17 D-3

神々が地上に降り立ったまさにその場に建つ神社

『古事記』の、「筑紫の日向の高千穂の久士布流多気に天降りましき」という記述の久士布流多気(=槵觸峰)が古くからのご神体。元禄時代に社殿が建てられ、天孫降臨ゆかりの神々を祀る。

☎0982-72-2413(高千穂神社)
所宮崎県高千穂町三田井713
開休料参拝自由
交高千穂バスセンターから徒歩8分

↑社殿は町の有形文化財

↑社殿のいたるところに施された彫刻も見事

天安河原

天岩戸神社
岩戸小⊗
泉福寺卍
天岩戸温泉♨

R 野菜料理 田の花

県道7号沿いは山里の風景が続く。このあたりには棚田が広がっている

⑦
亀山城跡

牛馬を祀る畜産の神として信仰されている

Ⓗ 石神神社

N
0　　　500m

ランチで立ち寄りたいお店

焼肉 初栄
やきにくはつえい

日本一の称号を受けた実績ある高千穂牛をリーズナブルに味わえる店。肉厚でジューシーな肉をいただける「ミニステーキ定食」などが人気。

MAP 付録P.16 C-3

☎0982-72-3965
所宮崎県高千穂町三田井10
営11:00～14:00
17:00～21:00
休月・金曜、ほか不定休
交高千穂バスセンターから徒歩2分
Pあり

↑ミニステーキ定食2650円

野菜料理 田の花
やさいりょうり たのはな

自然豊かな里山に建つ。大きな窓から望む棚田の風景が美しく、地元、高千穂で育てられた野菜や高千穂牛をふんだんに使った食事を用意。

MAP 付録P.17 F-1

☎0982-76-1087
所宮崎県高千穂町三田井4587
営11:30～15:00
休不定休
交高千穂バスセンターから車で10分　Pあり

↑ご飯、汁もの、デザート付きのワンプレートランチ1650円がおすすめ

神秘の力湧くパワースポット

天孫降臨、神武東征。南九州に残る神々の足跡

神から人へ、日向神話を往く

多くの神々が不思議に絡み合いながら、現代人には想像を絶する物語を紡ぎ出す。
高千穂峰に天孫降臨した邇邇芸命の日向三代から神武の時代へ、日向神話の深くて豊かな時空に遊ぶ。

日向神話 出雲神話と神武東征の間に位置

神話から歴史物語へ

日向神話に展開するダイナミックな宇宙観
そこには北方系と東南アジア系の要素が見える

　文化人類学者レヴィ＝ストロースは『古事記』や『日本書紀』(以下「記紀」)には世界中の神話の断片が完璧に網羅されていると評した。その「記紀」による天孫降臨の神話は天照大御神の孫(天孫)にあたる邇邇芸命が天上の高天原から降りてきた地が日向の襲の高千穂峰(霧島山のうちのひとつ)だった(五ヶ瀬町と高千穂町の境にそびえる二上山という説もある)。ここでいう日向は8世紀以前の日向国であり、その範囲は南九州全体におよんでいた。いわゆる「日向神話」は出雲神話と神武東征との間に位置する神話で、神々の物語が出雲、熊野、そして葦原中国を統治するために高千穂に降臨した邇邇芸命ら日向三代で終わり、続いて神倭伊波礼毘古命(神武天皇)の歴史物語が展開していく。日向神話には天孫降臨の北方系神話や海幸・山幸の物語にみえる南方系神話の要素が入り込んでいると考えられる。

6〜8世紀 海幸・山幸と隼人族の神話

物語に潜む支配の動向

異民族・隼人の祖とされる海幸彦を服従させる
朝廷側の山幸彦。隼人支配の起源を物語る神話

　邇邇芸命は日向の襲の高千穂峰に降臨するが、この"襲"は熊襲と考えられ、5世紀には隼人と記される。邇邇芸命は木花之佐久夜毘売との間に3柱の神を生むが、その長男・火照命は隼人の始祖といわれ、いわゆる海幸・山幸の物語は朝廷側の山幸が隼人族を支配することの起源を表すものとされる。隼人は大隅・薩摩地域に居住した部族で、その有力集団として阿多隼人と大隅隼人がいた。養老4年(720)には朝廷に対し反乱を起こし、征隼人持節大将軍・大伴旅人らに鎮圧されている。隼人は成立期の国家から見れば"異民族"という認識だったといえる。

◆『古事記』の天孫降臨の部分。赤枠の箇所は「竺紫(筑紫の)の日向之高千穂之(日向の高千穂の)夊土布流多氣(くしふるたけ)」と読み、ここに天降りしたと続く。「くしふるたけ」は「聖なる峰」の意。『古事記上巻』太安万侶編纂〈国立国会図書館蔵〉。原本は現存しない

神武東征 初代天皇の長い戦いの物語

　神倭伊波礼毘古命は東征と建国の旅に立つ。日向を出てひたすら東に向かい、16年の歳月をかけて浪速の渡を経て白肩津に到着するが那賀須泥毘古の軍団に圧され、紀伊半島を迂回して戦うことにする。熊野村へ入り、八咫烏の案内で北上。宇陀、忍坂と各地の神々を支配下に置き、大和を平定して橿原に宮を造営、初代神武天皇として即位する。紀元前660年のことだという。

◆大蘇芳年『大日本名将鑑』より神武天皇〈国立国会図書館蔵〉

東征の道のり

『古事記』をもとに作成、一部省略しています

天孫降臨と日向三代

天孫の高千穂峰への降臨から海幸彦・山幸彦の神話、そして神武の父へと続く日本神話。
神々の相関関係や神婚説話などをきちんと把握すれば、日向神話のアウトラインが見えてくる。

高天原から日向の高千穂峰に天降り

　天津神の住む高天原勢力が人の住む地上世界の葦原中国を平定すると、天照大御神と高木神は統治者として邇邇芸命の降臨を命じた。天児屋と布刀玉、天宇受売命、伊斯許理度売命、玉祖命が同行し、三種の神器と思金神、天手力男神、天石門別神もさらにそえられた。天降りの途中、天の八衢で高天原と葦原中国までを照らす神がいた。天宇受売命が問いただすとその神は国津神の猿田毘古神と名乗り、天津神を先導した。こうして邇邇芸命は高天原から筑紫の日向の高千穂峰に天降り、宮殿を建てて住むことになった。邇邇芸命が高千穂峰から吾田（阿多）の笠沙の岬に至ると木花之佐久夜毘売に出会い、毘売の父・大山津見神に結婚を申し込む。大山津見は姉の石長比売もともに差し出すが、邇邇芸命は醜い石長比売を送り返してしまう。石長比売（石の永遠性を象徴）を送り返すことで天孫の御子の寿命は短くなった。

邇邇芸命と山幸彦と神武の父の物語

　邇邇芸命と結ばれた木花之佐久夜毘売は火照命・火遠理命・火須勢理命の3神を生む。火照命と火遠理命の兄弟（いわゆる海幸彦と山幸彦）は、ある日、道具を交換するが、山幸彦は兄の釣鉤をなくす。海幸彦の怒りに途方に暮れた山幸彦は塩椎神の助言で綿津見の宮殿へ行き、そこで豊玉毘売命を妻とする。和邇（サメ）に乗って帰郷した山幸彦は海幸彦をこらしめ、ついに兄は弟に服従する。豊玉毘売命は山幸彦の子を産んで海に帰るが、この御子が鵜葺草葺不合命で、神倭伊波礼毘古命（神武天皇）の父となる。邇邇芸命・火遠理命・鵜葺草葺不合命の父・子・孫を「日向三代」と呼ぶ。

⬆御鉢（活火山）と二ツ石（寄生火山）を併せ持つ、標高1574mの高千穂峰。宮崎県と鹿児島県の県境に位置し、山頂には天の逆鉾が突き立つ

⬆天孫降臨で猿田毘古神に問いただす天宇受売命。一説に2神は夫婦になったという。『鮮斎永濯画譜 初篇』小林永濯著〈国立国会図書館蔵〉

日向三代をめぐる略系図

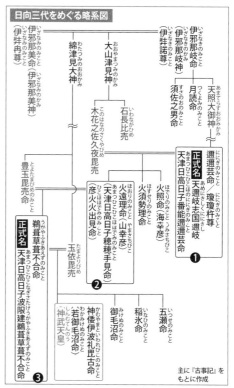

主に『古事記』をもとに作成

「記紀」の舞台を訪ねる
神話の世界

「記紀」に書かれた降臨神話の神々が演じた劇的な物語が目の前に現出する。ロマンとサスペンスに満ちた古代日向の世界にどっぷり浸りながら歩く。

神武天皇の祖父の陵墓
高屋山上陵
たかやのやまのえのみささぎ
霧島 MAP 付録P.12A-3

霧島山山麓にある彦火火出見尊(山幸彦)の陵。神代三山陵のひとつで、『日本書紀』にも記述がある由緒正しい陵。

☎0995-45-5111(霧島市観光PR課)
働鹿児島県霧島市溝辺町麓 働働料見学自由
◈JR霧島神宮駅から車で30分 Pなし

⤴杉木立に囲まれる、面積5万3000㎡の楕円形の円墳

天孫降臨神話の舞台
高千穂峰
たかちほのみね
霧島 MAP 付録P.5 D-1

山頂には降臨した瓊瓊杵尊が突き立てたという伝説が残る「天の逆鉾」が立つ。高千穂峰の姿を登山せずに見学するならかつて霧島神宮があったとされる高千穂河原(P.77)へ。

☎0995-57-3224(高千穂河原ビジターセンター)
◈高千穂河原ビジターセンターから頂上まで往復3時間30分 Pあり

⤴霧島山の第2峰。火山だが山容の美しさで知られる

神社と一体化した御陵
可愛山陵
えのみささぎ
薩摩川内市 MAP 付録P.4A-1

神代三山陵のうちのひとつで、高千穂峰に降臨した瓊瓊杵尊は南薩摩の笠狭宮から千台(川内)に遷り、この地に葬られたとされる。

☎0996-22-4722(新田神社)
働鹿児島県薩摩川内市宮内町1935-2 働働料見学自由
◈JR川内駅から車で10分 Pあり

⤴瓊瓊杵尊を祀る新田神社が鎮まる可亀山の大部分が御陵

瓊瓊杵尊の宮居跡
笠狭宮跡
(宮ノ山遺跡)
かささのみやあと(みやのやまいせき)
南さつま市 MAP 付録P.4A-3

笠沙の地名は天孫降臨神話にちなんだもので、野間岳の山腹にある宮ノ山遺跡は瓊瓊杵尊が当地を気に入り、宮居に定めたとされる笠狭宮跡がある。

☎0993-53-3751
(南さつま市観光協会)
働鹿児島県南さつま市笠沙町
働働料見学自由
◈JR枕崎駅から車で35分 Pあり

⤴瓊瓊杵尊は笠狭碕(笠沙の岬)で木花咲耶姫に出会う

四天王が守る五重石塔
隼人塚
はやとづか
霧島 MAP 付録P.4 C-2

大和朝廷に征討された「隼人」の供養塔だとする説があったが、現在では平安時代後期の仏塔・石仏遺跡とされる。国指定の史跡。

☎0995-43-7110(隼人塚史跡館)
働鹿児島県霧島市隼人町内山田287-1
働見学自由、史跡館9:00〜17:00
働無休、史跡館は月曜
料無料、史跡館180円
◈JR隼人駅から徒歩10分 Pあり

⤴3基の五重石塔と四天王像が再現されている

皇子原公園

神武天皇の生誕の地とされる

第10代崇神天皇の創建と伝わる。霧島六社権現のひとつ

倭建命(やまとたけるのみこと)が熊襲族の首長を征伐した地と伝わる

熊襲穴

高千穂峰

高千穂東神社

可愛山陵
P.102

高屋山上陵
P.102

鹿児島神宮
P.103

隼人塚
P.102

高千穂峰
P.102

笠狭宮跡(宮ノ山遺跡)
P.102

吾平山上陵
P.102

大隅のパワースポット
吾平山上陵
あいらのやまのうえのみささぎ
大隅半島 MAP 付録P.5 D-3

鵜葺草葺不合命と玉依毘売の陵。この夫婦の末っ子が神武天皇。「小伊勢」とも呼ばれる。

☎0994-58-7291
(吾平総合支所 産業建設課)
働鹿児島県鹿屋市吾平町上名 働8:30〜17:00
働無休 料無料
◈大隅縦貫道・笠之原ICから車で20分 Pあり

⤴神代三陵のひとつで、岩屋の陵(塚墓)は珍しい

高千穂・日向 ● 歴史

102

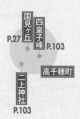

国見ヶ丘 P.27
四皇子峰 P.103
高千穂町
二上神社 P.103

高千穂 多くの神話が宿る

高千穂（P.94）には神話に関するスポットが多い。「鬼八の力石」や「おのころ島」伝説の高千穂峡。天岩戸を開いた手力雄命を祀る赤石神社。神武東征に由来する「祖母嶽神社」。天村雲命が天上から水を移した天真名井。阿蘇神社の御祭神、健磐龍命が国見した「国見ヶ丘」などいくつもある。

二上神社
ふたがみじんじゃ

高千穂 **MAP** 付録P.3 D-2
神が降り立ったといわれる二上山の中腹に建つ。
☎なし 所宮崎県高千穂町押方2375-1 開休料参拝自由 交高千穂バスセンターから車で15分 Pあり

四皇子峰
しおうじがみね

高千穂 **MAP** 付録P.17 D-4
神武天皇の4兄弟神が生まれた地で、陵がある。
☎なし 所宮崎県高千穂町三田井 開休料見学自由 交高千穂バスセンターから徒歩13分 Pあり

美々津

神武東征の出航の地との神話が残る

P.103 記紀の道
P.104 西都原古墳群

神武天皇が過ごした宮で、兄弟とともに東征の作戦を練った場所とも伝わる

皇宮屋
江田神社 P.103/P.129
P.103/P.128 宮﨑神社

P.27/P.103/P.126 青島神社

神武天皇が妃と、愛馬・龍石号とともに過ごした宮の跡といわれる

P.26/P.103/P.127 鵜戸神宮

駒宮神社

神武天皇の妃を祀る

吾平津神社

山幸彦を祀る
青島神社 ➡P.126
あおしまじんじゃ

日南 **MAP** 付録P.22 B-1

波状岩・鬼の洗濯板が囲む島に鎮座する神社。彦火火出見命が豊玉姫命と暮らした海の綿津見宮から帰還した際に上陸し、宮を築いた場所と伝わる。

初午祭で知られる神宮
鹿児島神宮
かごしまじんぐう

霧島 **MAP** 付録P.4 C-2

彦火火出見尊（山幸彦）の宮殿・高千穂宮を神社としたと伝わる。宝暦6年（1756）、島津重年公により建立された現在の本殿は2022年に国の重要文化財に指定された。

☎0995-42-0020 所鹿児島県霧島市隼人町内2496-1 開8:00〜17:00 休無休 料無料 交JR隼人駅から車で5分 Pあり

↑御神馬を先頭に鈴かけ馬が踊る初午祭は全国的にも有名

日向神話をたどる道
記紀の道
ききのみち

西都市 **MAP** 付録P.3 E-4

邇邇芸命と木花之佐久夜毘売の恋物語が、宮崎県西都市では10のポイントを結んで「記紀の道」として書かれ、伝えられている。都萬神社から男狭穂塚と女狭穂塚まで約4kmの散策路沿いにある日向神話の縁の地を巡ることができる。

☎0983-41-1557（西都市観光協会）所宮崎県西都市 交都萬神社まで東九州自動車道・西都ICから車で10分

↻邇邇芸命と木花之佐久夜毘売とのロマンスを感じながら神話の道を歩く

初代天皇・神武天皇をお祀りする
宮﨑神宮 ➡P.128
みやざきじんぐう

宮崎市街 **MAP** 付録P.23 D-2

この高千穂の宮で執政したと伝わる神武天皇を孫の健磐龍命が祀った社。崇神天皇期に社殿が造営されたと伝わる。

↻現在の社殿は明治40年（1907）に造営された

お祓い発祥の地ともいわれる
江田神社 ➡P.129
えだじんじゃ

宮崎市街 **MAP** 付録P.23 F-1

「記」に伊邪那岐尊が黄泉の国から帰り、禊をした地が「筑紫の日向の橘の小戸の阿波岐原」といわれ、今も地名に残る。

↻『延喜式』や『続日本書紀』にも記される古社

神武の父を祀る社殿は断崖に
鵜戸神宮 ➡P.127
うどじんぐう

日南 **MAP** 付録P.22 C-4

神武の父・鵜葺草葺不合命が主祭神。本殿がある断崖の海食洞は、神話では海神の娘である豊玉毘売命が出産した地とされる。

↑神秘的な本殿。洞窟には豊玉毘売命が子のために乳房を岩に付けて帰ったという「おちちいわ」がある

神から人へ、日向神話を往く

103

前方後円墳と地下式横穴墓
古墳と日向エリア

**陵墓参考地指定の九州最大の前方後円墳や
墳丘を持たない独自の埋葬方法も見られる**

一ツ瀬川、大淀川が流れる宮崎平野には前方後円墳や円墳が集中する。特に、朝廷や近畿地方との関係を示す前方後円墳は同時期の九州全体のなかでも100m級のものが多く、たとえば宮崎市の生目古墳群にある3号墳は全長137mと4世紀代で九州最大、西都市の西都原古墳群にある女狭穂塚古墳は全長176mと5世紀前半で九州最大規模を誇る。その規模より日向地方には力のある盟主が存在したと推測される。「記紀」においても日向出身の女性が天皇の后となる物語がいくつか見られるのもおもしろい。「記紀」に登場する木花之佐久夜毘売は女狭穂塚古墳を陵墓参考地と指定する際の被葬候補者で、陪塚の170号墳からは大型の埴輪船や埴輪子持家などが出土している。

前方後円墳造築と時期もかぶる5世紀～7世紀後半、宮崎県南部から鹿児島県東部には「地下式横穴墓」と呼ばれる独自の様式の墓が造築された。本州経由ではない、土着性の強い様式では小豪族などが埋葬されたと考えられ、副葬品も豊かだ。朝廷や近畿地方との関係がうかがえる一方で、このような独自の墓制が保たれていたことが興味深い。

△西都原170号墳から出土した埴輪子持家のレプリカ〈宮崎県立西都原考古博物館〉。原品所蔵は東京国立博物館

△西都原111号墳の主体部にある4号地下式横穴墓。現在はここに保存見学施設が設置されている(写真提供:宮崎県立西都原考古博物館)

300基以上からなる古墳
西都原古墳群
さいとばるこふんぐん

西都市 **MAP** 付録P.3 E-4

前方後円墳や円墳、方墳、横穴墓などからなる古墳群で、巨大古墳の男狭穂塚と女狭穂塚は陵墓参考地。111号墳から発見された地下式横穴墓は南九州独自の埋葬方法とされる。

☎0983-41-1557(西都市観光協会) 所宮崎県西都市三宅西都原
時内部見学10:00～16:00 休月曜(祝日の場合は翌日)
料無料 交東九州自動車道・西都ICから車で10分 Pあり

宮崎県立西都原考古博物館 西都市 **MAP** 付録P.3 E-4
みやざきけんりつさいとばるこうこはくぶつかん

西都原古墳群に隣接。考古学的見地に基づいた展示で古代日向や地下式横穴墓について学ぶことができる。なかには直接触れることができる土器や石器も展示されている。

☎0983-41-0041 所宮崎県西都市三宅5670 時9:30～17:30(入館は～17:00) 休月曜(祝日の場合は翌日)、祝日の翌日(休日の場合は開館) 料無料 交東九州自動車道・西都ICから車で15分 Pあり

△西都原206号墳(鬼の窟古墳)。木花之佐久夜毘売を嫁にという鬼が、毘売の父に一夜で窟(いわや)を造れといわれて完成したと伝わる(写真提供:宮崎県立西都原考古博物館)

宮崎 歴史年表

西暦	元号	事項
250～499	古墳時代 前・中期	近畿・瀬戸内海沿岸に古墳が出現。 西都原古墳群(西都市)、南方古墳群(延岡市)、生目古墳群(宮崎市)など 前方後円墳が巨大化、横穴式石室が出現。 西都原男狭穂塚・女狭穂塚
500～699	後期	装飾古墳が出現、群集墳の増加。 鬼の窟古墳(西都市)、草場古墳(日向市)、蓮ヶ池横穴墓(宮崎市)など
612	推古20	推古天皇が「馬ならば日向の駒」と詠う
682	天武11	隼人の朝貢開始
702	大宝2	薩摩国が日向国から分立 筑紫7国に采女・兵衛を献上させる
710	和銅3	平城京造営。日向国が采女を献上、日向隼人の曽君細麻呂、荒俗を教諭し聖化させた功により外従五位下を授けられる
712	5	『古事記』成立。日向神話が記される
713	6	隼人の反乱、大隅国が分立
720	養老4	『日本書紀』成立。 隼人が大隅守を殺害し大規模反乱開始
740	天平12	藤原広嗣の乱
741	13	日向国分寺が西都市三宅に建立
782	延暦元	氷上川継の謀反に連座した三方王・弓削女王を日向に流す
800	19	大隅・薩摩国に班田制を採用
837	承和4	子(児)湯都能濃(農)神・妻神、宮崎郡江田神、諸県郡霧島岑神を官社にする
858	天安2	霧島岑神、江田神、都萬神に従四以下、高智保神、都農神に従四位上を授ける
992	正暦3	藤原保昌を日向守とする
1026	万寿3	大宰大監平季基、日向・大隅・薩摩の荒野を開き宇治関白頼通に献上(島津荘の始まり)
1046～1093	永承元～寛治7	この頃、国司たちが荘園(富田荘、宮崎荘、諸県荘、浮田荘、臼杵荘、新名爪荘など)を宇佐宮へ寄進する
1128	大治3	惟宗基定が日向守となる
1185	文治元	島津忠久が島津荘の下司職となる
1191	建久2	工藤祐経が日向国の地頭に
1280	弘安3	北条久時が日向国守護となる
1333	元弘3 正慶2	島津貞久が日向・大隅国守護となる

高千穂・日向●歴史

国の重要無形民俗文化財、高千穂の夜神楽（よかぐら）三十三番を舞う

高千穂の夜神楽

「記紀」神話の神々と出会い、降りてきた氏神に感謝と祈りを奉納する神楽舞（かぐらまい）。神楽の起源とされる天宇受売命（あめのうずめのみこと）や天手力男神（あめのたちからおのかみ）らが演じる「岩戸五番」で最高潮に達し、そして夜明けを迎える。

「手力雄の舞」（たぢからお）
高天原で天照大御神が隠れている天岩戸を天手力男神（手力雄）が探し当てる様子を表現した舞

「御神体の舞」（ごしんたい）
伊邪那岐命と伊邪那美命の二神による「国産みの神楽」ともいう舞で、酒を酌み交わしながら夫婦となる

「鈿女の舞」（うずめ）
天岩戸から天照大御神を連れ出すために天宇受売（鈿女）命が桶の上で舞う。優美で気品も漂う

技芸の女神・天宇受売命の踊りから

神楽とは一般的に神座（かぐら）（神が宿り、鎮魂や招魂をする場所）を設け、そこに神々を迎えて魂を祓い清めることで新たな生命力を呼び入れる「鎮魂（たましずめ）」の神事のこと。高千穂では秋の収穫と日々の生活を神々に感謝し、来年の豊作と郷内の繁栄を祈るという意味合いが強い。起源には諸説あるが、「記紀」の天岩戸神話に登場する、天照大御神（あまてらすおおみかみ）が隠れてしまったため岩戸の前で踊った、天宇受売命の舞が始まりといわれる。神楽は宮中で行われる「御神楽（みかぐら）」と民間の「里神楽」に大別される。「里神楽」はその土地の習俗などを取り込みながら独自の神楽となって伝承された。巫女が神社で奉納する巫女神楽、舞い人が素面（めん）や仮面で舞う採物神楽（とりもの）、湯釜から湯を振る湯立（ゆだて）神楽などの系統に分類され、高千穂の夜神楽は採物神楽に属する。神楽からはさまざまな芸能が発展し、能（猿楽）（さるがく）もその起源は天宇受売命の神楽にあるといわれている。

岩戸五番が終わると朝日が差し込む

高千穂の夜神楽は町域によって違いがあり、18地域の神社で神事によってそれぞれの氏神を招き、境内や神楽宿で出迎え、ここから「ほしゃどん」と呼ばれる舞い人による三十三番の神楽の舞が夜を徹して奉納される。猿田彦命（さるたひこの）の「彦舞（ひこまい）」から幕が上がり、クライマックスとされる「天岩戸開き」は「伊勢」から「舞開き」まで続く（これらを「岩戸五番」と呼ぶ）。「岩戸」が開いて天照大御神の再臨を喜ぶ歌を歌う頃、空は明るみ朝日が昇る…夜という時空が神楽を神秘的に演出する。

毎日開催の「高千穂神楽」と祭りの奉納神楽もおすすめ

高千穂神楽（たかちほかぐら）
高千穂神社境内の神楽殿で毎晩開催。三十三番のなかから、「手力雄」「鈿女」「戸取」「御神体」の4演目を見学することができる。
☎0982-73-1213（高千穂町観光協会） 圏毎日20:00（受付19:00）〜21:00 料1000円
※定員150人（Web予約可能）
開催場所 **高千穂神社** ➡P.99

神話の高千穂夜神楽まつり（しんわのたかちほよかぐらまつり）
圏11月22日18:00〜23:00、11月23日10:00〜23:00 料無料
開催場所 **高千穂神社** ➡P.99

天岩戸 夜神楽三十三番大公開まつり（あまのいわとよかぐらさんじゅうさんばんだいこうかいまつり）
圏11月3日10:00〜22:00 料無料
開催場所 **天岩戸神社** ➡P.98

夜神楽（よかぐら）

高千穂町内の18の集落で11月中旬〜2月上旬に里神楽が行われ、一晩のみ氏子となって見学できる。14時頃から神事が、18時頃から舞がスタート。夜通しで三十三番が演奏される。
☎0982-73-1212（高千穂町企画観光課）／0982-73-1213（高千穂町観光協会） 圏11月中旬〜2月上旬、受付は各地神楽宿で行う 料拝観料はないが、初穂料2000〜3000円もしくは寸志焼酎2〜3升を渡す
※夜神楽の開催スケジュール、場所は毎年変更される。
高千穂町観光協会公式サイトtakachiho-kanko.infoで要確認

注意事項
●とても寒いので防寒対策を万全に。脱いだ靴を入れるビニール袋もあるといい
●「神庭」は神聖な空間なので立ち入らないようにする
●酒や食事を振る舞う集落もあるが、夜食やおやつを持参するのが望ましい

神から人へ、日向神話を往く

105

高千穂橋梁は高さ105m。
日本一高い鉄橋だ

緑豊かな村里を見渡す絶景鉄橋を走る

高千穂あまてらす鉄道
グランド・スーパーカート

たかちほあまてらすてつどう グランド・スーパーカート

※P.98のMAPも参照

高千穂 ●歩く・観る／泊まる

グランド・スーパーカートで渡る 高さ日本一、絶景の高千穂鉄橋

　平成17年（2005）の台風以降、廃線となっていた鉄道の一部区間が観光地に再開。岩戸川の大峡谷を渡る高千穂橋梁を含む区間も運行されるようになり、素晴らしい眺望も楽しめるようになった。グランド・スーパーカートの車両は平成29年（2017）に導入されたもの。むき出しの車両で風を切って走る爽快な体験がクセになる。

🅼🅰🅿 付録P.16 C-3
☎0982-72-3216
🏠宮崎県高千穂町三田井1425-1
🕘9:40～15:40（所要往復30分）、1日10程度運行
🈂第3木曜（GW、夏休みは無休）、悪天候・強風時　🈷1800円
🚌受付の旧高千穂駅まで高千穂バスセンターから徒歩8分　🅿あり

運行ルート

受付&出発

旧高千穂駅
旧駅舎で乗車の受付をしたらカートに乗って出発。

2つのトンネル
トンネルの中にはイルミネーションが輝いている。

天岩戸駅
現在は使われていない天岩戸駅の駅舎を通過する。

高千穂橋梁
天候や風の状態が良好なら橋へ出発。最高の景色が待っている。

旧高千穂駅

高千穂鉄道の歴史

数々の苦難を乗り越え そのたびに復活を遂げる鉄道

　昭和42年（1967）、延岡～高千穂間で運行開始。大勢の乗客を運んだが国鉄民営化に伴い第三セクターに経営が移るも平成17年（2005）の台風で2つの橋梁が流され、廃線に。しかし、現在地元の人々の尽力により独自のカートとして復活を遂げ、好評を博している。

⬆国鉄時代の高千穂鉄道。美しい第3五ヶ瀬川橋梁

⬆高千穂駅に停車する国鉄高千穂鉄道の車体

⬆グランド・スーパーカートから楽しむ絶景と峡谷の空気

⬆カートの色合いやデザインがTR高千穂鉄道の車体へのオマージュとなっている

神話の地、高千穂らしい
幽趣佳境にくつろぐ宿

旅館 神仙

りょかん しんせん

MAP 付録P.16 C-4

美しい庭園が印象的な宿。特に5棟ある離れは、それぞれにプライベートな庭と露天風呂を持ち、モダンな居住性と相まって居心地抜群。素足に心地よい畳敷きや個室の食事処など快適にくつろぐための環境とサービスでファンが多い。

☎0982-72-2257
㊟宮崎県高千穂町三田井1127-5
🚌高千穂バスセンターから徒歩10分
🅿あり in14:00 out11:00 🏠15室
予算1泊2食付4万4000円〜（離れは6万6000円〜）

1.一年中注連縄を飾る高千穂らしい厳かな趣が感じられる入口 2.落ち着いた風情の宿。廊下や食事処など、館内のオープンスペースはすべて畳が敷き詰められている 3.ベッドやリビングルームといった洋風の設備を配した離れ、「和樂」 4.人目も時間も気にせず入れる露天風呂付きの客室「蓬莱」

料理の質の高さはもちろん
心配りあるもてなしも極上

高千穂牛をはじめ、地の野菜や川魚など厳選食材を用いた旬の料理が味わえる。ソムリエ資格を持つ女将が選ぶワインとの相性も最高。
※写真の料理は一例

穏やかな時間が流れる里の夜を贅沢に過ごす

高千穂のモダンな宿

夜神楽見学や、じっくり神社巡りをするなら、里に宿泊するのがだんぜんおすすめ。プライベートな空間で静謐な夜を味わう。

絶品の高千穂牛をはじめ
フレンチディナーを堪能

ディナーは地元の旬の食材を使用したフランス風家庭料理。特にやわらかい高千穂牛のステーキが評判。特産の柑橘・平兵衛酢を使ったシャーベットもさわやかな品だ。

家庭的な温かさにくつろぐ
客室6室のみの宿

欧風宿ぶどうの樹

おうふうやどぶどうのき

MAP 付録P.16 B-3

丘の上に建つ小さな宿。山々の景色と空気がすがすがしく、洋式のしつらえもあって、白と木の落ち着いた配色が大人の雰囲気。地元の食材を使ったフランス風家庭料理のディナーや、焼きたてパンが味わえる朝食も美味。

☎0982-72-6595
㊟宮崎県高千穂町押方1222
🚌高千穂バスセンターから車で7分（要予約で送迎あり）🅿あり in16:00 out10:00
🏠6室 予算1泊2食付1万7600円〜

1.約12畳の2階のワイドコーナー。趣のあるクラシックなインテリア 2.テラスで夕暮れや朝にのんびり過ごすのも旅らしい時間 3.1階のワイドコーナーにはプライベートテラスが付いていて、高千穂の景色を眺めることができる。3名まで宿泊可能

延岡・日向ドライブ

大自然の絶景と歴史、文化を目指して

日豊海岸
にっぽうかいがん

大分県中・南部〜宮崎県北部にかけて続く海岸。柱状の岩が切り立った絶壁や、霊験あらたかな神社、芸術と変化に富んだドライブルートだ。

2 願いが叶うクルスの海
ねがいがかなうクルスのうみ
➡ P.25

日向 **MAP** 付録 P.21 F-3

3 大御神社
おおみじんじゃ

日向 **MAP** 付録 P.21 F-3

あまてらすおおみかみ
天照大御神を祀る、日向のお伊勢さま

御祭神は天照大御神。海に面して建つ神社で、神明造りの古式ゆかしい社殿と、柱状の火山岩が醸す荒々しい印象とのコントラストが美しい。

☎0982-52-3406
㊟宮崎県日向市日知屋1
開休参拝自由 ⊗JR日向市駅から車で10分 ㊟あり

🔺中から見ると昇り龍に見えるという境内洞窟内の鵜戸神社

延岡・日向 ● 歩く・観る

1 愛宕山展望台
あたごやまてんぼうだい

延岡 **MAP** 付録 P.21 F-1

360度で街を一望、夜景も見事

市中央部にあり、ぐるりと全方位を見渡せる街随一の展望スポット。夜景も美しく、日本夜景遺産、2020年には日本百名月にも認定されている。

☎0982-34-7833
(延岡市観光戦略課)
㊟宮崎県延岡市愛宕町 開休見学自由 ⊗JR延岡駅から車で20分 ㊟あり

🔾🔾標高251m。かつての名は笠沙山(下)。愛を誓い南京錠をかける(右)

立ち寄りスポット

若山牧水記念文学館
わかやまぼくすいきねんぶんがくかん

日向 **MAP** 付録 P.21 D-3

生家から坪谷川を挟んだ向かいに位置する牧水公園内に建つ。生誕120年を記念し新築されたもので、牧水の遺墨、原稿、愛用品などを展示。

☎0982-68-9511
㊟宮崎県日向市東郷町坪谷1271
開9:00〜17:00(入場は〜16:30)
休月曜(祝日の場合は開館) 料310円
⊗JR日向市駅から宮崎交通バス・神門行きで49分、牧水生家下車、徒歩4分 ㊟あり

🔾若山牧水〈若山牧水記念文学館蔵〉。明治18年(1885)、宮崎県東臼杵郡東郷村(現・日向市)に誕生した歌人で、自然を詠った素直な作風で人々を魅了。生涯を通じて旅と酒、自然を愛した

🔾幼少期の牧水が眺めていた景色が今も残る。牧水作品のほか同郷の詩人、髙森文夫も紹介

移動時間◆約1時間15分

おすすめドライブルート

県内にレンタカー店は少なく、空港以外でレンタカーを借りるなら延岡駅や日向市駅がよい。東九州自動車道を使えば都農ICから宮崎市内まで1時間ほど。メインルートの国道10号はところどころで海が見え隠れする。若山牧水記念文学館へ向かう国道327・446号は山道で、里山の景色が続く。

延岡IC
のべおかインターチェンジ

⬇ 県道241・16号
7.7km／15分

1 愛宕山展望台
あたごやまてんぼうだい

⬇ 県道16号、国道10号、県道15号 25.2km／45分

2 願いが叶うクルスの海
ねがいがかなうクルスのうみ

⬇ 県道15号
3.8km／10分

3 大御神社
おおみじんじゃ

⬇ 県道15号、国道327号
3km／5分

日向IC
ひゅうがインターチェンジ

🔾願いが叶うクルスの海と同じ日向岬にある馬ヶ背の断崖絶壁

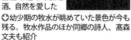

P.93 美々津

熊本・阿蘇

肥後国の
面影をたどり、
大地のパワーを
肌で感じる

震災から復興が進む熊本。
数々の歴史の舞台になった熊本城は、
復興のシンボルとして街を見守る。
多彩な肉料理の食べ比べも魅力だ。
壮大なスケールの自然が待つ阿蘇では、
さわやかな草原と迫力に満ちた山々が
織りなす風景を、心に深く刻みたい。

エリアと観光のポイント

熊本・阿蘇はこんなところです

飲食店やホテルが多い熊本市街で、熊本城周辺や水前寺公園を散策したら、
鉄道やレンタカーを利用して、さわやかな阿蘇観光に出かけたい。

九州の中心にあり旅の拠点に便利

熊本市街 ➡P.112

くまもとしがい

空港と新幹線の駅を擁し、アクセスも便
利な熊本。加藤清正以降、城下町とし
て栄えた市街エリアは、歴史、文化、グ
ルメの宝庫でもある。

観光の ポイント	熊本城 P.112 水前寺成趣園 P.114

↑加藤清正が築いた城は街のシンボル

観光案内を入手する

● 熊本駅総合観光案内所
MAP 付録P.20A-2
☎096-327-9500
URL kumamoto-guide.jp/
tourist-information/

● 阿蘇市観光協会
MAP 付録P.19 D-1
☎0967-34-1600(阿蘇イン
フォメーションセンター)
URL www.asocity-kanko.jp

熊本市街の主なエリア

熊本城周辺
くまもとじょうしゅうへん

今も昔も熊本で最も賑やかな
エリア。特に城の東側には食
事や買い物のスポットが集中
する。

↑上通(かみとおり)、下通(しも
とおり)が、メインストリート

熊本駅周辺
くまもとえきしゅうへん

九州新幹線の駅は空港と並ぶ
熊本の2大玄関。熊本城まで
は市電、バス、車、いずれも
約10分。

↑駅ビルには名物グルメやみ
やげ屋があり、賑わいがある

水前寺周辺
すいぜんじしゅうへん

細川家の殿様が鷹狩りの際に
立ち寄った場所。現代では熊
本城から水前寺までは市電で
約20分。

↑水前寺成趣園(P.114)は、広大
な回遊式庭園

熊本市内は市電&バスで移動

熊本市内中心部を走る熊本市電。街並みを眺
めながらのんびり観光地巡りができる。料金
は一律180円、小学生以下90円。
● 熊本市電24時間乗車券(モバイルチケット)
料600円(小学生以下300円)
● わくわく1dayパス
(電車・バス共通1日乗車券)
料区間指定1・700円、区間指定2・900円、県
内版2000円　※一部対象外のバスあり

熊本城観光は、熊本駅との間を周遊する、
熊本城周遊バス「しろめぐりん」が便利。
9:00〜17:00熊本駅前を発着、20〜30分
間隔で運行している。料金は一律180円、
子ども90円。
● 熊本城周遊バス1日乗車券 1DAY PASS
料500円(子供250円)、観光名所の割引券
付き ※発売当日に限り乗り降り自由

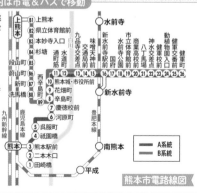

熊本市電路線図

熊本市街
熊本駅

カルデラの窪地に広がる大草原

阿蘇 ➡P.118
あそ

山に囲まれた草原で草を食む牛馬の姿に心が落ち着く癒やしのエリア。ブランド牛のあか牛をはじめグルメも充実している。

観光の ポイント	大観峰 P.26／P.118
	草千里ヶ浜 P.119

↑春夏秋冬、表情を変える阿蘇の草原

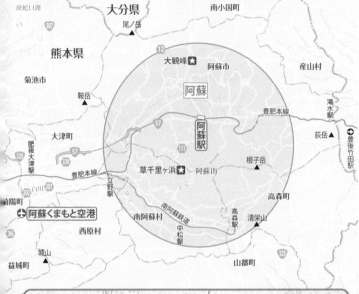

大分県
南小国町
尾ノ岳
熊本県
菊池市
大観峰 ★　阿蘇市
産山村
阿蘇
滝水駅
鞍岳
豊肥本線
豊後竹田駅
大津町
阿蘇駅
荻岳
肥後大津駅
草千里ヶ浜 ★　阿蘇山
根子岳
豊肥本線
立野駅
南阿蘇鉄道
高森町
清栄山
高森駅
✈阿蘇くまもと空港
西原村
南阿蘇村
中松駅
城山
益城町
山都町

九州新幹線
杉塘電停
段山町電停
蔚山町電停
桜の馬場 城彩苑
熊本城公園
熊本市役所前電停
熊本城
藤崎宮前駅
大江神社
慶徳校前電停
味噌天神前電停
熊本駅
水前寺成趣園
熊本駅前電停
★アミュプラザくまもと
熊本市
二本木口電停
田崎橋電停
水前寺周辺

交通information

主要エリア間の交通

鉄道・バス

| 高千穂バスセンター | → 産交バス・杖立線で約35分 → | 大観峰入口バス停 |

産交・宮崎交通バス「たかちほ号」で2時間10分、熊本駅まで約3時間5分 ↓

| JR阿蘇駅 |

産交・大分バス「やまびこ号」で約50分 ／ 産交バス・阿蘇火口線で約30分 ↓

| 阿蘇くまもと空港 | | 草千里ヶ浜 |

産交バス・空港リムジンバスで約1時間 ／ JR豊肥本線で約1時間40分 ↓

| JR熊本駅 |

新幹線さくら・みずほで約45分 ／ 熊本市電で15分 ↓

| JR鹿児島中央駅 | | 熊本城・市役所前電停 |

特急きりしまで約2時間10分 ／ 熊本市電で約17分 ↓

| JR宮崎駅 | | 水前寺公園電停 |

車

| 高千穂バスセンター |

国道325・265号経由約54km ／ 国道212号経由約14km ↓

| 大観峰 |

| JR阿蘇駅 |

県道111号経由約13km ↓

産業道路、国道57号経由約32km ／ 県道225号、国道57号経由約45km ／ 県道207・299号経由約30km

| 草千里ヶ浜 |

| 阿蘇くまもと空港 |

県道22・28・36号経由約20km ↓

| JR熊本駅 |

九州自動車道経由約178km ／ 宮崎自動車道、九州自動車道経由約189km ／ 県道28号経由約3km ／ 県道28号経由約4km

| JR鹿児島中央駅 | | JR宮崎駅 | | 熊本城 | | 水前寺成趣園 |

阿蘇の移動は事前に情報収集を

2023年12月現在、熊本からの主要アクセス道でありながら、震災の影響で長らく通行止めの状況であった国道57号は2020年秋に既存ルートに加え、北側復旧ルートとの2ルートで開通。また、国道325号の新阿蘇大橋が開通するなど、阿蘇エリアのアクセスの回復は着実に進んでいる。ただし、道路の通行止め区間もあるので誘導看板に従おう。鉄道はJR豊肥本線が2020年に、南阿蘇鉄道は2023年7月に全線復旧した。復興や火山活動の状況については、行政や各交通機関のHPなどで事前に確認を。阿蘇山の火口へのアクセスはシャトルバスを利用する。

熊本・阿蘇はこんなところです

111

かつての姿を取り戻す街のシンボルに注目

熊本市街

くまもとしがい

復興が進む熊本城がシンボル。繁華街の上通・下通やアクセス拠点となる熊本駅には人気のレストランやショップが点在。

熊本地震で被災し、復旧工事が進む熊本城。見学通路から作業の様子を眺められる

熊本城下に広がる九州を代表する一大タウン

熊本城がそびえ立ち、昼夜を問わず人々が賑わう街。九州を代表する繁華街である上通・下通周辺には名物グルメを提供する店やシティホテルが点在し、観光客も多く見られる。大型複合施設の進出も著しく、ますます盛り上がりを見せている。

➲震災復興のシンボルの天守閣。地震で被害を受けたが、美しい姿が蘇った

築城の名手が築いた日本三名城のひとつ

熊本城

くまもとじょう

蘇った黒塗りの天守閣 復旧の様子を見学

中世の隈本城をルーツとし、加藤清正が慶長(けいちょう)12年(1607)に完成させた天下の名城。平成28年(2016)の熊本地震で甚大な被害を受け、特別見学通路を設けて復旧の様子を一般公開。天守閣は2021年に完全復旧した。ただ、城全体の復旧にはまだまだ時間を要すると見込まれている。

熊本市街 MAP 付録 P.20 B-3
☎096-223-5011(熊本城運営センター)
所 熊本県熊本市中央区本丸1-1
開 9:00〜17:00(最終入園16:30)
料 特別公開800円 休 無休 交 市電・A・B系統、熊本城・市役所前電停から徒歩10分
P あり(有料)

特別公開エリア
シャトルバス運行ルート
立入規制区域
旧細川刑部邸(休館中)
三の丸第二駐車場
市立熊本博物館
熊本縣護国神社
熊本県立美術館
二の丸広場
宇土櫓と石垣を神社から見学
宇土櫓を遠目に眺めることができる
N
0 150m
加藤神社
宇土櫓
天守閣
西大手門
① ② ③ ④ ⑤ ⑥
北口
本丸御殿闇り通路
数寄屋丸二階御広間
二の丸駐車場
熊本城稲荷神社
南口
未申櫓
二様の石垣
東竹の丸重要文化財
8:30〜24:00まで通行可
飯田丸五階櫓
P.114 桜の馬場 城彩苑
長塀
熊本城・市役所前電停
熊本市電
城彩苑駐車場
熊本市役所
加藤清正公像
坪井川
熊本市役所14階展望ロビー

お役立ち information

無料シャトルバス

城近くの二の丸駐車場と観光施設「桜の馬場 城彩苑」を結ぶ無料シャトルバスが10〜15分間隔で運行(9〜17時)。城彩苑への行き来に便利。

熊本城ボランティアガイド

ボランティアガイドが無料で熊本城を案内してくれる。受付は桜の馬場 城彩苑にある総合観光案内所内カウンター(9〜15時)。所要時間は約1時間で、8人まで参加できる。予約ガイドは申し込みが必要(有料)。詳細はHPを確認を。
☎096-356-2333(くまもとよかとこ案内人の会)

熊本城を知る散策コース

復興する城の今を見学

特別見学通路を巡って、被災や復旧の様子と天守閣内部を見学。空中回廊からお城を見学できるのは復興中の今だけ。

大天守の最上階からは熊本の街を一望できる

1 宇土櫓
うとやぐら

創建時の姿を残す多重櫓

熊本城で唯一現存している多重櫓。3重5階で19mの高さは大天守に次ぐ規模。国の重要文化財に指定。倒壊は免れたが被害を受け復旧中。

2023年11月現在工事中のためシートに覆われている

2 天守閣
てんしゅかく

天守からの眺めを満喫

3重6階地下1階の大天守と2重4階地下1階の小天守からなる。西南戦争の際に焼失し、昭和35年(1960)に再建。震災から復旧し、内部を見学できる。

天守閣内部で展示されている天守軸組模型

4 東竹の丸重要文化財
ひがしたけのまるじゅうようぶんかざい

城の東面を守る5棟の現存櫓群

田子櫓、源之進櫓、十四間櫓など、城の東側に築城時の単層櫓が連続して並ぶ。高い石垣の上に建っているが、地震で被災した。

地震で傾斜してしまった建物はワイヤーなどを利用して倒壊を防いでいる

3 本丸御殿 闇り通路
ほんまるごてん くらがりつうろ

国内でも珍しい地下通路

本丸御殿は豪華な大広間(2023年10月現在内部非公開)。広間の下には国内でも稀な地下通路(闇り通路)があり、通行可能。

本丸御殿を支える2つの石垣に囲まれた地下通路

5 二様の石垣
にようのいしがき

新旧の石垣を見比べる

本丸御殿の建設の際に、古い石垣に新たな石垣が積み足された。新旧で石の積み方や勾配の違いが見られる。地震で新しい石垣(写真左)の上部が沈下した。

美しい石垣と天守閣を収められる人気の撮影スポット

6 数寄屋丸二階御広間
すきやまるにかいおんひろま

城郭建築に珍しい遊興空間

建物2階に書院造りの座敷広間がある。2023年10月現在、内部非公開。

地震で石垣の一部が崩れ、建物にたわみが生じた

熊本城を望む撮影スポットに注目

加藤神社 → P.115
かとうじんじゃ

熊本城を建てた加藤清正公を祀る古社。境内から天守閣や宇土櫓を間近に眺められる。

熊本城周辺
MAP 付録 P.20 B-1

⬆天守閣や宇土櫓の美しい姿を写真に収められるスポットとして人気が高い

熊本市役所14階展望ロビー
くまもとしやくしょじゅうよんかいてんぼうロビー

熊本城の遠景を撮影するのに最適のスポット。ライトアップされた天守閣の夜景も楽しめる。

熊本市街 MAP 付録 P.20 B-3

📞096-328-2111
🏢熊本県熊本市中央区手取本町1-1
🕐8:30(土・日曜、祝日9:00)〜22:00
💴無料 休無休 🚋市電・A・B系統、熊本城・市役所前電停からすぐ Ｐあり

⬆城内の緑に映える天守閣。熊本の街の風景も一緒に楽しみたい

もっと見たい、熊本市街の見どころ

城下町を深掘り

余裕のあるスケジュールなら、ぜひこちらへ。
歴史や文化を感じる大人の時間を過ごせるはず。

水前寺成趣園

すいぜんじじょうじゅえん
水前寺 **MAP** 付録 P.20 C-2

**四季折々に楽しめる
優美な回遊式庭園**

約7万3000㎡の広さを誇る庭園。肥後細川家の初代熊本藩主・細川忠利公が御茶屋を建てたのが始まり。池には阿蘇の伏流水が今も豊かに湧き出し、園内には肥後細川家の歴代藩主やガラシャなどを祀り創建された出水神社がある。

↑阿蘇の湧水をたたえた池を中心に築山、松などが見事な景色を描く

☎096-383-0074 ⊕熊本県熊本市中央区水前寺公園8-1 ⊜8:30～17:00(入園は～16:30) ㊡無休 ㊣400円 ㊄市電・A・B系統、水前寺公園電停から徒歩2分 Ｐなし

熊本市現代美術館

くまもとしげんだいびじゅつかん
熊本城周辺 **MAP** 付録 P.20 C-3

無料でアートを楽しめる人気の美術館

気軽にアートにふれられるスポット。現代アート作品の常設展示やホームギャラリーなど、無料スペースが充実。多彩な企画展も好評。

↑最新のアートに囲まれながら美術図書やマンガが閲覧できるホームギャラリー
マリーナ・アブラモヴィッチ《Library for Human Use》2002年 ©Marina Abramović、ジェームズ・タレル《MILK RUN SKY》2002年、熊本市現代美術館

☎096-278-7500 ⊕熊本県熊本市中央区上通町2-3 ⊜10:00～20:00 ㊡火曜(祝日の場合は翌日) ㊣企画展のみ有料 ㊄市電・A・B系統、通町筋電停からすぐ Ｐなし

小泉八雲熊本旧居

こいずみやくもくまもときゅうきょ
熊本城周辺 **MAP** 付録 P.20 C-4

**特別にあつらえた神棚など
八雲のこだわりが息づく**

島根県の松江から移り住んだ小泉八雲(ラフカディオ・ハーン)が暮らした家。熊本にはほかにも八雲作品の舞台となった場所や、教鞭を執った赤レンガの校舎など、ゆかりの場所が残っている。

↑毎朝神棚に拝礼してから出勤したという

☎096-354-7842 ⊕熊本県熊本市中央区安政町2-6 ⊜9:30～16:30 ㊡月曜(祝日の場合は翌日) ㊣無料 ㊄市電・A・B系統、水道町電停から徒歩2分 Ｐなし

桜の馬場 城彩苑

さくらのばば じょうさいえん
熊本城周辺 **MAP** 付録 P.20 A-3

**熊本の歴史と文化を体験
食べて遊んで楽しく学ぶ**

熊本城の歴史と文化を多彩なコンテンツで学べる「熊本城ミュージアム わくわく座」と、県内選りすぐりの食事やおみやげが楽しめる「桜の小路」からなる。熊本の伝統や城下の賑わいが体感できる。

☎096-288-5600(わくわく座)／096-288-5577(桜の小路) ⊕熊本県熊本市中央区二の丸1-1 ⊜わくわく座9:00～17:30(入館は～17:00)、桜の小路9:00～18:00、飲食店11:00～18:00※店舗により異なる ㊡わくわく座12月末 ㊣わくわく座300円、桜の小路無料 ㊄市電・A・B系統、熊本城・市役所前電停から徒歩7分 Ｐあり

↑スタッフのライブ解説で、時空を超えた熊本城の新たな魅力を体感できる「熊本城VR」は、わくわく座で上映される

↓郷土の味を供する食事処、名産品を販売するショップが23店舗並ぶ桜の小路

熊本市街 ●歩く・観る

114

加藤氏と細川氏が統べた熊本藩のシンボル的名城

復興へ歩み出す熊本城、動乱の歴史

西南戦争で「官軍に負けたのではない、清正公に負けたのだ」と西郷に言わしめた熊本城。
丘陵全体を城郭とする壮大な城だが、熊本地震で被災…。しかし落城することはけっしてない。

中世の城から広大な城郭の築城へ

　加藤清正が茶臼山に築城する以前の城は、「隈本城」と呼ばれた。隈本城が文献に現れる最も古い記録は南北朝時代の永和3年(1377)。その後、隈本城には出田氏、鹿子木氏が入り、鹿子木氏時代に茶臼山丘陵の東側(現在の千葉城)から、丘陵の南側(現在の古城)に移ったといわれている。天正16年(1588)に肥後北半国領主として入国した加藤清正は、まず隈本城の整備を始めるが、その後隣の茶臼山全体を城郭とする壮大な築城を開始し、慶長5年(1600)には茶臼山山頂に3重6階地下1階の天守を建築した。慶長12年(1607)には本丸が完成し、隈本という地名は熊本に改められた。

清正に負けた西郷と震災からの復興

　寛永9年(1632)に加藤家は改易となり、細川忠利が熊本城に入り、54万石の肥後熊本藩主となる。"肥後の鳳凰"と称された名君、6代目藩主重賢は、藩の財政改善や、熊本城内に藩士育成のための藩校「時習館」も設立している。江戸期を通じて熊本城は戦火に遭うことはなかったが、明治9年(1876)の神風連の変では城内の熊本鎮台(鎮西鎮台が改称)が襲撃され、兵舎が炎上した。翌年の西南戦争で西郷隆盛が熊本城に入城していた政府軍攻略に失敗。この西南戦争で、原因不明の火災で天守や本丸御殿などが焼失する。平成28年(2016)4月14・16日の熊本地震で熊本城は甚大な被害を受け、その復旧・復元のために「復興城主」制度が設けられ、支援と協力を呼びかけている。

⬆天守のほかに「三の天守」と呼ばれる宇土櫓を持ち、石垣下部の勾配はゆるやかで、上部に向かって急角度となる「武者返し」

加藤清正　現在も県民に愛される名武将

　加藤家が熊本藩を統治したのは45年間だったが、清正の足跡は熊本の基礎を作ったとされる。築城をはじめ治水工事や新田開発、海外貿易などでも才覚を発揮し、領民から大いに慕われた。熊本では「セイショコさん」と呼ばれ、清正への思いは現代も続いている。
⬆熊本城近くの行幸橋横に立つ清正像

加藤神社
かとうじんじゃ
熊本城周辺
MAP 付録P.20 B-1

加藤清正公を祀る神社。熊本城内にあり、太鼓橋やお手植えの樹など、清正公ゆかりのものが見られる。境内からは天守閣を望むこともできる。

☎096-352-7316
🏠熊本県熊本市本丸2-1　🕐休科境内
自由　🚍市電・A・B系統 熊本城・市役所前電停から徒歩10分　🅿あり

熊本 歴史年表

西暦	元号	事項
1587	天正15	豊臣秀吉の九州征伐。佐々氏が肥後国領主として隈本城に入城
1588	16	加藤清正、隈本城に入城
1592	文禄 元	文禄の役
1597	慶長 2	慶長の役。朝鮮出兵で藩より約1万人が出兵
1600	5	関ヶ原の戦い。清正は東軍として九州で戦闘。戦功により領地が増え、54万石となる
1607	12	新城が完成し、隈本を熊本へ改称
1632	寛永 9	加藤家2代目の忠広が改易され、細川忠利が熊本城へ入城
1752	宝暦 2	細川重賢による宝暦の改革
1871	明治 4	廃藩置県により熊本県が誕生。陸軍の鎮西鎮台を熊本城内に設置
1877	10	西南戦争で熊本城に籠城。天守や本丸御殿などが炎上
1960	昭和35	熊本城天守を再建

熊本の夜は興奮食材のオンパレード

最上級でもてなす 牛・馬・鶏、肉の宴

県の消費量は全国一という馬肉をはじめ、やわらかな赤身が特徴の「あか牛」、絶滅からの復活を遂げた地鶏「天草大王」など、質の高い肉が目白押し。生、焼き、煮込みと好みの調理法で味わいたい。

スペシャル馬ユッケ 1944円（奥）
馬一頭から少量しか取れない「かいのみ」のみを使用。肉の甘みが感じられる

とびきりコース1万1000円〜、
おまかせコース1万6500円〜（手前）
天草大王（手前右）は平飼いで肥育した肉だけにやわらかく歯ごたえがあり、旨みに満ちている。あか牛（手前左）はとろけるような極上の味わいの赤身。「さし」が少ない分、食後はもたれない

↑「大王」の名のとおり、堂々たる風格の地鶏・天草大王。臭みがなく、噛めば噛むほど旨みが出る

黒毛和牛や天草大王、馬ユッケも！
熊本の本当にうまい肉を発信

予約 望ましい
予算 D 1万1000円〜

焼肉

焼肉すどう
やきにくすどう

熊本城周辺 MAP 付録P.20 C-3

黒毛和牛や熊本でしか生産されていない地鶏・天草大王など、熊本県産の上質な肉を提供。最高の状態で食べてほしいと「焼き師」が焼いてくれる。コースのほか、アラカルトメニューも充実している。

☎096-288-5729
熊本県熊本市中央区上通町4-10 トラヤビル3F
17:00〜23:00(LO22:30) 無休
市電・A・B系統、通町筋電停から徒歩3分
なし

←↑ゆっくり食事を楽しんでほしいと居心地のよさを追求（右）。「素材で勝負」をモットーにしている（上）

馬肉生産者が経営するため
希少な部位も存分に味わえる

馬肉料理

菅乃屋 銀座通り店
すがのや ぎんざどおりてん

熊本城周辺 **MAP** 付録P.20 B-4

阿蘇の大自然のなかに約90万坪もの広大
な牧場を持ち、国内最大の馬肉生産量を
誇る。一貫生産で製造された馬肉が菅乃
屋のおいしさの埋由だ。銀座通り店は素
材を最大限に生かした和食とフレンチを
融合した馬肉創作料理をコースで提供。

☎096-312-3618
🏠熊本県熊本市中央区下通1-9-1ダイワロイネッ
トホテル熊本銀座通り2階
⏰11:30〜14:30(LO)17:00〜21:00(LO)
🈳不定休
🚃市電・A・B系統、花畑町電停から徒歩3分 🅿なし

予約	望ましい
予算	
L	2500円〜
D	7900円〜

菅乃屋特選ハリハリ鍋
コース 9900円
ハリハリ鍋のほか、季節によっ
て内容が変わる前菜、馬肉のタ
ルタル、馬刺し盛合せなどが味
わえる人気のコース

🔺高級感あふれる落ち着いた雰囲気も素敵

口の中でとける感動の霜降り馬刺、
レバー刺も常時味わえる老舗

馬肉料理

天國 本店
てんごくほんてん

熊本駅周辺 **MAP** 付録P.20 A-2

馬肉料理を専門に40年以上。扱う馬肉の
質には定評がある。霜降りが美しい馬刺
や貴重なレバー刺、一頭から6〜7kgしか
取れない三角バラを使ったにぎり、馬肉
のしゃぶしゃぶなど、老舗ならではの極
上の馬肉料理が味わえる。

☎096-326-4522
🏠熊本県熊本市西区二本木2-13-12 天國ビル2F
⏰11:30〜14:30(LO14:00) 18:00〜23:00
(LO22:00)
🈳火曜
🚃市電・B系統、田崎橋電停から徒歩6分 🅿あり
※熊本城周辺に支店・西銀座通り店
(**MAP** 付録P.20 B-4)もあり

馬刺(特上霜降り) 3500円
馬刺は自慢の一品。老舗ならで
はのルートで極上のものが入る

予約	望ましい
予算	
L	1800円〜
D	8000円〜

🔺馬肉の刺身
6種にヒレス
テーキが付い
たランチ3700
円も人気

馬レバー刺 2500円
なかなか手に入らなくなった
レバーも常時、刺身で楽しめる

馬特上にぎり 2400円
バラのなかでも最高級の三
角バラを使用。肉の旨みが
しっかり味わえる

阿蘇
あそ

迫力のある山々、広大な草原を見渡し、
絶景を眺めながらのランチでひと休み。
豊かな自然の魅力を存分に楽しみたい。

青々とした草原の季節におとらず、
秋のすすき野も美しい

阿蘇●歩く・観る

鮮やかな緑の山肌を眺めながら、ダイナミックな景色を駆け抜ける
山と草原ドライブ

遠くまで広がる雄大な景色に心まで解放されるドライブ・ロード。
牛や馬がのんびりと過ごす草原、山々が描くスカイライン、
池や田畑と変化に富み、カルデラの特徴的な眺望が楽しい。

1 ミルクロード
MAP 付録 P.18 B-2

阿蘇のてっぺんを走る

阿蘇の外輪山をたどる約45kmの道。ゆる
やかにカーブしながら草原を行く、気持ち
のよいドライブ・ルートだ。
🚗九州自動車道・熊本ICからミルクロード西側
入口まで車で25分

⬆空が近く眼下に雄大な阿蘇が広がる

2 大観峰
だいかんぼう
MAP 付録 P.19 D-1

阿蘇五岳を望む展望スポット

世界でも最大規模のカルデラに、根子
岳、高岳、中岳、烏帽子岳、杵島岳が
連なる眺めは実に雄大。条件が揃えば、
早朝に雲海も見られる。

大観峰の名は徳富蘇峰（とくと
みそほう）により名付けられた

3 阿蘇パノラマライン
あそパノラマライン
MAP 付録 P.19 D-2

カルデラ内側を眺める

阿蘇山を南北に貫く道路。
山の中腹から山頂付近まで
高低差は約600mあり、牧草
地で草を食む牛馬の様子も
印象的。
🚗九州自動車道・熊本IC／益城熊
本空港ICから阿蘇パノラマライン
北入口まで車で50分

⬆道中に見える米
塚は小規模ながら
も立派な火山

☎0967-34-1600
（阿蘇インフォメーショ
ンセンター）
🏢熊本県阿蘇市山田
⏰休料見学自由
🚃JR阿蘇駅から産交バ
ス・杖立線で34分、大観
峰入口下車、徒歩30分
🅿あり

➡阿蘇山外輪の最高峰
で、標高935.9m

↑阿蘇のブランド牛、あか牛。おとなしく放牧に適した褐毛和種だ

移動時間◆約3時間

おすすめドライブルート

阿蘇くまもと空港で車をレンタルし、ミルクロード経由で阿蘇方面へ。南阿蘇へ向かう場合は県道206・28号、または新阿蘇大橋を利用。見晴らしは良いがカーブも多いのでスピードに注意。災害の影響で通行止め区間があるので、事前に市や観光協会のHPで交通情報を調べてから訪れよう。

| 阿蘇くまもと空港 |
| あそくまもとくうこう |

↓ 県道36・202・207・225号
9.4km／15分

| 1 ミルクロード |

↓ 県道339・12・45号
29.8km／40分

| 2 大観峰 |
| だいかんぼう |

↓ 県道45号、国道212・57号
14.5km／25分

| 3 阿蘇パノラマライン |
| あそパノラマライン |

↓ 県道111号
13km／20分

| 4 草千里ヶ浜 |
| くさせんりがはま |

↓ 県道111号、国道57号、県道11号　17.5km／30分

| 5 阿蘇門前町 |
| あそもんぜんちょう |

↓ 県道11号、国道57号、県道23・339・225・207・202・36号　35.6km／50分

| 阿蘇くまもと空港 |
| あそくまもとくうこう |

↑夏は池の青と草原の緑が美しいコントラストをなす。白銀の冬は池も凍る

↑草千里ヶ浜周辺にはカフェやレストラン、おみやげの売店が入ったレストハウスが軒を連ねる

4 草千里ヶ浜
くさせんりがはま

MAP 付録P.19 D-3

広大な草原で絶景を堪能

烏帽子岳北麓に広がる78万5000㎡の大草原。中岳から立ち上る噴煙、火口跡の池、草を食む馬と、雄大で牧歌的な景色が広がる。

☎0967-34-1600(阿蘇インフォメーションセンター)　所熊本県阿蘇市草千里ヶ浜
開休料見学自由　交JR阿蘇駅から産交バス・阿蘇火口線で29分、草千里阿蘇火山博物館前下車、徒歩1分 ※1日6往復のみ　Pあり

5 阿蘇門前町
あそもんぜんまち

MAP 付録P.18A-1

散策に適した街並み

阿蘇神社の門前町で、風情あふれる街並みと、郷土料理や菓子の名店も充実。湧水に恵まれたエリアで、路傍には飲料可能な水の湧く水基が点在する。

↑店の軒先などで水基が見られる

☎0967-22-8181
(阿蘇市一の宮町インフォメーションセンター)　所熊本県阿蘇市一の宮町宮地　交JR宮地駅から徒歩15分

↑湧水を使ったグルメも充実している

門前の甘味処へ

湧水かんざらしの店 結
ゆうすいかんざらしのみせ ゆい

MAP 付録P.18A-1

湧水で作る絶品甘味

明治時代の女学校建物を再利用。湧水池に自生するクレソンを練り込んだ白玉入りの手作りかんざらし500円を味わうことができる。

☎0967-22-5488　所熊本県阿蘇市一の宮町宮地3204　営10:00〜18:00(LO17:00)　休水曜(祝日の場合は翌日)　交JR宮地駅から徒歩20分　Pあり

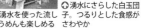

↑湧水を使った流しそうめんも楽しめる

↑湧水にさらした白玉団子。つるりとした食感がさわやか

119

連なる峰々の造形に癒やされる

絶景ビューの ランチタイム

雄大なカルデラ地形を目の前にした昼ごはんは、
なによりも贅沢な時間。好みの一軒を選んで
ドライブの途中でのんびり景色と美食を楽しむ。

地場産野菜とあか牛のコース
南阿蘇の眺めもごちそう

イロナキカゼ

MAP 付録P.18 C-4

阿蘇の大地で育った野菜など地場の
素材を使い、イタリアンをベースに
したオリジナリティ豊かな料理を提
供する。メニューは阿蘇あか牛を
メインにしたおまかせコースのみ。

☎0967-67-3633
🏠熊本県南阿蘇村河陰3716-1
🕐11:00～15:00(LO14:00)
🈳木曜、第3水
曜、水曜不定休(要問い合わせ)
🚉JR立野駅から車で15分　🅿あり

1.すべての席から南阿蘇の雄大
な眺めが楽しめる　2.コースに
は前菜、日替わりのスープとデ
ザート、こだわりの水出しコー
ヒーが付く　3.地元の路地栽培
野菜などを使った前菜　4.阿蘇
五岳の南側に位置するお店

自家製無農薬野菜が
たっぷりの料理が評判

カフェ もちとこ

MAP 付録 P.19 E-2

自家製野菜を使った約10品もの手料理に、ご飯、汁もの付きで600円。追加料金で肉料理（+300円）やデザート（+400円）を加えることも可能。栄養満点の食事と温かな雰囲気に癒やされるカフェだ。

☎090-1927-7047
所熊本県阿蘇市西町885
営11:30～17:00　休日・月曜
交JR阿蘇駅から車で8分
Pあり

1.木材を多用した店内には暖炉が置かれ、外の自然と相まってアットホームな雰囲気　2.野菜ランチ定食は、この品数とボリュームで600円　3.阿蘇五岳を眺めるカフェ

田園の真ん中で味わう
絶品ソーセージ

ヒバリカフェ

MAP 付録 P.19 E-2

質の高い豚肉と阿蘇の湧水を使った手作りソーセージやハムを生産するひばり工房のカフェ。ドイツの食肉コンテストで金賞を受賞したソーセージやベーコンを使ったドッグが看板メニュー。

☎0967-22-1894
所熊本県阿蘇市一の宮町中通640-1
営11:00～17:00
休火曜
交JR阿蘇駅から車で10分　Pあり

1.窓の外に田園が広がり、遠く阿蘇五岳を望む。1卓のみのテラスは特等席　2.ヒバリドッグ560円とナガタ紅茶380円。滋味あふれるソーセージは必食だ

めるころパン工房
めるころパンこうぼう

MAP 付録 P.18 C-4

こだわりの材料で作るパンが好評。毎日50～60種類が用意され、おみやげに適したメニューも充実。

☎0967-67-2056
所熊本県南阿蘇村河陽坂の上3765
営9:00～17:00
休水・木曜、不定休あり
交JR立野駅から車で10分　Pあり
⟳黒豆、うぐいす豆、サツマイモが入って食べごたえのある豆パン1個550円※写真はイメージ

いまきん食堂
いまきんしょくどう

MAP 付録 P.19 D-1

☎0967-32-0031
所熊本県阿蘇市内牧290

創業約100年の食堂。阿蘇の名物、あか牛を使った丼やハンバーグ定食が人気だ。あか牛味噌にぎりめしもおすすめ。

営11:00～15:00（受付終了）　休水曜
交JR阿蘇駅から車で15分　Pあり
⟳一番人気のあか牛丼1960円

洗練の空間で非日常を体験
大地を感じる
旬のリゾート

森林の中にたたずむ温泉宿で過ごす、
特別な休日。豊かな自然に抱かれ、
極上のもてなしを受けて、心身の疲れを癒やす。

阿蘇●泊まる

森に点在する離れでくつろぐ
阿蘇を満喫する贅沢空間

界 阿蘇
かいあそ

MAP 付録P.3 D-1

クヌギの原生林が広がる国立公園内にあり、約8000坪もの敷地に12棟の離れが建つ。いずれも森林浴が存分に満喫できるテラス、温泉を引いた露天風呂を備え、落ち着いたたたずまい。阿蘇の自然に抱かれた贅沢な滞在が楽しめる。地物をふんだんに使った料理も絶品。

☎050-3134-8092（界予約センター）
所大分県九重町湯坪瀬の本628-6
交JR阿蘇駅から車で40分　Pあり
in15:00　out12:00　客12室
予約1泊2食5万5000円～

1.毎朝開催される「カルデラ体操」で自然の恵みをたっぷりと感じる　2.森に張り出すような露天風呂が素敵　3.周囲の森は季節ごとに表情を変える　4.高い天井が特徴のご当地部屋「カルデラの間」　5.阿蘇の地形や成り立ちを教わりながら、カクテルを味わえる「カルデラBAR」（無料）

ホテルグルメ PICK UP

食材から溶岩プレートまで
九州が育む自然の恵みを堪能

阿蘇の豊かな自然と地の利を生かした山海の幸が楽しめる。旬の素材をユニークな調理法で提供する会席料理がおすすめ。

阿蘇に湧く良質の温泉を日帰りで気軽に楽しむ

充実の施設と豊かな自然が満喫できる立ち寄り湯。観光エリアからほど近いので、気軽に立ち寄れるのも魅力だ。

阿蘇乙姫温泉「湯ら癒ら」
あそおとひめおんせん「ゆらゆら」

MAP 付録P.19 D-2

天然温泉の家族湯が全22室。内湯のみ、内湯+露天、さらには浴槽にすべり台が付いたものまで多彩で、幅広い年代が楽しめる。

☎0967-32-5526
所熊本県阿蘇市乙姫2052-3
時11:00～24:00 日曜、祝日9:30～22:00　休無休
料1部屋2000～5000円（60分、特別室は80分）　交JR阿蘇駅から車で7分　Pあり

右休憩室付きの特別室はカプセル岩盤浴も備える（左）。内湯、露天を備えた「寿」。洗い場に敷かれた畳の感触も心地いい（右）

火の山温泉 どんどこ湯
ひのやまおんせん どんどこゆ

露天、屋内合わせて10（男5女5）ものお風呂があり、すべて源泉かけ流しの天然湯。自家牧場のあか牛ステーキが好評のレストランもある。

右阿蘇外輪山の景色も美しい庭や休憩所も併設

MAP 付録P.18 C-3

☎0967-35-1726
所熊本県南阿蘇村下野135-1　時11:00～22:00（受付は～21:00）　休無休　料630円　交JR阿蘇駅から車で20分　Pあり

右西日本最大、1000坪という広大な敷地面積を誇る

宮崎・日南

❖

フェニックス並木に南国情緒を感じ、
宮崎発の名物グルメ・チキン南蛮に舌鼓。
宮崎市街から海沿いに南へ延びるのは、
県最南端まで続く絶景ドライブコース。
奇岩を望んだり、崖上に位置したりなど、
日南海岸に鎮座する神社は独特だ。
九州の小京都・飫肥の街並みも興味深い。

煌めく陽光と
青い大海原が
開放的な土地を
駆け抜ける

旅のきほん

エリアと観光のポイント

宮崎・日南はこんなところです

宮崎市街には、初代天皇を祀る神社や、南国らしい公園、ご当地グルメに注目。日南海岸でのドライブや青島神社は、宮崎観光で絶対外せない人気エリアだ。

フェニックス並木が続く海岸線

日南 ➡P.126

にちなん

「日南フェニックスロード」と呼ばれる海岸沿いに、風光明媚な王道観光地があり、ドライブに最適だ。

観光のポイント 青島神社 P.126
鵜戸神宮 P.127

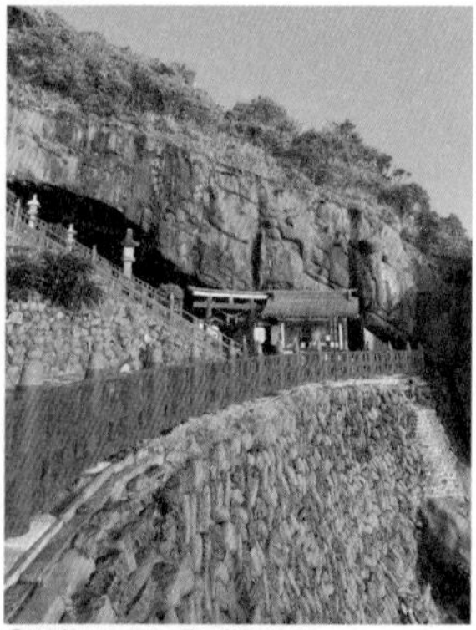

断崖上にたたずむ鵜戸神宮

南国の自然、グルメを満喫

宮崎市街 ➡P.128

みやざきしがい

花と緑にあふれた県庁所在地は南国ムード満載。神話ゆかりの地が点在し、買い物やグルメなら橘通りや通称「ニシタチ」(西橘通り)へ。

観光のポイント 宮崎神宮 P.128 フェニックス・シーガイア・リゾート P.134

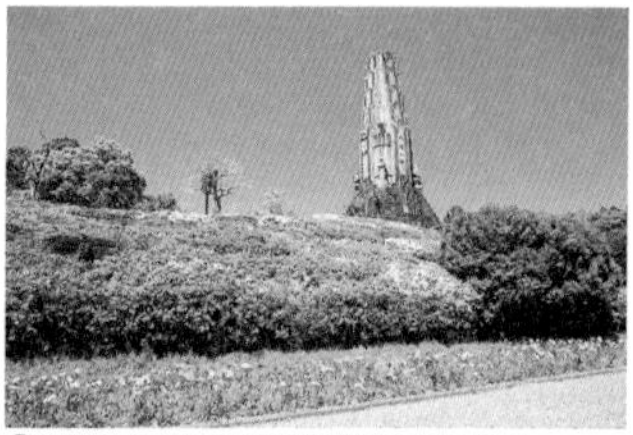

平和台公園(P.128)は散策するのによい

江戸時代の街並みを今に伝える

飫肥 ➡P.136

おび

飫肥藩伊東家5万1000石の城下町。飫肥城跡や武家屋敷など落ち着いた街並みは「九州の小京都」とも呼ばれる。

観光のポイント 飫肥城跡 P.136
豫章館 P.136

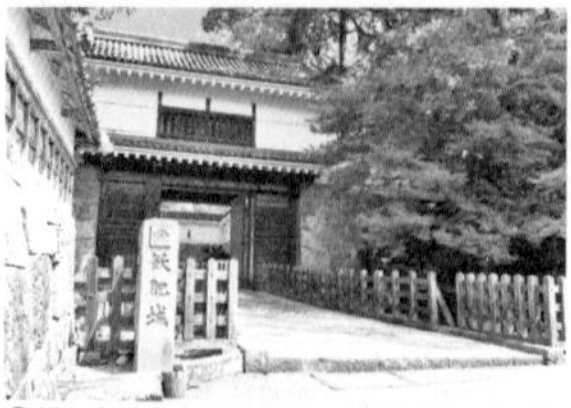

緑に包まれた姿も趣深い飫肥城跡の大手門

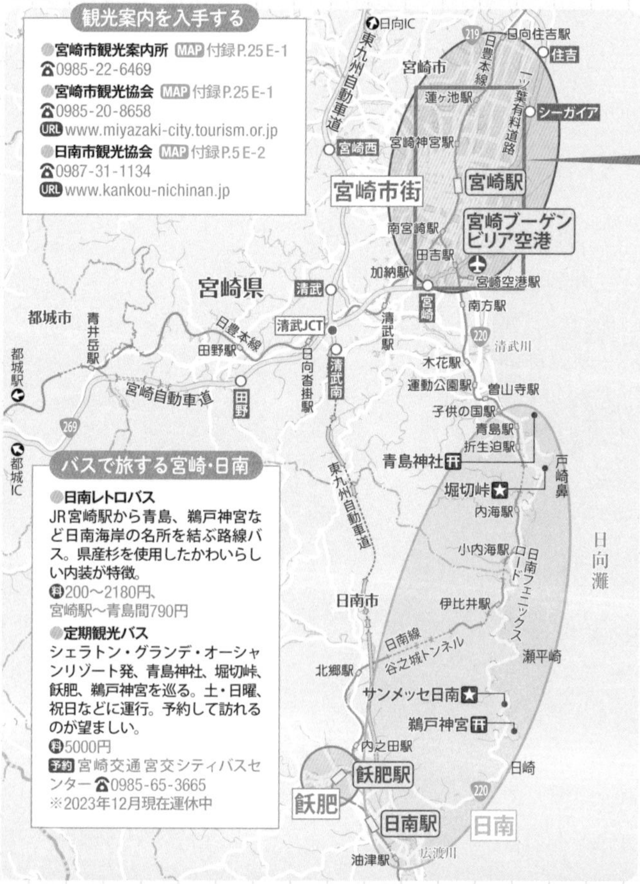
日向IC
219
日向住吉駅
住吉
宮崎市
東九州自動車道
日豊本線
一ツ葉有料道路
蓮ヶ池駅
シーガイア
宮崎神宮駅
宮崎西
宮崎市街
宮崎駅
宮崎ブーゲンビリア空港
南宮崎駅
田吉駅
加納駅
宮崎空港駅
宮崎県
清武
宮崎
南方駅
都城市
青井岳駅
清武JCT
清武駅
220
清武川
日豊本線
田野駅
日向沓掛駅
清武南
都城駅
宮崎自動車道
田野
木花駅
運動公園駅
曽山寺駅
子供の国駅
青島駅
折生迫駅
269
都城IC
青島神社
戸崎鼻
堀切峠
内海駅
東九州自動車道
小内海駅
日南フェニックスロード
日向灘
日南市
伊比井駅
日南線
谷之城トンネル
瀬平崎
北郷駅
サンメッセ日南
鵜戸神宮
内之田駅
飫肥駅
日崎
220
飫肥
日南駅
日南
油津駅
広渡川

観光案内を入手する

宮崎市観光案内所 MAP 付録P.25 E-1
☎0985-22-6469

宮崎市観光協会 MAP 付録P.25 E-1
☎0985-20-8658
URL www.miyazaki-city.tourism.or.jp

日南市観光協会 MAP 付録P.5 E-2
☎0987-31-1134
URL www.kankou-nichinan.jp

バスで旅する宮崎・日南

日南レトロバス
JR宮崎駅から青島、鵜戸神宮など日南海岸の名所を結ぶ路線バス。県産杉を使用したかわいらしい内装が特徴。
料200〜2180円、宮崎駅〜青島間790円

定期観光バス
シェラトン・グランデ・オーシャンリゾート発、青島神社、堀切峠、飫肥、鵜戸神宮を巡る。土・日曜、祝日などに運行。予約して訪れるのが望ましい。
料5000円
予約 宮崎交通 宮交シティバスセンター ☎0985-65-3665
※2023年12月現在運休中

宮崎市街の主なエリア

橘通り周辺
たちばなどおりしゅうへん

ワシントンヤシの街路樹が続く、メインロードを中心に、商店街や飲食店で賑わう繁華街。レトロな雰囲気も魅力だ。

↑宮崎駅から徒歩10分の位置にある通り

宮崎駅周辺
みやざきえきしゅうへん

JRと高速バスの発着拠点。駅構内には駅ビル「アミュプラザみやざき」があり、観光客や地元客で賑わいをみせる。

↑駅西口にアミュプラザみやざきが建つ

宮﨑神宮周辺
みやざきじんぐうしゅうへん

森に抱かれた神話ゆかりの地。博物館や美術館がある文化エリア。

↑宮﨑神宮(P.128)神門

シーガイア周辺
シーガイアしゅうへん

多彩な宿泊施設やゴルフ場、温泉などが集まるリゾートエリア。

↑太平洋を望むリゾート

宮崎空港周辺
みやざきくうこうしゅうへん

宮崎空港から市街地へは約5km。日南海岸への起点となる玄関口。

↑JRでのアクセスが可能

レンタサイクル

●宮崎市観光案内所 レンタサイクル
宮崎市街の観光名所は駅から少し離れているので、自転車の利用も考えたい。
MAP 付録P.25 E-1
☎0985-22-6469
⏰10:00〜17:00 ¥1日500円(別途保証金1000円。問題がなければ返却時に返金)

交通information

主要エリア間の交通

鉄道・バス

JR熊本駅
↓新幹線さくら、みずほ、特急きりしままで約3時間10分
JR延岡駅
↓特急にちりんなどで約1時間10分
JR宮崎駅

フェニックス・シーガイア・リゾート
↓宮崎交通バスで約25分
JR宮崎神宮駅
↓日豊本線で約3分
JR宮崎駅

JR宮崎駅
↓特急きりしままで約2時間10分
JR鹿児島中央駅

JR宮崎駅
↓日南線で約30分
JR青島駅
↓日南線で約40分
JR飫肥駅

JR青島駅
↓宮崎交通バスで約35分
鵜戸神宮

車

JR熊本駅
↓九州自動車道、宮崎自動車道経由189km
JR延岡駅
↓東九州自動車道経由96km
JR宮崎駅

フェニックス・シーガイア・リゾート
↓県道11号経由約8km
宮崎神宮
↓国道10号経由約3km
JR宮崎駅

JR宮崎駅
↓九州自動車道、宮崎自動車道経由約160km
JR鹿児島中央駅

JR宮崎駅
↓宮崎自動車道、東九州自動車道経由約43km
飫肥

JR宮崎駅
↓県道341号、国道220号経由約18km
青島神社
↓国道220号、県道433号経由約24km
鵜戸神宮

宮崎市内の交通

宮崎市内には鉄道が通っているが、繁華街や観光スポットは、JR宮崎駅から少し離れた場所にある。駅からの移動はタクシーがメインとなり、バス移動なら1日乗車券などお得なチケットを活用したい。市街をくまなく巡るなら、JR宮崎駅近くのレンタサイクルを利用する手もある。

宮崎交通バス案内センター
☎0985-32-0718 ⏰7:00〜18:00(日曜、祝日9:00〜)休無休
▶宮崎県内路線バス全線1日乗り放題乗車券
¥2000円、学生1800円、小学生以下1000円
▶土日祝限定 ホリデーパス
¥700円、小学生以下350円

日南海岸の交通

青島神社や飫肥には鉄道が通っているので比較的アクセスしやすく、JR九州の観光列車「海幸山幸」(P.32)も人気。鵜戸神宮や堀切峠など観光名所を巡るなら、JR宮崎駅や空港でのレンタカーがおすすめだ。バス利用なら宮崎県内路線すべてで使える宮崎交通バスの1日乗り放題乗車券や、定期観光バス(P.124)を利用するのもよい。

太平洋を見渡す陽気に満ちた場所

日南
にちなん

フェニックス並木と青い海が織りなす、
宮崎を代表する風景を望む道沿いには、
絶景ポイントやパワースポットが点在。

↑堀切峠から、沿道のフェニックス並木や鬼の洗濯板と呼ばれる奇岩を望む

日南 ● 歩く・観る

宮崎市街から車を走らせる爽快なシーサイド・ロード

南国・日南海岸

宮崎市街から都井岬（といみさき）へ至る海岸沿いの国道は
「日南フェニックスロード」と呼ばれ、
海に臨む名所やレジャースポットが多い。
南国の樹木や花が印象的なドライブコースだ。

↑一年中波が穏やかで、マリンスポーツで賑わう青島ビーチ

1 青島神社
あおしまじんじゃ

MAP 付録 P.22 B-1

神話の島で縁結び祈願

古くは聖なる島として鬼の洗濯板に囲まれた青島に鎮座する古社。海幸山幸の神話から彦火火出見 命（山幸彦）と豊玉（ひこほほでみのみこと）（とよたま）姫 命 のロマンスの地でもあり、縁結び（ひめのみこと）や安産の神様として人気が高い。

☎0985-65-1262
所宮崎県宮崎市青島2-13-1 時参拝自由、授与所8:30〜日没
休無休 料無料
交JR青島駅から徒歩12分 ♭なし

↑元宮は古代祭祀が行われていたパワースポット

↑朱塗りの社殿が鮮やか。境内には多彩な願掛け祈願スポットがある

↑本殿奥の元宮への道にある無数の願掛けの絵馬のトンネル

2 堀切峠
ほりきりとうげ

MAP 付録 P.22 C-1

日南海岸の絶景ポイント

フェニックス並木越しに紺碧の太平洋が輝き、峠の下は一面の鬼の洗濯板という絶好のビュースポット。海岸沿いに遊歩道が整備されている。

☎0985-65-2773（道の駅 フェニックス）所宮崎県宮崎市内海 交JR宮崎駅から宮崎交通バス・飫肥行きで57分、堀切峠下車すぐ ♭あり

↑フェニックスやパームツリーなど南国情緒にあふれている

ドライブ途中のランチはココ

シャンシャン茶屋 日南店
シャンシャンちゃや にちなんてん

MAP 付録 P.22 C-3

日南海岸の国道220号を南下すると左手に見えてくる定食屋。30㎝はある巨大エビフライが有名で、地獲れの刺身定食などもあり、多くの旅行客が訪れる。宮崎市内にも店舗があり、同じ素材を使った料理が味わえる。

🔼食事をしながらオーシャンビューが楽しめる

☎0987-29-1850
🏠宮崎県日南市伊比井99-1
🕐11:00～15:00
不定休あり ❌JR伊比井駅から徒歩10分 🅿あり

🔼究極の大きなエビフライ定食3527円。うどんも付く豪華さ

おすすめドライブルート

国道220号を中心とした日南フェニックスロードを通る海沿いのコース。堀切峠を越えたあたりから海が見えてくる。カーブは多いが一本道で迷いにくい。レンタカーは宮崎駅や宮崎空港以南の日南や串間に大手の営業所がないので、借りた店まで戻ることになる。

宮崎ブーゲンビリア空港
みやざきブーゲンビリアくうこう

⬇ 県道52号、国道220号、県道377号　10.6km／15分

1 青島神社
あおしまじんじゃ

⬇ 県道377号、国道220号、県道377号　3.7km／10分

2 堀切峠
ほりきりとうげ

⬇ 県道377号、国道220号　17.7km／20分

3 サンメッセ日南
サンメッセにちなん

⬇ 国道220号、県道433号　5.6km／10分

4 鵜戸神宮
うどじんぐう

⬇ 国道220号、県道25号　39.2km／1時間

JR宮崎駅
ジェイアールみやざきえき

南国・日南海岸

大海原に朱塔が映える本殿前

4 鵜戸神宮
うどじんぐう

MAP 付録 P.22 C-4

絶景の岸壁にたたずむ

第10代崇神天皇の代に創建されたと伝わる。断崖の洞窟内に本殿があり、夫婦円満・安産祈願の聖地として名高い。磯にある亀石のくぼみに運玉を投げて入れば願いが叶うという願掛けも楽しい。鵜戸神宮一帯が国の名勝「鵜戸」に指定されている。

🔼🔼素焼きの運玉(上)を男性は左手、女性は右手で岩のくぼみ(右)に向けて投げる

☎0987-29-1001　🏠宮崎県日南市宮浦3232
🕐6:00～18:00※HPで要確認
❌無休 ❌JR宮崎駅から宮崎交通バス・日南行きで1時間27分、鵜戸神宮下車、徒歩10分 🅿あり

---

3 サンメッセ日南
サンメッセにちなん

MAP 付録 P.22 C-4

モアイ像が並ぶレジャーパーク

世界で唯一、イースター島の特別許可を得て完全復刻したモアイ像がシンボル。園内には、世界の昆虫展や蝶の地上絵、売店などがある。

☎0987-29-1900　🏠宮崎県日南市宮浦2650　🕐9:30～17:00
❌水曜(年末年始、GW、お盆、祝日は除く) 💰1000円
❌JR宮崎駅から宮崎交通バス・日南行きで1時間22分、サンメッセ日南下車、徒歩15分 🅿あり

🔼園内にあるカラフルな「ヴォワ イアン」も人気

🔽高さ5.5m。各像にはさわると金運、恋愛運アップなどのジンクスがある

日南海岸から足を延ばして 都井岬
といみさき

MAP 付録 P.5 E-3

野生の馬たちの岬

国の天然記念物の「御崎馬」が生息する宮崎県最南端の岬。雄大な景色のなか、「都井岬観光交流館 PAKALAPAKA」や白亜の灯台などがある。

都井岬観光交流館 PAKALAPAKA

☎090-4588-1133(串間市観光物産協会野野生馬ガイド)
🏠宮崎県串間市大納42-3
🕐9:00～17:00
❌火曜(祝日の場合は翌日)
❌JR串間駅から串間市コミュニティバス「よかバス」・都井岬線都井岬行きで40分、パカラパカ下車すぐ 🅿あり

約100頭の馬がのんびり草を食む

127

街の中心には神が鎮座する

宮崎市街
みやざきしがい

宮崎駅から1駅分ほど離れた北部に、神話ゆかりの神社や花の公園が点在。名物グルメやリゾートステイも楽しみ。

玉砂利と照葉樹林が続く静寂の参道

宮崎神宮
みやざきじんぐう
宮崎神宮周辺 **MAP** 付録P.23 D-2

神武天皇を祀る
静寂の森に鎮まる社

神宮一帯が広い森になっており、中心部に初代天皇の神日本磐余彦天皇（神武天皇）とその父・鵜葺草葺不合命、母の玉依姫命を祀る。現在の社殿は狭野杉を用いた神明流造りで、菊の御紋が配されている。明治40年(1907)に建てられた。毎年10月に「神武さま」と称される県下最大の大祭が行われる。

↑長い参道を歩くと堂々とした神門に着く。菊の御紋が配されている

☎0985-27-4004
所宮崎県宮崎市神宮2-4-1
開休料参拝自由
交JR宮崎神宮駅から徒歩12分　Pあり

フローランテ宮崎
フローランテみやざき
シーガイア周辺 **MAP** 付録P.23 F-1

花と緑あふれる都市公園
季節ごとのイベントも人気

芝生広場や温室に加え、1棟ごとにテーマがある庭や、玄関、テラスなどジャンル別のガーデニングを提案する見本園などがある。夏のランタンや冬のイルミネーションなど、夜間イベントも盛況だ。

↑四季折々の花々がゆっくり楽しめる

☎0985-23-1510　所宮崎県宮崎市山崎町浜山414-16　開9:00～17:00　休火曜(祝日の場合は翌日、12月31日(イベント時は変更の場合あり)　料310円
交JR宮崎駅から宮崎交通バス・フローランテ宮崎行きで25分、終点下車すぐ　Pあり

平和台公園
へいわだいこうえん
宮崎神宮周辺 **MAP** 付録P.23 D-1

平和の塔がそびえる
広大な自然散策公園

市街地が一望できる丘陵地にあり、高さ37mの「平和の塔」をシンボルとする公園。アスレチック広場、はにわ園、展望台などが無料開放されており、観光客にも格好の散策スポットになっている。

☎0985-35-3181　所宮崎県宮崎市下北方町越ヶ迫6146　開休料入園自由　交JR宮崎駅から宮崎交通バス・平和台公園レストハウス前行きで31分、終点下車、徒歩1分　Pあり

↑1964年東京五輪の聖火リレーの起点となった平和の塔

↓さまざまな表情のはにわ400体が並ぶはにわ園

江田神社

えだじんじゃ

シーガイア周辺 **MAP** 付録 P.23 F-1

日本神話の世界へ誘う
神々しさが漂う古社

日本神話に登場する国産みの神、伊邪那岐尊と伊邪那美尊を祀る。境内にはパワーを授かるご神木、天照大御神や須佐之男命などが誕生したという「みそぎ池」がある。

☎ 0985-39-3743 　所 宮崎県宮崎市阿波岐原町産母127-イ号ロ号 　営 9:00〜17:00 　休 無休 　料 無料 　交 JR宮崎駅から宮崎交通バス・フローランテ宮崎行きで19分、江田神社下車、徒歩2分 　P あり

⬆最強のパワースポットとして知られる

⬆伊邪那岐尊が禊を行ったというみそぎ池

英国式庭園

えいこくしきていえん

シーガイア周辺 **MAP** 付録 P.23 F-2

松林の中の異空間にある
イギリスへトリップ

宮崎で開催された「グリーン博みやざき'99」で評判を呼んだ英国式庭園。ガーデンハウスを中心に黒松林の間に英国式の代表的な4つの庭園が広がる。ガーデンハウスのカフェでは優雅にティータイムが楽しめる。

☎ 0985-32-1369(国際海浜エントランスプラザ) 　所 宮崎県宮崎市山崎町浜山414-1 　営 9:00〜17:00、カフェ11:00〜16:30(LO16:00) 　休 カフェは不定休 　交 JR宮崎駅から宮崎交通バス・フローランテ宮崎行きで27分、終点下車、徒歩15分 　P あり

⬆本格的な紅茶などが楽しめるガーデンハウスカフェ

⬆英国の伝統的なフォーマルガーデン。フラワーガーデンなどイベントも

宮崎県総合博物館

みやざきけんそうごうはくぶつかん

宮崎神宮周辺 **MAP** 付録 P.23 D-2

楽しんで学べる
宮崎の自然と歴史と民俗

宮崎県の自然史(動物・植物・地質)と歴史(考古・歴史・民俗)の資料をジオラマなどで展示する本館のほか、五ヶ瀬町から移築した天明7年(1787)築の旧藤田家住宅など計4軒集めた民家園がある。

☎ 0985-24-2071 　所 宮崎県宮崎市神宮2-4-4 　営 9:00〜17:00(入館は〜16:30) 　休 火曜 　料 常設展示室は無料 　交 JR宮崎神宮駅から徒歩11分 　P あり

⬆弥生時代の竪穴式住居をジオラマで展示

⬆宮崎神宮の境内の一角に位置する

おみやげを買うならココ

お菓子の日髙本店

おかしのひだかほんてん

コクのあるつぶ餡と、イチゴ・栗・クリームチーズが楽しめる「なんじゃこら大福」は昭和62年(1987)からのロングセラー。宮崎銘菓・チーズ饅頭も人気だ。

橘通り周辺 **MAP** 付録 P.24 B-2

☎ 0120-86-5300 　所 宮崎県宮崎市橘通西2-7-25 　営 9:00〜21:00 　休 1月1日 　交 JR宮崎駅から宮崎交通バス・宮交シティ方面行きなどで7分、橘通二丁目下車、徒歩5分／JR宮崎駅から徒歩20分 　P あり

➡チーズ饅頭210円。プレーンのほか味は4種類

➡なんじゃこら大福520円。全国発送も可能

HAKUGENDO CHAYA

ハクゲンドウ チャヤ

フラワーショップ花villaに併設するオーガニック宮崎茶を取り扱うお茶屋さん。100年続く農家などから選りすぐった有機茶など、煎茶からフレーバーティーまで約30種類以上並ぶ。

宮崎神宮周辺 **MAP** 付録 P.23 E-2

☎ 0985-28-3532 　所 宮崎県宮崎市大島町原ノ前1445-202 フラワーショップ花villa奥 　営 13:00〜19:00 　休 水曜 　交 JR宮崎駅から宮崎交通バス・フェニックス自然動物園行きで19分、原の前下車すぐ／JR宮崎神宮駅から徒歩17分 　P あり

⬆カフェも併設されており、急須でゆったりお茶を楽しめる。季節によってさまざまなメニューが登場

⬆2023年4月のG7広島サミット農相会合にて提供された有機煎茶やまなみ1438円は宮崎のうま味が詰まったお茶

地元の食材を宮崎市街で堪能

旅先を彩る
美食のテーブル

温暖な気候と日向灘の豊かな海に恵まれて、魚介、肉、野菜と良質な食材が揃う宮崎。職人技が光るとっておきの名店をご紹介。

宮崎の旬食材をおいしく提供
実力派の郷土料理店

ふるさと料理 杉の子
ふるさとりょうり すぎのこ

橘通り周辺 **MAP** 付録P.24A-3

宮崎でとれる四季折々の食材をていねいにバランスよく提供する郷土料理店で、県外からの客にも支持される実力派。素材の旨みを引き出し、時代に合わせた洗練された味わいは幅広い層に人気。「冷や汁」を郷土料理に押し上げた元祖店。

予約
昼は要、
夜は望ましい

予算
Ⓛ2200円～
Ⓓ5500円～

☎0985-22-5798
㊟宮崎県宮崎市橘通西2-1-4　⊖11:30～13:30 17:00～22:00
㊡不定休　㊣JR宮崎駅から宮崎交通バス・宮交シティ方面行きなどで9分、橘通二丁目下車、徒歩2分／JR宮崎駅から徒歩15分　Ｐあり

郷土料理各種
年間を通して水揚げされるカツオ1650円（右奥）のほか、5月の「いもがらぼくとコース」5500円のなかで供される日南獲れの旭カニ（左手前）、霧島の指定農園から仕入れた黒豚の角煮1320円（右手前）など、宮崎の味覚を存分に楽しめる。特に名物の冷や汁（左奥）は夏場はサラリと食べられて栄養も満点。ぜひ食べておきたい一品だ

⬆大広間、個室、テーブルとさまざまな席を準備

⬆県内蔵元の焼酎も揃う。料理に合わせて楽しめる

県産食材をふんだんに使った
記憶に残る一品に舌鼓

らんぷ亭
らんぷてい

橘通り周辺 **MAP** 付録P.24 A-2

フレンチ出身の藤澤賢二氏が作る料理は食べた人の「記憶に残る料理」。県内の食材を厳選し、旬を楽しめるオリジナル料理や定番の人気メニューが揃う。特にカニクリームコロッケはおすすめ。県内外から著名人の利用も多い。

☎0985-25-8337
所宮崎県宮崎市中央通8-16 第2三輪ビル中2F
営18:00〜23:00 休月曜 交JR宮崎駅から宮崎交通バス・宮交シティ方面行きなどで6分、橘通三丁目下車、徒歩3分／JR宮崎駅から徒歩15分 Pなし

小さな農園 950円
旬の野菜をたっぷりいただけるバーニャカウダ。オリーブの実を使用しており香り豊か

↑テーブル席のほかに、カウンター席もある。暖色系の明かりで落ち着いた雰囲気に

予約	望ましい
予算	D6000円〜

サワラと白菜のあたたかいテリーヌ 1400円(上)
タラバガニのクリームコロッケ 1600円(左)
旬のサワラで仕立てたテリーヌは白菜で作ったソースがぴったり合う。カニの旨みが詰まったコロッケは店の看板メニュー

旅先を彩る美食のテーブル

肉好きにはたまらない
究極の牛肉割烹店

Beef Atelier
うしのみや
ビーフ アトリエ うしのみや

予約	可
予算	D1万8000円〜

シーガイア周辺 **MAP** 付録P.23 F-1

放送作家・小山薫堂氏プロデュースの牛肉割烹店。ここで味わえるのは、日本一とも称される宮崎牛を多彩なスタイルで提供する究極の牛肉コース。地元の野菜を盛り込み、各部位の良さを最大限に引き出す調理法で仕上げられる逸品が堪能できる。ディナー後に同じホテル内のバーを利用するのも◎。

究極の牛肉割烹コース
1万8000円
目の前でていねいに作られる料理は、寿司下駄ならぬ肉下駄に一品ずつ提供。宮崎牛ヒレ肉の鉄板焼も美味
※メニューは変更の可能性あり

☎0985-21-1113(総合予約センター)
所宮崎県宮崎市山崎町浜山 シェラトン・グランデ・オーシャンリゾート1F 営完全予約制、コースのスタート18:00〜 休月・木曜 交JR宮崎駅から宮崎交通バス・シーガイア行きで25分、シェラトングランデ下車すぐ／JR宮崎駅から車で20分 Pあり

↑わずか6席のカウンターから肉の旅へご案内

チキン南蛮 1200円
日向鶏（ひゅうがどり）のムネ肉約180gをカラッと揚げ、秘伝の南蛮酢に漬け込んで自家製タルタルソースをたっぷり。見た目以上にボリューミー

おぐら 瀬頭店
おぐら せがしらてん
宮崎駅周辺 MAP 付録P.25 D-4

チキン南蛮発祥の老舗

宮崎名物チキン南蛮の元祖としておなじみの店。昭和31年(1956)に洋食店として創業、鶏料理として考案されたチキン南蛮が一躍人気となった。ハンバーグステーキやポーク南蛮も自慢のメニュー。

☎0985-23-5301
所宮崎県宮崎市瀬頭2-2-23
営11:00～21:00(LO20:00) 休無休
交JR宮崎駅から徒歩12分 Pあり
※橘通りに本店
（MAP 付録P.24 B-1）もあり

土地の味をランチや夜飲みで

街で愛され続ける名物グルメ

タルタルソースと甘酢が相性抜群のチキン南蛮や、炭火ならではの黒色に驚く地鶏炭火焼、宮崎人のソウルフード・釜揚げうどんなど、宮崎で人気のメニューに魅了される。

GRILL 爛漫
グリル らんまん
橘通り周辺 MAP 付録P.24A-1

懐かしい味のチキン南蛮

創業は昭和53年(1978)。若鶏をまるごと仕入れて作られるチキン南蛮は、注ぎ足しの南蛮酢やマヨネーズから作るタルタルを使用し、変わらぬ味が楽しめる。世代を超えて愛され続ける街の名物。

☎0985-28-4011
所宮崎県宮崎市中央通6-3ウエストビル1F 営11:30～13:30(LO)18:00～21:00(売り切れ次第終了) 休火曜、隔週月曜 交JR宮崎駅から徒歩15分 Pなし

特選チキン南蛮（ライス付き）1250円
ムネ肉のほどよいジューシーさでぺろりと完食。がっつり味わいたい人はモモ肉でオーダーするという裏技もある

釜あげうどん 重乃井
かまあげうどん しげのい
橘通り周辺 MAP 付録P.24 C-4

著名人も好む釜あげうどん

一晩熟成させた麺は、手切りでコシがある。つゆは昆布やシイタケ、カツオ節でとり、醤油とみりんのみを合わせ、絶妙な味付けに。創業当時から変わらぬシンプルなスタイルは素材と腕の自信の表れ。

☎0985-24-7367
所宮崎県宮崎市川原町8-19 営11:00～18:00(LO、売り切れ次第終了) 休金曜 交JR宮崎駅から宮崎交通バス・宮交シティ方面行きなどで10分、橘通一丁目下車、徒歩5分 Pあり

釜あげうどん（並盛）700円
大盛は900円。ちらし240円やいなり240円、魚ずし240円も人気で、うどんとともに楽しみたい

名産の高級果物

マンゴーを味わう

宮崎独自の基準を満たした「太陽のタマゴ」をはじめ、宮崎産のマンゴーは糖度が高く評判が良い。夏季に訪れたらぜひ試してみよう。

↑カットマンゴー1880円〜。収穫時期の4〜8月限定(9〜3月は冷凍マンゴーを使用)

宮崎到着後すぐに食べられる

ドリンクスタンド パーム

宮崎空港周辺 **MAP** 付録P.23 E-4

宮崎ブーゲンビリア空港の搭乗者出口の真向かいに位置。角切りマンゴーとマンゴーソースがたっぷりのソフトクリームや、旅の疲れに効く濃厚ジュースが人気。

↑完熟マンゴー100%ジュース1200円。マンゴーの濃厚な甘みが楽しめる

↑マンゴーソフトクリーム(レギュラー)600円。クリームもマンゴーソース入り

☎0985-51-5111
(宮崎ブーゲンビリア空港) 🏠宮崎県宮崎市赤江 宮崎空港ビル1F ⏰9:00〜18:00(変更の場合あり) 🚫無休 🚃JR宮崎駅から宮崎交通バス/宮崎空港方面行きなど/宮崎空港連絡バスで26分、宮崎空港下車すぐ 🅿あり

老舗店で完熟マンゴーを

フルーツ大野 ANNEX

フルールおおの アネックス

橘通り周辺 **MAP** 付録P.24 B-2

西橘通りに本店を持つフルーツ大野の支店。落ち着いた店内で昼、夜それぞれのメニューが楽しめる。パフェやジュースなどはテイクアウトもできる。

☎0985-86-6288
🏠宮崎県宮崎市橘通西2-7-2 K&Kマンション2F ⏰11:00〜17:00(LO)、19:00〜22:30(LO)金・土曜は〜23:00(LO) 🚫日曜、連休の場合は不定休 🚃JR宮崎駅から宮崎交通バス・宮交シティ方面行きなどで9分、橘通二丁目下車、徒歩2分 🅿なし ※2024年2月下旬に移転予定、詳細はHPにて要確認

↑宮崎産 完熟マンゴーパフェ1880円

街で愛され続ける名物グルメ

ぐんけい本店 隠蔵

ぐんけいほんてん かくしぐら

橘通り周辺 **MAP** 付録P.24 A-2

ブランド鶏を食べ尽くそう

国内最高峰のブランド鶏「みやざき地頭鶏」を使った鶏料理が味わえる店。直営養鶏場で特別な飼育方法と独自配合の飼料で育てられた地頭鶏は、はずむような食感があり、肉汁も旨みもたっぷり。

☎0985-28-4365
🏠宮崎県宮崎市中央通8-12 ⏰17:00〜24:00(LO23:00) 🚫不定休 🚃JR宮崎駅から宮崎交通バス・宮交シティ方面行きなどで6分、橘通三丁目下車、徒歩5分/JR宮崎駅から徒歩15分 🅿なし

プレミアムもも焼き(大) 2915円

地頭鶏の醍醐味を楽しめる炭火焼。オリジナルの炒り塩とだしをまぶし、短時間で一気に焼く。柚子胡椒で風味がよりアップ

丸万焼鳥 本店

まるまんやきとり ほんてん

橘通り周辺 **MAP** 付録P.24 B-1

豪快にかぶりつく炭火焼

通称「ニシタチ」と呼ばれる歓楽街の一角にあるもも焼き専門店。厳選した新鮮な大ぶりの骨付きモモ肉を、備長炭でワイルドに焼き上げる。カウンター越しに見える焼くシーンはとてもダイナミックだ。

☎0985-22-6068
🏠宮崎県宮崎市橘通西3-6-7 ⏰17:00〜22:00(LO21:20) 🚫日曜(翌日が祝日の場合は営業) 🚃JR宮崎駅から徒歩13分 🅿なし

もも焼き 1300円

鶏ガラスープとキュウリが付く。もも焼きは基本的にミディアムレアでシンプルな味付け。希望すれば一口大にカットしてくれる

133

さらに上質に、より宮崎を楽しむリゾートへ

フェニックス・シーガイア・リゾートの贅沢ステイ

宮崎にある国内屈指のリゾート。
大自然を心ゆくまで楽しむ空間演出、
豊富なアクティビティ、上質なおもてなしなど、
ここでしか味わえない体験価値が揃うリゾートだ。

宮崎市街・日南 ● 泊まる

フェニックス・シーガイア・リゾートとは?
太平洋に面し、南北約11kmにわたる広大な黒松林の中に、宿泊施設をはじめ、レストラン、ゴルフコース、温泉施設などがある総合リゾートエリア。

シーガイア周辺 **MAP** 付録P.23 F-1
☎0985-21-1113
（総合予約センター、⏰10:00〜17:00 ）新宮崎県宮崎市山崎町浜山
🚌JR宮崎駅から宮崎交通バス・シーガイア行きで25分、シェラトングランデ下車すぐ 🚗東九州自動車道・宮崎西ICから車で25分 Ｐあり

泊まるのはこ

太平洋を見渡す高級ホテル

シェラトン・グランデ・オーシャンリゾート

全室東向きのオーシャンビュー。広々とした客室からは、美しく雄大なロケーションを楽しむことができる。食の宝庫・宮崎を堪能できるレストランも充実。
☎0985-21-1113（総合予約センター）
in 14:00 out 11:00 客736室 予算1泊朝食付デラックスツイン1万4300円〜、クラブツイン／クラブツイングランド2万2900円〜

1.「風待ちテラス」は、リゾートステイをより豊かにする宿泊者専用エリア 2.レタールームは、特別な文房具やポストカードで、大切な人に思いを綴ることができる 3.ゆったりとした客室で絶景を独り占め 4.36階以上のクラブフロアでは、ワンランク上の上質な空間が広がる

シェラトンで1泊2日 フェニックス・シーガイア・リゾートでの過ごし方

1日目 14:00
チェックイン
クラブフロアで宿泊すると専用のラウンジで優雅にチェックイン。

15:00
風待ちテラスで旅に思いを馳せる
宿泊者専用「風待ちテラス」には、「旅」をテーマにした本が並ぶ。充実のカフェメニューを楽しみつつ、ゆっくり贅沢な時を過ごす。

1 風待ちテラス
☎0985-21-1133（ホテル代表） ⏰9:00〜18:00

21:00
KUROBARで お酒を愉しむ
ガーデンエリアを見渡せるガラス張りのバーでオリジナルのジントニックを。

22:00
焚火のリビングへ
宿泊者限定の空間で焼きマシュマロ体験。

4 KUROBAR
☎0985-21-1113
（総合予約センター）
⏰19:30〜23:00（LO22:30）
※宿泊者専用エリア

住吉IC

住吉神社
宮崎市フェニックス自然動物園

フェニックス
カントリークラブ ⑤

シーガイア乗馬クラブ
UMAIRU

江田神社 P.103/P.129

市民の森

シェラトン・グランデ・
オーシャンリゾート

シーガイアIC

松泉宮 ③
前の湯「新月」

① 風待ちテラス
② Ristorante ARCO
④ KUROBAR
R Beef Atelier
うしのみや P.131

フロランテ
P.128 宮崎
★

⑥ トム・ワトソン
ゴルフコース

英国式庭園
P.129

日向灘

H ラグゼ 一ツ葉

H コテージ・ヒムカ

● サンビーチ一ツ葉

● サンマリーナ宮崎

一葉稲荷神社

宮崎
ブーゲンビリア空港

写真中央にそびえ
る高い建物がシェ
ラトン・グランデ・
オーシャンリゾー
ト。全客室から広
大な太平洋を眺め
ることができる

18:00

食事とワインが楽しめる
Ristorante ARCOで晩餐

夕食はシェラトン42階にある、日
本におけるイタリアンの第一人
者・落合務シェフ監修のRistorante
ARCOで。落合シェフのスペシャ
リテ「ウニのクリームソーススパ
ゲッティ」を堪能。

② Ristorante ARCO
☎0985-21-1148 営ランチ11:30
～15:00、18:00～22:00
休火・水曜

20:00

温泉施設 松泉宮で
旅の疲れを癒やす

夕食後は広々とした温泉施設で
湯に浸かる。宿泊者が無料で利
用できる2つの
浴場のほか、貸
切可能な離れ湯
も。今回は前の
湯「新月」へ。

③ 松泉宮 前の湯「新月」
☎0985-21-1133(ホテル代表)
営6:00～10:00 16:00～23:30
(最終入場23:00)

2日目 6:30

クラブラウンジで
朝食

「Sheraton CLUB」で
高層階からの景色を
眺めながら、宮崎の
質の高い食材を中
心に使用した朝食を
いただく。

9:00

朝からのびのび
ゴルフプレー

トーナメントも開催さ
れる名門ゴルフコー
スでプレー。気軽
にプレーできるト
ム・ワトソンゴルフコ
ースもある。

⑤ フェニックス
カントリークラブ
⑥ トム・ワトソン
ゴルフコース
☎0985-21-1301(共通)

⬆渓谷美を間近に感じられる客室(北郷 音色香の季 合歓のはな)

まだまだ
ほかにも

宮崎、日南の
リゾート
ホテル

小粋なデザインともてなしに心からくつろげる。
極上のひとときを過ごすにふさわしい2カ所をご紹介。

猪八重渓谷の麓に
たたずむ孤高の湯宿

北郷 音色香の季
合歓のはな

きたごう ねいろがのとき ねむのはな

日南 MAP 付録P.22A-2

離れの全10棟すべてに天然温泉の
露天風呂が付くオールスイートの湯
宿。温泉浴と森林浴を楽しめる贅沢
な空間と、美食にくつろぐ休日を。

☎0987-21-7110
所宮崎県日南市北郷町郷之原甲2711
交JR北郷駅から車で10分／
北郷駅から送迎あり(要予約) Pあり
in15:00 out11:00 室10室
予約1泊2食付3万8150円～

⬆ガゼボ寝湯付き露天風
呂が魅力のプレミアム・ス
イート

⬆ライトアップされた緑が
美しいバーカウンター

隈研吾氏のデザインによる
洗練されたシティリゾート

ガーデンテラス宮崎
ホテル&リゾート

ガーデンテラスみやざきホテル&リゾート

宮崎駅周辺 MAP 付録P.23 E-3

「竹と水」がモチーフのモダンな建物
は、木材が多用されぬくもりを感じ
る。交通至便な立地ながら、喧騒を
感じさせないラグジュアリーな宿だ。

⬅客室は12
室からなり、
和室と洋室
がある

☎0985-78-0777
所宮崎県宮崎市下原町247-
18 交JR宮崎駅から徒歩
8分 Pあり in16:00
out12:00 室12室
予約1泊2食付2万5960円～

⬆和食レストラン「竹彩」。
カウンター席から見渡せ
る竹林を前に極上の素材
を鉄板焼で楽しめる

フェニックス・シーガイア・リゾート

135

「九州の小京都」と
呼ばれる南国の城下町

飫肥 おび

**飫肥藩伊東家5万1000石の
城下町として栄えた街。
今も当時の風情が色濃く残る。**

藤原氏南家の子孫・伊東家が
発展させた古い街並みを歩く

城跡から武家・商人屋敷、石垣など、天正16年(1588)から明治初期まで、14代にわたって飫肥藩を治めた伊東家の面影が残る。伊東家は戦国時代に飫肥地方の支配権をめぐり島津家と幾度も戦い、江戸時代中頃から積極的に飫肥杉を植林し、林業の地盤を固めるなど、街を大きく発展させた。

お役立ちinformation

飫肥へのアクセス

▶鉄道
JR宮崎駅から日南線で飫肥駅まで1時間10分、飫肥駅から中心部まで徒歩15分。

▶車
宮崎市内から国道220号・県道434号・国道222号経由で約55.5km、東九州自動車道日南東郷ICから約5.1km。駐車場は飫肥城観光駐車場を利用。

「あゆみちゃんマップ」で街巡り

小さな街なので、徒歩でまわりたい。お得な引換券付きの観光マップが便利。厚焼き玉子の試食や焼酎など各店のおみやげなど各店の商品引換券5枚が付いた1000円のタイプと、加えて主な観光施設6カ所に入場できる1600円のタイプがある。購入は観光スポットか観光駐車場の発券所で。

一面苔のじゅうたんに囲まれ、飫肥杉が林立する旧本丸跡

飫肥藩主伊東家の居城

飫肥城跡 おびじょうあと

飫肥杉の茂る城跡は周囲2.5km。再建された大手門や松尾の丸に広い石段や苔むした重厚な石垣が残り、往時を偲ばせる。

MAP 本書P.136
☎0987-25-1905(小村寿太郎記念館)
所宮崎県日南市飫肥10-1 時8:30～17:00
休無休 料入場無料 交JR飫肥駅から徒歩15分

桜や竹などの美しい緑で彩られる(上)。昭和53年(1978)に樹齢100年の飫肥杉で復元された大手門(右)

美しい庭園に注目したい武家屋敷

豫章館 よしょうかん

明治2年(1869)の版籍奉還後、伊東家が飫肥城内から移り住んだ邸宅。手入れされた端正な庭園は飫肥城下で最も規模が大きく見応えがある。

MAP 本書P.136
☎0987-25-1905(小村寿太郎記念館)
所宮崎県日南市飫肥9-1-2 時9:30～16:30
休無休 料300円 交JR飫肥駅から徒歩15分

格式高い典型的な武家屋敷

小村寿太郎の功績を称える

小村寿太郎記念館 こむらじゅたろうきねんかん

明治時代に2度外務大臣を務め、日本の近代外交の礎を築いた小村寿太郎の生涯や偉業を紹介。国際交流や文化的なイベントにも活用されている。

MAP 本書P.136
☎0987-25-1905
所宮崎県日南市飫肥4-2-20-1
時9:00～17:00 休無休 料300円
交JR飫肥駅から徒歩15分

「ようこそ飫肥へ」の展示コーナーは無料で見学可能

・飫肥小 ・小村寿太郎生家 ・検察庁 広木田 向原河川緑地 ・裁判所
飫肥城歴史資料館 ★飫肥城跡P.136 酒谷川 飫肥3 飫肥駅
P.136 豫章館 ★小村寿太郎記念館P.136 飫肥駅
飫肥城観光駐車場 大手門 下新町 日南線 宮崎駅
おび天蔵S P.136 本町1 新町 稲荷下橋 日南駅
商家資料館 飫肥本町
本町橋 おび中央病院 勝目氏庭園
周辺図 付録P.22
0 200m 1:18,000 N

江戸時代から続く飫肥の名物

おび天蔵 おびてんくら

おび天は魚のすり身に豆腐や黒砂糖、味噌を混ぜて揚げたふんわり、少し甘い天ぷらのこと。実演販売する店内で揚げたてを味わえる。

MAP 本書P.136
☎0987-25-5717
所宮崎県日南市飫肥9-1-8
時9:00～17:00 休無休
交JR飫肥駅から徒歩15分

卵入り、ゴボウ入り、紅生姜入りなどがあり、1個から買うことができる

屋久島

❖

自然の息吹が
五感に響き渡る
世界遺産の島で
英気を養う

白谷川の澄んだ水の流れに見とれ、
一面を苔に覆われた幻想的な森を歩き、
堂々たる風格の杉の巨木を仰ぎ見る。
世界自然遺産に登録された島には、
大自然とひとつになれる感動が待つ。
地の恵みを生かした料理やモノからは、
島で暮らす人の温かな心が伝わってくる。

エリアと観光のポイント
屋久島はこんなところです

トレッキングコースへのアクセスでも利用する2つの港と、屋久島空港が拠点。
集落は海岸沿いに点在しており、県道77・78号を通って、ぐるりと島を一周できる。

屋久島

屋久島観光の海の玄関口
宮之浦
みやのうら

フェリーや高速船が就航する宮之浦港がある島の中心地。観光案内所や宿泊施設、飲食店、みやげ店などが集まる。白谷雲水峡への拠点。

観光のポイント 屋久島環境文化村センター P.148

↑宮之浦港入口にある屋久島環境文化村センター。物産館や観光案内所も備える

↑年間約30万人の観光客が屋久島を訪れる

のどかな空の玄関口
小瀬田
こせだ

屋久島空港があり、宮之浦や安房には車で15分ほどで行くことができる。レンタカー店や宿もある拠点のうちのひとつ。

↑こぢんまりとした屋久島空港は海沿いに位置

縄文杉登山の起点
安房
あんぼう

宮之浦に次いで賑わう港町。縄文杉登山の起点として民宿や弁当屋、飲食店がある。

観光のポイント 屋久島自然館 P.149

↑トレッキング前に立ち寄りたい屋久杉自然館

↑安房川沿いに飲食店やホテルなどが集まる

青く澄んだ海
一湊
いっそう

首折れサバの水揚げ港。一湊海水浴場など透明度の高い海はダイバーに人気。

↑島の最北端に位置する一湊海水浴場

島内随一の温泉
麦生・尾之間
むぎお・おのあいだ

麦生はぽんかん、たんかんの里。モッチョム岳を望む共同湯・尾之間温泉は登山帰りに最適。

↑モッチョム岳は尾之間三山のひとつ

ウミガメを観察
永田
ながた

里地から奥岳が見え、ウミガメが産卵する浜があるなど、景色が美しいエリア。

↑ウミガメの産卵で名高い永田いなか浜(P.148)

山川海を満喫
栗生
くりお

河口付近にマングローブ林がある栗生川でのカヤックや、大川の滝(P.148)見学ができる。

↑滝壺近くから見上げる大川の滝は迫力満点

永田
永田いなか浜 ★
永田岬
永田川

カンカケ岳 ▲

★西部林道
国割岳 ▲

大川の滝 ★

栗生
カマゼノ鼻 栗生
栗生川
中間
中間ガジュマル ●
七瀬
屋久島フルーツガーデン

トレッキングコース❶

白谷雲水峡 ➡P.142

白谷川の渓谷美を眺めながら、屋久杉を苔が覆う幻想的な森で森林浴が楽しめる。

トレッキングコース❷

縄文杉 ➡P.144

屋久島のシンボル・縄文杉を目指す人気の登山道。体調万全でチャレンジを。

交通information

島内の移動手段

●バス

永田から島をほぼ一周ぐるりとまわって大川の滝までの路線をメインに2つのバス会社が運行。西部林道などがある永田～大川の滝間に路線バスは走っていない。路線バスは1時間1～2便程度で、山岳エリアへは登山期間での増便もあるが、便数は少なく乗り換えも必要。
種子島・屋久島交通 ☎0997-46-2221
まつばんだ交通 ☎0997-43-5000

●車

自由に島を周遊するならレンタカーが便利。3～11月は縄文杉トレッキングの拠点となる荒川三叉路から荒川登山口の区間で一般車両の乗り入れが禁止される。
まつばんだレンタカー ☎0997-43-5000

島内のエリア間のアクセス

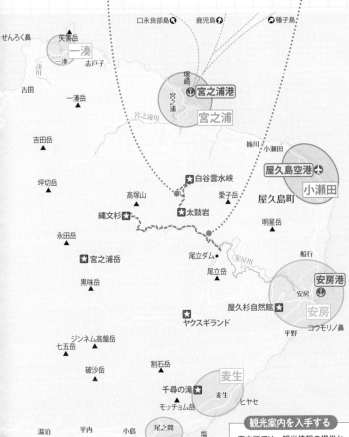

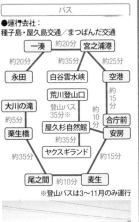

バス

●運行会社：
種子島・屋久島交通／まつばんだ交通

一湊 — 約20分 — 宮之浦港
約20分 / 約35分 / 約25分
永田 — 白谷雲水峡 — 空港
荒川登山口
大川の滝 — 登山バス35分※ — 約15分
栗生橋 — 屋久杉自然館 — 約10分 — 合庁前
約5分 / 約35分 / 安房
ヤクスギランド
約35分 / 約15分
尾之間 — 約10分 — 麦生

※登山バスは3～11月のみ運行

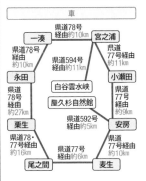

車

一湊 — 県道78号経由約10km — 宮之浦
県道78号経由約10km / 県道594号経由約11km / 県道77号経由約11km
永田 — 白谷雲水峡 — 小瀬田
県道78号経由約27km / 屋久杉自然館 / 県道77号経由約9km
栗生 — 県道592号経由約5km — 安房
県道78・77号経由約16km / 県道77号経由約6km / 県道78・77号経由約10km
尾之間 — 県道77号経由約10km — 麦生

観光案内を入手する

案内所では、観光情報の提供から、登山バスチケット販売などを行う。
🌐 yakukan.jp

●屋久島観光協会 事務局・案内所
安房 MAP 付録P.27 F-3
☎0997-46-2333

●屋久島観光協会 宮之浦案内所
宮之浦 MAP 付録P.27 E-1
☎0997-42-1019

●屋久島観光協会 空港前案内所
小瀬田 MAP 付録P.27 D-1
☎0997-49-4010

屋久島の観光シーズン

ハイキングや登山をするなら3～11月がオンシーズン。12～2月は上級者向けだ。GWや7・8月は特に混雑するのでゆったり自然を楽しむならこの時期は避けたい。屋久島世界遺産センターのHPでは、過去の混雑状況を元にした「縄文杉快適登山日カレンダー」を公開している。ウミガメの産卵・孵化を見るには観察会(要予約)への参加が条件で、5～8月に開催されている。

屋久島はこんなところです

生命力あふれる太古の森を歩く

屋久島 やくしま

世界遺産

数千年もの悠久の時を超えて自生する縄文杉に、
渓流から緑一色の神秘的な苔むす森。
力強い自然美が息づく世界自然遺産の屋久島へ。

豊かな森と水の島で
山、海、川でアクティブに遊ぶ

　鹿児島県大隅半島の南方沖より約60km。エメラルド色に輝く海に浮かぶ屋久島は、周囲約132km、面積504km²で、円形に近い形の島である。島の中央には九州最高峰の宮之浦岳をはじめ、標高2000mに近い山々がそびえ立ち、「洋上のアルプス」と称される。太古の原生林に覆われた世界自然遺産の島として、亜熱帯植物の群落から、樹齢1000年を超える屋久杉、宮之浦岳頂上付近に咲く高山植物まで、多種多様な植物が見られる。日本屈指の雨量と湿気が育む苔むした風景も島ならではの魅力だ。大自然の環境を生かしたアクティビティが盛んで、縄文杉や白谷雲水峡などを目指すトレッキングが一番人気。ダイビングにカヤックに沢登り、ウミガメ観察会などエコツアーも多彩だ。

⊕大川の滝（P.148）など迫力のある水景色も見逃せない

巨木の切り株・ウィルソン株は苔むした
姿に長い年月を感じる。縄文杉を訪れる
トレッキングコースの途中に現れる

お役立ちinformation

トレッキング前にチェックすること

●服装
トレッキングシューズやザック、ウェアは島内での
レンタルもあり。特に屋久島は雨が多いので、
レインウェアも用意しておこう。コースによって
はストックも使用するといい。

●食料
コース上に売店はないので、水や食料の準備も
忘れずに。弁当は宿や弁当店（予約制）にも頼
むことができる。

●スケジュール
登山口までバスで行く場合は、事前に行きと帰
りの時刻を調べ計画的に行動する。目安とし
ては12〜13時までに目的地に到着し、復路を
スタートできるとよい。

●登山届け
白谷雲水峡や縄文杉コースをはじめ、宮之浦
岳など出発前に登山届けの提出が必要。用紙
は観光案内所や宿、登山口などで配布している。
登山口に設置してあるボックスへ提出しよう。

●トイレ
コース上のトイレは数が少ないので、登山口で
済ませておくのはもちろん、万が一に備えて携
帯トイレを用意しておくのもよい。

●マナー
ゴミは持ち帰る、昔に
座ったり踏んだりしな
い、木々を傷つけな
い、など自然への配慮
を。野生の猿や鹿に
エサを与えたり、さわ
ることは生態系に影響
を及ぼすので絶対にし
てはならない。

初めてならガイドツアーがおすすめ

的確なルートを安全に案内してもらえるだけでな
く、島の自然や成り立ちについて詳しく教えてもらい
ながらの行程なので、島歩きをより深く楽しむこと
ができる。

YNAClassic（ワイナックらしく）
安房 **MAP** 付録P.27 D-3
☎0120-993-272（9：00〜18：00※変更の可能性
あり）　所鹿児島県屋久島町安房
休不定休　料1日コース1万4500円（人数・日数
により異なる）　交屋久島空港から車で20分
予約電話、HP（www.ynac.com）からメールで問
い合わせ

屋久島パーソナルエコツアー
☎0997-46-3433（10：00〜21：00）
所実店舗なし　休無休　料白谷雲水峡・太鼓岩
コース1万3500円、縄文杉キャンプ3万9000円、
※2人参加時の1人あたりの料金、料金は人数に
より異なる　予約電話、HP（www.relaxin-yaku.
com）から7日前までに要

屋久島ガイド協会
小瀬田 **MAP** 付録P.27 D-2
☎0997-49-4191（9：00〜17：30）　所鹿児島県
屋久島町小瀬田1436-56　休無休　料縄文杉日
帰りトレッキングコース1万2900円（人数により
異なる）　交西小瀬田バス停からすぐ
予約電話、HP（www.yakushima-guide.com）か
ら2日前までに要

マイナスイオンを浴び苔むす太古の森を歩く

白谷雲水峡

しらたにうんすいきょう　**MAP** 付録P.26 C-2

白谷川の清流沿いに広がる緑深い森の中へ。一面苔に覆われたみずみずしい森には、屋久杉も林立。大自然が奏でる濃密な気配に癒やされる。

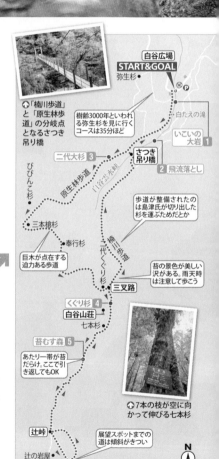

緑一色の沢を見たいなら、4〜7月がベストシーズン

ヤクシカに出会うことも多い幻想的なネイチャースポット

渓谷や森を抜け、ハイライトである太鼓岩を目指す約7kmの1日コース。白谷広場を出発して渓谷美を楽しみながら進めば、次々と巨大な屋久杉が現れる。白谷山荘を過ぎれば、石や木々が苔に覆われて濃い緑の世界が続く苔むす森に。さらに進めば大パノラマが広がる太鼓岩に到着するバランスの良いコースだ。

トレッキングinformation

出発地点までのアクセス
宮之浦港から白谷広場まで車で30分／宮之浦港から屋久島交通バス・白谷雲水峡行きで35分、終点下車、徒歩1分で白谷広場

白谷広場 **MAP** 付録P.26 C-2

協力金
森林環境整備推進協力金500円

1 いこいの大岩

いこいのおおいわ

天然巨岩の迫力の道

白谷雲水峡トレッキングのスタート地点・白谷広場から約5分ほどのところにある。折り重なる巨大な花崗岩を登って進む。

2 飛流落とし

ひりゅうおとし

飛ぶように流れ落ちる滝

花崗岩が雨で浸食されてできた急斜面を、轟音と水しぶきを上げて滑り落ちる落差50mの滝。

↑「楠川歩道」と「原生林歩道」の分岐点となるさつき吊り橋

白谷広場
START&GOAL
弥生杉
P

白たえの滝

樹齢3000年といわれる弥生杉を見に行くコースは35分ほど

いこいの大岩

二代大杉 **3**
原生林歩道
さつき吊り橋
2 飛流落とし

ひびんこ杉

歩道が整備されたのは島津氏が切り出した杉を運ぶためだとか

三本槍杉

奉行杉

巨木が点在する迫力ある歩道

二代くぐり杉

苔の景色が美しい沢がある。雨天時は注意して歩こう

三叉路

くぐり杉 **4**
白谷山荘

七本杉

苔むす森 **5**

あたり一帯が苔だらけ。ここで引き返してもOK

↑7本の枝が空に向かって伸びる七本杉

辻峠

辻の岩屋

展望スポットまでの道は傾斜がきつい

6 太鼓岩

N

0 ———— 200m

↩楠川分れ P.144

太鼓岩への登りは本格的な登山となる。体力に不安がある場合は、苔むす森で引き返しても十分、屋久島らしい景観を楽しめる。総距離約6.8km。

白谷広場	
1 いこいの大岩	
⬇ 0.3km／10分	
2 飛流落とし	
⬇ 0.2km／5分	
さつき吊り橋	
⬇ 0.2km／10分	
3 二代大杉	
⬇ 1.8km／1時間30分	
三叉路	
4 くぐり杉	
⬇ 0.2km／10分	
白谷山荘	
5 苔むす森	
⬇ 0.9km／50分	
辻峠	
⬇ 0.3km／15分	
6 太鼓岩	
⬇ 2.9km／2時間	
白谷広場	

屋久島トレッキング

6 太鼓岩
たいこいわ

島の森を一望できるスポット

空中に飛び出したような一枚岩の展望台。眼下には森が広がり、360度の絶景が楽しめる。

5 苔むす森
こけむすもり

神秘的な緑一色の森

一面苔に覆われた太古の力を感じさせる森。巨樹の枝や根に岩が入り乱れ、幽玄な世界が広がる。

3 二代大杉
にだいおおすぎ

次世代を育む生命力に感動

伐採された切り株を礎にして2代目が生長した倒木更新の典型。樹高32mの巨杉が空に向かって力強く伸びる。

4 くぐり杉
くぐりすぎ

木の根のトンネル

倒木の上に2代目が育ち、倒木部分が朽ちて空洞になった姿。空洞をくぐって進もう。

注目ポイント

苔植物を観察

屋久島の風景といえば、屋久杉と苔。その多種多彩な苔は、屋久島にのみ生息するヤクシマゴケをはじめ、日本に生息する種の3分の1にあたる約650種余りの苔が見られる。特に白谷雲水峡は苔の種類も多いので観察してみたい。

フォーリースギバゴケ

オオシラガゴケ

ホウライスギゴケ

オオミズゴケ

悠久の時を超えて生きる
縄文杉に会いに行く

縄文杉

じょうもんすぎ

MAP 付録 P.26 C-2

縄文杉まで往復8〜12時間ほどのトレッキング。登山ルートも整備され、健康な成人の体力と万全の準備があればビギナーも楽しめる。

樹高25.3m、胸高周囲16.4mもある縄文杉。名前の由来は「縄文時代から生きている」「幹のうねりが縄文土器に似ている」など、諸説ある

登山途中にある屋久杉にも注目
踏破したい縄文杉への道

　登山口からトロッコ軌道を片道8km、さらに高低差のある登山道を3km歩く。往復22km近くの道のりだが、鉄橋や渓谷、集落跡などの風景や、ユニークな形の巨樹・切株などが次々に現れ、登山者を励ましてくれる。日帰りなら縄文杉には昼頃到着を目安に。ゆっくり縄文杉を楽しみたい人には山中1泊コースもある。

▶トレッキングinformation

出発地点までのアクセス
屋久杉自然館から荒川登山バスで35分、荒川登山口下車すぐ(3〜11月のみ運行)。屋久杉自然館まで宮之浦港入口から屋久島交通バス・屋久杉自然館行きで45分(3〜11月のみ運行)。3〜11月の間、荒川登山口への一般車両の乗り入れは規制されている。

荒川登山口 MAP 付録 P.27 D-3

協力金
山岳部環境保全協力金1000円(日帰り登山の場合)、観光案内所などでの事前納入が推奨されている。当日の場合は屋久杉自然館駐車場で納入。

辻峠 ↑白谷雲水峡 P.142
★太鼓岩 P.143

高塚小屋
⑧ 縄文杉
夫婦杉 ⑦ 女王杉
木の階段や傾斜のきつい山道が続くのでゆっくり登ろう
大王杉 ⑥
翁杉(倒壊)
⑤ ウィルソン株
仁王杉
大株歩道入口
ここでトロッコ道が終わり、山道となる
岩の展望台
北沢
三代杉 ④
楠川歩道
小杉谷集落跡 ③
小杉谷休憩舎
安房森林軌道
小杉谷山荘跡
楠川分れ
ここから白谷雲水峡へ行くコースもあるが、案内なしで進むのはやめておこう
大山神社
小杉谷橋前の分かれ道を左に進むと古い神社がある
小杉谷橋 ②
大杉

←宮之浦岳

屋久島町

㋗トイレ施設
◎携帯トイレブース
N
0   500m

→豊臣秀吉の方広寺建立のために伐られたというウィルソン株(諸説あり)

→幹の中央のくぼみが開いた口のように見える仁王杉(阿形)

屋久島●歩く・観る

① トロッコ軌道
トロッコきどう

コース前半の長い線路道
屋久杉運搬のために敷設された
レールは延々8kmも続くが、途中ト
ンネルや柵のない橋などがありス
リル満点。

② 小杉谷橋
こすぎだにばし

集落跡へ続く橋
トロッコ軌道を50分ほど歩く
と現れる全長約42mの橋。
巨岩が連なる安房川の眺め
も壮観だ。

道のりが長く、大株歩道から
は本格的な登山となるので、
所要時間は体力による。余裕
をもったスケジュールを組ん
でおきたい。総距離約21.7km。

荒川登山口
① トロッコ軌道
 ⬇ 2.6km／50分
② 小杉谷橋
 ⬇ 0.1km／1分
③ 小杉谷集落跡
 ⬇ 1.8km／40分
楠川分れ
④ 三代杉
 ⬇ 3.7km／1時間10分
大株歩道入口
 ⬇ 0.6km／40分
⑤ ウィルソン株
 ⬇ 1.1km／60分
⑥ 大王杉
 ⬇ 0.1km／5分
⑦ 夫婦杉
 ⬇ 0.7km／25分
⑧ 縄文杉
 ⬇ 11km／4時間
荒川登山口

屋久島トレッキング

③ 小杉谷集落跡
こすぎだにしゅうらくあと

林業の村の歴史が残る
林業最盛期だった昭和35年（1960）
には133世帯が住んでいた集落
跡。近くに休息所があるのでひと
息つこう。

④ 三代杉
さんだいすぎ

命受け継ぐ3代目
1200年前に倒木した初代の
上に育った2代目が樹齢1000
年で伐採され、切株更新し
て3代目が生育中。

⬆ 高所恐怖症の人もそ
うでない人も足元に注意

注目ポイント

倒木更新と切株更新
木々が生い茂り地表に届く光が少ないエリアでは、
倒木や伐採によって光が届くようになり、杉の発
芽に格好の場所となる。木の上を苗床として次世
代の樹木が育ち、世代交代が行われている。

切株更新 ──[10〜20年後]── 数百年後

倒木更新

橋には欄干がな
いので、強風や
雨天時は注意

① トロッコ軌道

太忠橋

ジトンジ岳

トンネルは人が通る
とライトが点灯する

START & GOAL
荒川登山口

尾立ダム

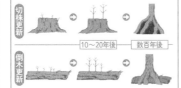

⑤ ウィルソン株
ウィルソンかぶ

頭上のハート形に癒やされる
周囲13.8mもある巨大な切り株。10畳ほどの
内部から空を見上げると、空洞部分がハート
形に見えることで有名。

➡ P.146へ続く

 大王杉
だいおうすぎ

堂々たる大王の姿

樹齢約3000年とされる急斜面に立つ巨杉。縄文杉が見つかるまで屋久島で最大級の巨樹として知られた。

 夫婦杉
めおとすぎ

手をつなぐ合体杉

夫は樹齢2000年、妻は1500年と推定される。離れた2本の木の枝が10mほどの高さで絡まり、手をつなぐ姿に見える。

⑧ 縄文杉
じょうもんすぎ

屋久島の森に君臨する

展望デッキから眺めても圧倒的な存在感で迫ってくる屋久島最大の杉。樹齢は2170〜7200年と諸説ある。

注目ポイント
屋久杉・長寿の秘密
一般的な杉の寿命は400〜500年だが、島内の杉は樹齢1000年を超えるものもある。栄養に乏しい花崗岩の地盤、強風といった厳しい環境下で少しずつしか生長せず、抗菌性のある樹脂が蓄えられた結果、耐久性の高い巨木の屋久杉が生まれた。

注目ポイント
屋久島の動物たち
島で出会う哺乳類のほとんどは鹿と猿で、かつては人と同じ数の鹿と猿が森に住むといわれた。昆虫やカニ、貝など、島の環境に適応した固有種も多い。

ヤクシカ

ヤクシマザル

屋久杉を見るならココもおすすめ

ヤクスギランド

島中央部 MAP 付録P.26 C-3

苔と屋久杉が息づく森

標高約1000mにある自然休養林。多様な苔類やシダ類が生育し、樹齢1800年の仏陀杉をはじめ、1000年以上のユニークな名前を持つ屋久杉が点在。体力や時間に合わせて30分、50分、80分、150分、210分の5つのコースがある。

☎0997-46-4015
／0997-42-3508
（屋久島レクリエーションの森保護管理協議会）
🏠鹿児島県屋久島町
🕐8:30〜16:30
休無休
（天候により道路通行止め時は見学不可）
💴500円（森林環境整備推進協力金）
🚌安房から屋久島交通バス・紀元杉行きで39分、ヤクスギランド下車すぐ Pあり

↑整備された遊歩道を歩く30分、50分コースは家族連れに人気

↓倒木更新、切株更新、合体木など個性的な屋久杉に出会える

唯一無二の景観を生み出した歴史とメカニズム
世界自然遺産・屋久島の地勢と植物相

島の植物に特異性と多様性をもたらしたのは、海に隆起してできた急峻な地形による。
海辺から山頂まで、多彩な植物が生い茂る垂直分布は世界自然遺産登録の理由にもなった。

九州一の標高を誇る花崗岩の島

　屋久島は巨大な花崗岩が隆起してできた島。1400万年ほど前、海底プレート上の堆積物にマグマが入り込み、そのマグマ溜まりが冷えて花崗岩となり、海上へ隆起して島の原形となった。屋久島の隆起は1000年に1m程度とスピードが速く、さらに花崗岩はほかの岩石より軽いため、九州一という急峻な地形が生み出されたといわれる。

　約7300年前、島の北方40kmにある鬼界カルデラの大噴火では、島の動植物も壊滅的な被害を受けた一方、ミネラルを含んだ火砕流が流れつき、栄養分の乏しい花崗岩の島に養分を与え、森の形成に影響を与えた。

標高ごとに変わる植物分布

　島は亜熱帯気候の北の端にあたり、海岸や集落付近ではガジュマルやメヒルギなどの亜熱帯植物が生い茂る。一方、冬には雪が積もる山頂部は6℃台と北海道並みの気温で亜寒帯に近い気候。標高1936mの宮之浦岳付近では、北海道や東北の平野部で見られるリンドウやシャクナゲなどが高山植物のように咲く。山岳部の低～中標高地帯は照葉樹林や針葉樹林で覆われ、島を代表する屋久杉は標高500～1300mの地帯に見られる。このように島の植物は海岸から山頂への気候の変化に伴って、垂直に幅広い分布を見せる。まるで日本列島の北から南の植物がひとつの島に集まったような、世界にも類を見ない植物相だ。

↑宮之浦岳の山頂付近にはむき出しの花崗岩が見られる

屋久島の世界遺産の範囲

島全体の約2割に相当する1万747haが自然遺産に登録されている。九州最高峰の山々がそびえる島中心部のスギ樹林帯、ヤクシマダケ草原帯から西部沿岸の照葉樹林帯まで含み、西部林道は世界遺産地域を走る唯一の車道である。

愛子岳
宮之浦岳▲

- □ 世界遺産登録地域
- ■ 原生自然環境保全地域
- ■ 森林生態系保護地域
- ■ 国有林

島の成り立ち

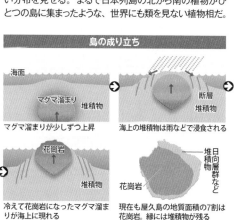

海面
マグマ溜まり
堆積物
マグマ溜まりが少しずつ上昇

断層
堆積物
海上の堆積物は雨などで浸食される

花崗岩
堆積物
冷えて花崗岩になったマグマ溜まりが海上に現れる

日向層群など
堆積物
花崗岩
現在も屋久島の地質面積の7割は花崗岩。縁には堆積物が残る

島の植生の分布と気温

島の標高と植生	標高別平均気温	都市の平均気温
亜高山帯 1900m	6.4℃ (1935m)	網走 6.5℃
1700m	8.8℃ (1800m)	札幌 8.9℃
1200m	10.7℃ (1360m)	青森 10.4℃
		仙台 12.4℃
温帯 700m	12.3℃ (1010m)	
		京都 15.9℃
200m	15.9℃ (600m)	
亜熱帯 0m	19.7℃ (36m)	鹿児島 18.6℃

ヤクシマダケ草原帯
スギ樹林帯
亜熱帯林・海岸植生
照葉樹林帯

屋久島ドライブ

海、渓谷、滝、林道と多彩な景色を楽しむ

島をぐるりと一周

島を一周するとおよそ100km。
青い海や雄大な渓谷、滝や温泉など絶景ポイントが点在する。
世界自然遺産の西部林道ではヤクシマザルやヤクシカの姿も。
寄り道も楽しい島巡りに出かけよう。

屋久島●歩く・観る

1 屋久島環境文化村センター
やくしまかんきょうぶんかむらセンター

宮之浦 **MAP** 付録 P.27 E-1

旅のはじめの情報収集

屋久島の自然と文化を、写真や模型のほかダイナミックな大画面で紹介する。観光や登山などの無料パンフレットも充実。

☎0997-42-2900 鹿児島県屋久島町宮之浦823-1
⏰9:00〜17:00(展示ホールへの入場は〜16:30)
休月曜(祝日の場合は翌日)、GW期間と夏休み期間中は無休
料530円 宮之浦港から徒歩5分 Pあり

↑屋久島の自然を紹介する展示ホール

2 永田いなか浜
ながたいなかはま

永田 **MAP** 付録 P.26 A-2

ウミガメの産卵ビーチ

アカウミガメの産卵地として有名な、白砂が美しい海岸。重要な湿地として、ラムサール条約湿地にも登録されており、夕日の絶景スポットとしても人気を集める。

☎0997-43-5900(屋久島町観光まちづくり課) 所鹿児島県屋久島町永田 ⏰休散策自由(5〜9月の夜間〜早朝はウミガメに配慮して立ち入らないように) 交田舎浜バス停から徒歩1分 Pあり

ウミガメ産卵の見学は「ウミガメの観察会」への参加が必要。
問い合わせ:永田ウミガメ連絡協議会事務局
☎0997-45-2280

↑砕けた花崗岩の砂浜が約1km続く

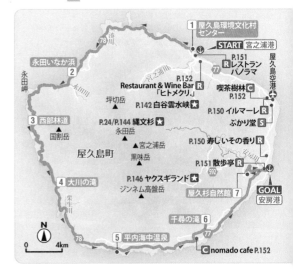

- 1 屋久島環境文化村センター
- **START** 宮之浦港
- **R** レストランパノラマ P.151
- Restaurant & Wine Bar「ヒトメクリ」**R** P.152
- **C** 喫茶樹林
- P.142 白谷雲水峡 ★
- P.150 イルマーレ **R**
- ぷかり堂 **S**
- P.24/P.144 縄文杉 ★
- P.152
- P.150 寿しいその香り **R**
- P.151 散歩亭 **R**
- P.146 ヤクスギランド ★
- 屋久杉自然館 7
- **GOAL** 安房港
- 2 永田いなか浜
- 3 西部林道
- 4 大川の滝
- 5 平内海中温泉
- 千尋の滝 6
- **C** nomado cafe P.152
- 永田岳 宮之浦岳 黒味岳 ジンネム高盤岳 坪切岳 国割岳
- 屋久島町
- N 0 4km

3 西部林道
せいぶりんどう

島西部 **MAP** 付録 P.26 A-2

野生の鹿や猿に出会える林道

世界自然遺産登録の基盤となった照葉樹林の緑のトンネルが続く林道。野生のヤクシマザルやヤクシカが群れをなして生息する動物の楽園でもある。

☎0997-43-5900(屋久島町観光まちづくり課) 所鹿児島県屋久島町 ⏰休料見学自由 交宮之浦港から車で45分 Pなし

↓鹿も猿もマイペース。運転には気をつけて

4 大川の滝
おおこのたき

栗生 **MAP** 付録 P.26 A-3

ダイナミックな名瀑に圧倒

日本の滝百選にも選ばれている落差88mの大滝。豪快に流れ落ちるさまを、滝壺の近くから眺められる。

☎0997-43-5900(屋久島町観光まちづくり課) 所鹿児島県屋久島町栗生 ⏰休料見学自由 交大川の滝バス停から徒歩5分 Pあり

↓滝壺のすぐ前まで行ける

5 平内海中温泉
ひらうちかいちゅうおんせん

島南部 **MAP** 付録 P.26 B-4

野趣あふれる露天風呂

海から湧き出る珍しい温泉。入浴チャンスは1日2回、干潮の前後約2時間のみ。混浴で水着の着用は不可。

☎0997-47-2953(平内区事務所) 所鹿児島県屋久島町平内 ⏰干潮前後の2時間ほど 休無休 料協力金200円 交平内海中温泉バス停から徒歩5分 Pあり

↑岩礁の窪地が湯船

148

7 屋久杉自然館
やくすぎしぜんかん

安房 **MAP** 付録 P.27 D-3

屋久杉を深く知る博物館

大雪の重さで折れた縄文杉の枝「いのちの枝」の実物など、屋久杉を見て、さわって、学べる展示がいっぱい。

☎0997-46-3113
所鹿児島県屋久島町安房2739-343
時9:00～17:00(入館は～16:30) 休第1火曜
交屋久杉自然館バス停から徒歩2分 Pあり

◆実際に触れられる縄文杉の一部、「いのちの枝」

◆トレッキング前に立ち寄りたい博物館

6 千尋の滝
せんぴろのたき

麦生 **MAP** 付録 P.27 E-4

圧巻の一枚岩と滝

その名のとおり、1000人の人が両手を広げたほどもありそうな長さ約200mの巨大な花崗岩の一枚岩を手前に、V字谷に落下する落差約60mの滝。滝の南側の展望台から雄大な景色を楽しむことができる。

☎0997-43-5900(屋久島町観光まちづくり課)
所鹿児島県屋久島町原 時休料見学自由
交安房港から車で25分 Pあり
◆雄大なランドスケープが見どころ

おみやげ調達ならココ！

ぷかり堂 ぷかりどう

小瀬田 **MAP** 付録 P.27 E-1

屋久島の厳選食品や屋久杉工芸品、地元のアーティストによる作品などを揃えるみやげ店。屋久杉や天然石を使ったオリジナルブレスレットの制作体験も人気(予約不要)。

☎0997-43-5623
所鹿児島県屋久島町小瀬田719-39
時8:30～18:00
休無休
交屋久島空港から徒歩5分
Pあり

◆屋久島の伝統食品さばぶしを使用したアヒージョ。972円

◆たんかんジャムとぽんかんジャム各432円

◆屋久島素材のクラフトビール。季節によって新しい味が登場する。各861円

◆屋久島焼酎で有名な「三岳」と「愛子」の焼酎ジュレ。セットで702円

◆軽くて口当たりもいい屋久杉スプーン各1100円～

移動時間◆約2時間20分

おすすめドライブルート

島の外周を走る県道77・78号がメインの道。整備された一本道は迷いにくく、信号も少ないので渋滞もなく、気持ちよく走ることができる。車は屋久島空港と宮之浦港、安房港でのレンタルが主で、この3拠点間の乗り捨てや送迎を行っているレンタカーショップも多い。一周約100kmと距離があり、島の中心部を突っ切る近道はないので時間に余裕を。安房港からおみやげ店のぷかり堂までは、車で10分ほどの距離にある。

宮之浦港 みやのうらこう

⬇ 0.4km／徒歩5分

1 屋久島環境文化村センター やくしまかんきょうぶんかむらセンター

⬇ 県道77・78号 18.8km／25分

2 永田いなか浜 ながたいなかはま

⬇ 県道78号 11.6km／20分

3 西部林道 せいぶりんどう

⬇ 県道78号 11.5km／20分

4 大川の滝 おおこのたき

⬇ 県道78号 13.8km／20分

5 平内海中温泉 ひらうちかいちゅうおんせん

⬇ 県道78・77号 12.2km／20分

6 千尋の滝 せんぴろのたき

⬇ 県道77・592号 15.8km／25分

7 屋久杉自然館 やくすぎしぜんかん

⬇ 県道592・77号 4.8km／10分

安房港 あんぼうこう

屋久鹿のロースト 3500円
前日までの予約でディナータイムに注文可能。2人前ほどの量がある

イカスミのスパゲッティー、地魚と島野菜のソース
1800円
魚介と野菜の旨みたっぷりのソースをイカスミのパスタに絡めて

予約 夜は要
予算 L1800円〜
　　 D1800円〜

↑救命ボートPIZZA1枚650円。HPから注文ができる。屋久島の味を家庭でも楽しめる

屋久島産の新鮮な食材を
本格的なイタリアンで

イルマーレ

小瀬田 MAP 付録P.27 D-1

屋久島空港のすぐ脇にあり、島の自然に溶け込む、オレンジ色の三角屋根が目印。飛行機出発前の空き時間などに気軽に利用できる。こだわりのソースで作られたパスタやオーナー自ら生地を作るピッツァが人気。

↑高い天井、ゆったりとテーブルレイアウトされた店内

☎0997-43-5666
所鹿児島県屋久島町小瀬田815-92
営11:30〜14:00(LO) 18:00〜20:00(LO)
休木曜　交屋久島空港から徒歩2分
Pあり

素材が光る
島ごはん

屋久島の自然をいただきます

トビウオやサバなど海から直送される新鮮な魚介類や、ヤクシカの肉、地物野菜など、豊かな自然の恵みがいただける島の食事処。気取らない雰囲気も魅力だ。

島の焼酎を知る

「三岳」「愛子」「大自然林」「水ノ森」「屋久の島」など定番焼酎から島限定の希少な銘品まで揃える店が多く、グラス500円から味わえるので、島の料理と一緒にいろいろ試してみたい。

店主自ら釣って握る
鮮度抜群の寿司

寿し いその香り
すしいそのかおり

安房 MAP 付録P.27 F-2

漁師である店主が、釣りたての新鮮な地魚を握る大ぶりの「地魚にぎり」や、「地魚刺身定食」が人気メニュー。首折れサバの刺身、カメノテの蒸し焼き、トビウオの姿揚げ、永田の手作り豆腐などの一品料理も充実。

☎0997-46-3218
所鹿児島県屋久島町安房788-150
営11:00〜14:00(LO13:30) 17:00〜21:30(LO21:00)　休火曜、ほか不定休(ランチは週2日程度営業、要問合せ)
交中央バス停から徒歩1分　Pあり

予約 望ましい
予算 L2000円〜
　　 D3000円〜

地魚にぎり 2500円(10貫)
その日に揚がった新鮮な魚5種類を使用する人気の逸品。ネタもボリューミーで食べごたえあり

トビウオの唐揚げ 1000円
島獲れのトビウオをまるごと揚げた豪快な品。パリパリの羽根も食べられる

↑庶民的な雰囲気で地元の人や観光客で賑わう

川の流れを眺めながら
食とお酒のスローな時間を

散歩亭
さんぽてい

安房 **MAP** 付録 P.27 F-3

安房川の河畔にたたずむガラス張り
の建物は、奥の部分が昭和の香り漂
う創業当時からのカウンターバーで、
手前のスペースは増築された吹き抜
けの2階建て。島の食材を使った料理
とお酒が楽しめる島のナイトスポッ
トだ。

ディナーメニュー 530円～
奥から、屋久島近海産白身魚のカルパッ
チョ880円、屋久島サバ節・オニオンス
ライス・トマトのサラダ830円、飛び魚
のしっとりスモーク1800円、屋久鹿肉
のバルサミコソテー1580円

| 予約 | 望ましい |
| 予算 | Ⓛ750円～ Ⓓ1000円～ |

☎0997-46-2905
所鹿児島県屋久島町安房2364-17
営11:30～14:00(LO)
17:30～23:00(LO) 休日曜(祝日
は営業)、ほかランチ不定休 交安
房バス停から徒歩5分 Ｐあり

↑木をふんだんに使ってデザインされたぬくもりのある空間。吹き抜けが気持ち
いいテーブル席(左)とカウンターバー(右)

島の商店街に新風を吹き込む
リノベーションレストラン

レストラン パノラマ

宮之浦 **MAP** 付録 P.27 F-1

昭和の雰囲気が残る商店街にあるレ
ストラン。島のゆるい空気と、都会的
なセンスがほどよく交わった居心地
のよい空間は、島人と旅行者の新た
な交流の場となっている。

☎0997-42-0400
所鹿児島県屋久島町宮之浦60-1
営18:00～23:00(LO22:00)
休水曜 交宮之浦バス停から徒歩3
分 Ｐあり

↑通り側に面したガラス張りの窓
から店内がよく見える

トビカツ(手前)600円
地魚の刺盛り(中)750円～
島野菜と
バーニャカウダ(奥)900円
地魚の刺盛りや島野菜など季節の
旬をいただくことができる

↑築50年の建物を、雰囲気を残しつつ今風に改装した店内

| 予約 | 望ましい |
| 予算 | Ⓓ2500円～ |

素材が光る島ごはん

ゆったり自然を眺めながら
挽きたてのコーヒーを楽しむ

喫茶樹林
きっさじゅりん

小瀬田 **MAP** 付録P.27 D-1

屋久島の情報誌『生命の島』の編
集室でもあった歴史ある喫茶店。
屋久島の素材にこだわったメニュ
ーが中心で、自家製塩や屋久島名
産のウコンなどを使った味わい深
いオーロラカレーなどの軽食も提
供している。

☎0997-43-5454
所鹿児島県屋久島町小瀬田826-31
営10:00～15:00(LO14:30)
休日・木曜
交長峰北バス停から徒歩3分 Pあり

1.県道から少し入った静かな場所に
あり落ち着ける 2.オーロラカレー
900円(手前)、ケーキセット880円～
(奥)、屋久島らしいたんかんジュース
などが人気 3.暖炉付きカウンター
や大きなツガのテーブルなどがある

温かな雰囲気にリラックス

心ほぐれるアイランドカフェ

**木材を基調にした、明るく親しみやすい空間のカフェが多い屋久島。
おいしいごはんやスイーツでのんびりとした時間を過ごせる。**

屋久島●食べる/泊まる

本のページを繰りながら
島時間の午後はのんびりと

Restaurant & Wine Bar
「ヒトメクリ.」
レストラン&ワインバー「ヒトメクリ.」

宮之浦 **MAP** 付録P.27 F-1

幅広い世代に人気のレストラン&ワイ
ンバー。ランチからディナーまで休
みなしでの営業は島では珍しく、午
後時間のあるときにカフェとしても
立ち寄れるので便利だ。

☎0997-42-2772
所鹿児島県屋久島町宮之浦2467-75
営11:30～21:00(LO20:30)
日～火曜は～17:00 休不定休
交旭町バス停から徒歩1分 Pあり

1.屋久島唯一の総合病院、
徳洲会病院の隣にある
2.屋久鹿タイラーメン1300
円 3.屋久島まるごとたん
かんジュレ1300円はおみ
やげ 4.オーナーが選
んだ本や雑貨が充実して
いる。屋久犬グッズもある

おみやげ

温暖な島の南部に位置する
屋久島のおしゃれなカフェ

nomado cafe
ノマドカフェ

尾之間 **MAP** 付録P.26 C-4

島で最も有名なカフェのひとつ
で、南国の植物に彩られている。
店内にはこだわりの雑貨類が並
べられ、おしゃれで落ち着いた
空間。オリジナルのジンジャー
シロップやジェラートが人気。

☎0997-47-2851
所鹿児島県屋久島町原565
営12:00～17:00(ランチは～14:30)
休水～土曜、冬期に長期休業あり
交泥淵川バス停から徒歩2分 Pあり

1.店主こだわりの雑貨が
揃い、購入することもでき
る 2.ランチセット1400
円。バターチキンカレーが
人気 3.庭には南国の植
物がたくさんあり、リラッ
クスできる空間 4.おみ
やげとして大人気のジン
ジャーシロップ950円(120
ml)～は、やみつきになる
味だ

おみやげ

山々を背後に控え、静かなプールで過ごす時間も贅沢。SANKARAは、サンスクリット語で「天からの恵」という意味(sankara hotel & spa 屋久島)

リゾート派も温泉派も、離島の隠れ家でゆったり過ごす
自然に寄り添う上質ステイ

一流のもてなしを受けられるプレミアムなリゾートホテルから、美しい海の景色が評判を呼ぶ宿まで、緑や海風を体に感じながらバカンスを楽しみたい。

極上の休日を約束する
ラグジュアリーホテル

sankara hotel & spa 屋久島

サンカラ ホテル&スパ やくしま
麦生 **MAP** 付録P.27 F-4

亜熱帯雨林に囲まれた高台から海の眺望が開けるオーベルジュ型リゾートホテル。バトラーサービス付きの客室などアジアンモダンなスイートとヴィラが点在し、スパやプールなどの施設を完備。レストランでは地元食材を使った新感覚のフランス料理が堪能できる。

☎0800-800-6007
(予約専用ダイヤル)
所鹿児島県屋久島町麦生萩野上553 交屋久島空港から車で30分／屋久島空港から無料送迎あり(要予約)
Pあり in15:00 out12:00
室29室
予算1泊2食付4万8000円～

1.心・体・気のバランスを整えるスパで至福のひととき 2.名シェフが腕をふるう極上フレンチも宿の魅力。フルコースが楽しめる「okas」の料理例 3.面積104㎡の広々としたヴィラスイートの客室。海を望むウッドデッキを完備

観光で疲れた体を癒やす
満天の星の下の天然温泉

縄文の宿 まんてん

じょうもんのやどまんてん
小瀬田 **MAP** 付録P.27 D-1

屋久島空港から徒歩3分という好立地。モンゴルのゲルのようなスローハウスも併設する純和風旅館で、屋久島観光のベースキャンプとして大浴場、露天風呂、檜風呂、岩盤浴にサウナなど充実の温泉設備が自慢。食事は地元食材を使った郷土料理が味わえる。

☎0997-43-5751
所鹿児島県屋久島町小瀬田812-33
交屋久島空港から徒歩3分 Pあり
in15:00 out11:00 室45室
予算1泊2食付1万6500円～

1.約3000坪の敷地に建つ純和風の本館 2.温泉付きの離れの特別和洋室 3.温泉は美肌効果があると好評。男女それぞれ露天風呂と露天檜風呂があり、日帰り入浴もできる

153

飛行機や新幹線はもちろん、バスやフェリーも。旅のスタイルで選ぶ

鹿児島・宮崎・熊本・屋久島へのアクセス

本州から九州への移動は飛行機がメインであったが、九州新幹線の開通により鉄道でも快適にアクセスできるようになった。ほかにも高速バスやフェリーなど、予算や所要時間によって選択肢はさまざま。

鉄道でのアクセス

九州新幹線の利用で快適&スピーディー

山陽・九州新幹線の直通運転により、関西から鹿児島や熊本へは一本で移動できる。九州内の移動は鉄道が便利。首都圏からは小倉や博多などで九州新幹線や特急に乗り換え。

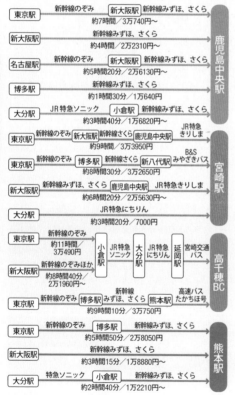

※所要時間はおおよその目安です

●問い合わせ先

JR東海 ☎050-3772-3910	宮崎交通バス ☎0985-32-0718
JR西日本 ☎0570-00-2486	産交バス(たかちほ号) ☎096-354-4845
JR九州 ☎0570-04-1717	JR九州バス(B&Sみやざきバス) ☎092-643-8541

飛行機でのアクセス

時間を短縮するなら飛行機がベスト

メインのアクセス方法は飛行機。特に九州新幹線の通らない宮崎へは空路を選ぶのがベター。屋久島へは大阪(伊丹)、福岡、鹿児島の各空港から便が出ているが、本数は少ないので注意。

鹿児島空港へ

出発地	便名	便数	所要時間	運賃
羽田空港	ANA／JAL／SKY／SNA	22便／日	1時間50分	2万6400円～
伊丹空港	ANA／JAL／IBX	13便／日	1時間15分	3万1350円～
中部国際空港	ANA／SNA／SKY	5便／日	1時間30分	2万3400円～

宮崎空港へ

出発地	便名	便数	所要時間	運賃
羽田空港	ANA／JAL／SNA	17便／日	1時間45分	4万3010円～
伊丹空港	ANA／JAL	11便／日	1時間10分	2万7500円～
中部国際空港	ANA／SNA／ORC	3便／日	1時間20分	3万4000円～
福岡空港	ANA／JAL／ORC	13便／日	45分	2万950円～

熊本空港へ

出発地	便名	便数	所要時間	運賃
羽田空港	ANA／JAL／SNA	18便／日	1時間50分	4万3010円～
伊丹空港	ANA／JAL／AMX	11便／日	1時間15分	1万9400円～
中部国際空港	ANA	2便／日	1時間30分	3万4200円～

屋久島空港へ

出発地	便名	便数	所要時間	運賃
伊丹空港	JAL	1便／日	1時間50分	3万9820円～
福岡空港	ANA／JAL	1便／日	1時間5分	2万7500円～
鹿児島空港	ANA／JAL	5便／日	40分	1万6170円～

※ ANA…全日本空輸、JAL…日本航空、SNA…ソラシドエア
SKY…スカイマーク、IBX…IBEX エアラインズ、
AMX…天草エアライン、ORC…オリエンタルエアブリッジ

●問い合わせ先

全日空 ☎0570-029-222	IBEXエアラインズ ☎0570-057-489
日本航空 ☎0570-025-071	天草エアライン ☎0969-34-1515
ソラシドエア ☎0570-037-283	オリエンタルエアブリッジ
スカイマーク ☎0570-039-283	☎0570-064-380

アクセスと交通 ●

空港からの主なアクセス

出発地	経路	所要時間/料金	到着地
鹿児島空港	鹿児島交通・南国交通バス「空港連絡バス」	約40分/1400円	鹿児島中央駅
鹿児島空港	鹿児島交通バス「空港連絡バス」	約35分/760円	丸尾(霧島温泉郷)
鹿児島空港	鹿児島交通バス「空港連絡バス」	約2時間/2600円	指宿駅前
鹿児島空港	鹿児島交通・南国交通バス「空港連絡バス」	約55分/1400円	高速船ターミナル
宮崎空港	JR宮崎空港線	約10分/360円	宮崎駅
宮崎空港	JR特急にちりん・ひゅうが	約1時間25分/3540円	延岡駅
熊本空港	産交バス「空港リムジンバス」	約1時間/1000円	熊本駅前
熊本空港	産交・大分バス「やまびこ号」	約50分/1220円	阿蘇駅前
熊本空港	産交・宮崎交通バス「たかちほ号」	約2時間10分/2400円	高千穂BC
屋久島空港	屋久島交通バス	約25分/590円	宮之浦港

車でのアクセス

九州自動車道・宮崎自動車道がメイン道路

九州を南北に延びる九州自動車道を使えば、鹿児島や熊本へは楽にアクセスできる。宮崎へ行く場合は、えびのJCTで東に延びる宮崎自動車に乗り換える。高千穂へは宮崎から東九州自動車道で延岡JCTへ、そこから九州中央自動車道と国道218号で向かう。熊本から向かう場合は国道445・218号などを利用する。大分県側から向かう場合は、福岡県北九州市と宮崎市を直結する東九州自動車道を利用する。

出発地	経路	所要時間/料金/距離	到着地
福岡IC	九州自動車道	約3時間10分/6330円/278km	鹿児島IC
福岡IC	九州自動車道	約1時間5分/2930円/103km	熊本IC
福岡IC	九州自動車道 えびのJCT 宮崎自動車道	約3時間15分/6580円/289km	宮崎IC
小倉東IC	東九州自動車道	約3時間/4610円/218km	延岡IC
小倉東IC	東九州自動車道	約4時間30分/7530円/320km	宮崎IC

●問い合わせ先
鹿児島交通バス ☎099-254-8970
☎0995-45-6733(国営業所)
☎0993-22-2211(指宿営業所)
南国交通バス ☎0995-58-2341
産交バス ☎096-325-1121
(空港リムジンバス・都市間バス)

大分バス ☎097-536-3371
宮崎交通バス ☎0985-32-1000
種子島・屋久島交通(屋久島支社)
☎0997-46-2221
NEXCO西日本 ☎0120-924863

高速バスでのアクセス

九州内を移動する場合にも便利

時間はかかるがリーズナブルな高速バス。博多などを起点に九州内で移動したり、高千穂へのアクセスにも有効だ。

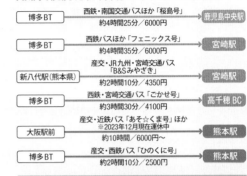

出発地	経路	所要時間/料金	到着地
博多BT	西鉄・南国交通バスほか「桜島号」	約4時間25分/6000円	鹿児島中央駅
博多BT	西鉄バスほか「フェニックス号」	約4時間35分/6000円	宮崎駅
新八代駅(熊本県)	産交・JR九州・宮崎交通バス「B&Sみやざき」	約2時間10分/4350円	宮崎駅
博多BT	西鉄・宮崎交通バス「ごかせ号」	約3時間30分/4100円	高千穂BC
大阪駅前	産交・近鉄バス「あそ☆くま号」ほか ※2023年12月現在運休中	約10時間/6000円~	熊本駅
博多BT	産交・西鉄バス「ひのくに号」	約2時間10分/2500円	熊本駅

高速船・フェリーで屋久島へ

鹿児島港から高速船で2～3時間で到着

屋久島へは鹿児島港から高速船やフェリーで行くことができる。島には宮之浦港と安房港の2つの港があるので、島でのプランによって選ぼう。鹿児島港へは、鹿児島空港からバスで約55分、鹿児島中央駅からはバスやタクシーで15分程度。

港への主なアクセス

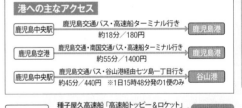

出発地	経路	所要時間/料金	到着地
鹿児島中央駅	鹿児島交通バス・高速船ターミナル行き	約18分/180円	鹿児島港
鹿児島空港	鹿児島交通・南国交通バス・高速船ターミナル行き	約55分/1400円	鹿児島港
鹿児島中央駅	鹿児島交通バス・谷山港経由七ツ島一丁目行き	約45分/440円 ※1日15時48分発の1便のみ	谷山港

出発地	経路	所要時間/料金	到着地
鹿児島港	種子屋久高速船「高速船トッピー&ロケット」	1時間50分～3時間/1万2200円	宮之浦港
鹿児島港	折田汽船「フェリー屋久島2」	4時間(1日1便)/1等7300円	宮之浦港
鹿児島港	種子屋久高速船「高速船トッピー&ロケット」	2時間30分～45分/1万2200円	安房港
谷山港	鹿商海運「フェリーはいびすかす」	13時間(1日1便)/2等3900円	宮之浦港

●問い合わせ先
種子屋久高速船
☎0570-004015
折田汽船 ☎099-226-0731
鹿商海運 ☎099-261-7000
近鉄バス ☎0570-001631
産交バス ☎096-325-1121

南国交通バス ☎099-259-6781
☎0995-58-2341(空港連絡バス)
九州高速バス予約センター(西鉄バス)
☎0120-489-939
鹿児島交通バス ☎099-247-2333
JR九州バス
☎092-643-8541(B&Sみやざき)

3県間をスムーズに動くために知っておきたい

主要区間の移動

鹿児島中央駅、熊本駅、宮崎駅が主なアクセス拠点。
高千穂までは鉄道のアクセスがないので、
宮崎や熊本・阿蘇からバスや車で向かう。
阿蘇や日南などのエリアも車が便利。

鹿児島〜宮崎
鉄道 約2時間10分
鹿児島中央駅〜宮崎駅（JR特急きりしま）
バス 約3時間10分
宮崎交通・南国交通バス「はまゆう号」
※2023年12月現在運休中
車 約2時間（160km）
国道3号、九州自動車道（鹿児島IC〜えびのJCT）、宮崎自動車道（えびのJCT〜宮崎IC）、国道220号、県道341号経由

鹿児島〜屋久島
飛行機 約40分
鹿児島空港〜屋久島空港
高速船（宮之浦港まで）
約1時間50分〜3時間
種子屋久高速船「トッピー＆ロケット」
フェリー（宮之浦港まで）
約4時間
折田汽船「フェリー屋久島2」

鹿児島〜霧島
鉄道 約50分
鹿児島中央駅〜霧島神宮駅
（JR特急きりしま）
車 約1時間（57km）
国道3号、九州自動車道（鹿児島IC〜溝辺鹿児島空港IC）、国道504号、県道2・60号経由

鹿児島〜指宿
鉄道 約55分
鹿児島中央駅〜指宿駅（JR特急指宿のたまて箱、各駅停車の場合は約1時間10分）
車 約1時間15分（46km）
県道217・219号、国道226号経由

鹿児島〜知覧
車 約45分（38km）
指宿スカイライン、南薩縦貫道、県道27号経由
バス 約1時間15分
鹿児島中央駅〜武家屋敷入口
（鹿児島交通バス）

鹿児島空港〜大隅半島（垂水港）
車 約1時間15分（60km）
国道504・223号、県道472号、国道220号経由
バス 約1時間30分
鹿児島空港〜垂水港（鹿児島交通バス）

熊本〜鹿児島
鉄道 約45分
熊本駅〜鹿児島中央駅（新幹線さくら、みずほ）
バス 約3時間30分
産交・鹿児島交通・南国交通バス「高速きりしま号」
車 約2時間30分（178km）
国道3・218号、九州自動車道（松橋IC〜鹿児島IC）、国道3号経由

熊本〜宮崎
鉄道 約3時間10分
熊本駅〜鹿児島中央駅〜宮崎駅（新幹線さくら、みずほ＋JR特急きりしま）
バス 約3時間45分
産交・宮崎交通バス「なんぷう号」
車
約2時間40分（189km）
国道3・218号、九州自動車道（松橋IC〜えびのJCT）、宮崎自動車道（えびのJCT〜宮崎IC）、国道220号、県道341号経由

熊本〜阿蘇
鉄道 約1時間40分
熊本駅〜阿蘇駅（JR豊肥本線）
バス
（阿蘇くまもと空港経由）
約1時間50分
産交・大分バス「やまびこ号」
※阿蘇くまもと空港からは約50分
車
約1時間10分（45km）
熊本駅から
県道22号、産業道路、国道57号経由
阿蘇くまもと空港から
県道206・225・339号、国道57号経由
※阿蘇くまもと空港からは約45分（32km）

アクセスと交通

宮崎～高千穂

バス 約2時間50分
宮崎交通バス
※2023年12月現在運休中

車 約2時間(134km)
東九州自動車道(宮崎西IC～延岡JCT)、九州中央自動車道、国道218号経由

熊本・阿蘇～高千穂

バス(阿蘇くまもと空港経由)
約3時間10分
産交・宮崎交通バス「たかちほ号」※阿蘇くまもと空港からは約2時間10分

車 約2時間(80km)
熊本駅から
国道266号、九州自動車道、九州中央自動車道(御船IC～山都通潤橋IC)、国道218号経由
阿蘇くまもと空港から
県道206・28号、国道265・325号経由
※阿蘇くまもと空港からは約1時間30分(64km)

宮崎～延岡

鉄道 約1時間10分
宮崎駅～延岡駅(JR特急にちりん、ひゅうが)
車 約1時間30分(96km)
国道10号、東九州自動車道、国道10号経由
バス 約1時間55分
宮崎交通バス「ひむか」
※2023年12月現在運休中

宮崎～飫肥

鉄道 約1時間10分
宮崎駅～飫肥駅(JR日南線)
車 約50分(43km)
国道220号、宮崎自動車道、東九州自動車道経由

宮崎～日向

鉄道 約60分 宮崎駅～日向市駅(JR特急にちりん、ひゅうが)
車 約1時間(75km)
国道10号、東九州自動車道、県道226号経由

宮崎～日南(青島神社)

鉄道 約30分 宮崎駅～青島駅(JR日南線)
車 約30分(18km)
県道341号、国道220号経由

鹿児島観光に便利なフェリー

桜島や大隅半島に移動する場合はフェリーが便利。便数の多いものもある。

区間	フェリー	所要	旅客運賃	自動車運賃	便数
鹿児島港～桜島港	桜島フェリー	15分	200円	1070円～	1時間1～4便
鹿児島・鴨池港～垂水港	鴨池・垂水フェリー	40分	500円	1400円～	1時間1～2便
指宿・山川港～南大隅町・根占港	フェリーなんきゅう	50分	800円	2600円～	1日4～5便

主要区間の移動

INDEX

STAFF

編集制作 Editors
(株)K&Bパブリッシャーズ

取材・執筆・撮影 Writers & Photographers
TJカゴシマ編集部　鉱脈社　大沢成二　皆川直信
メニィデイズ(間々田正行　熊本真理子)

執筆協力 Writers
内野究　森合紀子　高橋靖乃　嶋嵜圭子　遠藤優子

編集協力 Editors
(株)ジェオ

本文・表紙デザイン Cover & Editorial Design
(株)K&Bパブリッシャーズ

表紙写真 Cover Photo
PIXTA

地図制作 Maps
トラベラ・ドットネット(株)
DIG.Factory
フロマージュ

写真協力 Photographs
関係各市町村観光課・観光協会
関係諸施設
PIXTA

総合プロデューサー Total Producer
河村季里

TAC出版担当 Producer
君塚太

TAC出版海外版権担当 Copyright Export
野崎博和

エグゼクティヴ・プロデューサー
Executive Producer
猪野樹

おとな旅 プレミアム
鹿児島・宮崎 熊本・屋久島・高千穂 第4版

2024年 3 月 5 日　初版　第1刷発行

著　　　者　TAC出版編集部
発　行　者　多田敏男
発　行　所　TAC株式会社　出版事業部
　　　　　　　　　　　　　　（TAC出版）

〒101-8383 東京都千代田区神田三崎町3-2-18
電話　03(5276)9492(営業)
FAX　03(5276)9674
https://shuppan.tac-school.co.jp

印　　　刷　株式会社　光邦
製　　　本　東京美術紙工協業組合

©TAC 2024　　Printed in Japan　　ISBN978-4-300-10990-8
N.D.C.291　　　　　　　　　　　落丁・乱丁本はお取り替えいたします。

本書に掲載した地図の作成に当たっては，国土地理院発行の数値地図(国土基本情報)電子国土基本図(地図情報)，数値地図 (国土基本情報)電子国土基本図(地名情報)及び数値地図(国土基本情報20万)を調整しました。